尼采透視

黃國鉅　編

序

　　本書收錄了2014年12月在香港浸會大學舉辦的「尼采在二十一世紀學術研討會」發表的文章，共十二篇，代表了近年華語界尼采研究的一些方向和成果。

　　自二十一世紀，華語學界對尼采哲學產生新的研究興趣，不只有大量直接從德文原文翻譯成中文的尼采著作出現，還有不少中國大陸、臺灣和香港的學者，在歐洲和美洲研究尼采的思想，學成歸來，為尼采研究提供新的動力。一方面，我們喜見華語界對尼采的研究日趨扎實、成熟和細緻；另一方面，隨著大量關於尼采的通俗讀物的出現，他的名字在坊間也越多人認知，但他思想的真貌如何，更需要認真探索。

　　故此，香港浸會大學人文及創作系於2014年12月5至6日，於浸會大學夏利萊夫人演講廳舉辦上述研討會。我們很榮幸邀請到來自兩岸三地十多位華語界尼采專家，聚首一堂，交換研究心得和意見。是次會議比想像中成功，不止參與者討論熱烈，而且還非常有興趣把這個會議一直承辦下去。第二次類似會議已經在2015年11月於臺灣清華大學舉辦，名為「尼采視角與當代哲學」，今年年底還會重回浸會大學續辦，並冠上「第三屆華語尼采會議」的名字。想不到我當初一個小小的念頭、一點點傻勁，無心插柳之下，慢慢成為一個傳統，更證明華語學界對尼采的興趣非常濃烈。

　　本文集的文章粗略可以分為四組，第一組圍繞著尼采跟古希臘文

化的關係，尤其柏拉圖主義，以及古希臘文化的人文主義；第二組選取一些尼采哲學的核心問題作深入探討，如永恆回歸、生活哲學、虛無主義等；第三組嘗試讓尼采跟其他近代重要哲學家進行對話，如馬克思、胡塞爾、海德格爾、德希達、利維納斯等；最後一組則著重中西哲學對話，特別是佛學與中國哲學。涵蓋廣泛，內容豐富，尤其跟近代西方哲學對話的部分，是華語界少有如此深入嚴謹研究尼采的文章。

　　此文集能成功出版，首先要感謝浸會大學文學院的資助，和各位參與學者供稿；感謝協助籌辦會議的浸會大學人文及創作系同事及同學，和臺灣五南圖書出版社的賞識，還有陳康言同學協助校對和編務工作。

黃國鉅
二〇一七年五月於香港

作者介紹

張振華，1982年9月生，上海人，同濟大學人文學院講師。2005年畢業於復旦大學中文系，獲文學學士學位。2005年起就讀於同濟大學哲學系，2012年取得哲學博士學位並留校任教。2009年9月至2011年9月，訪學於德國弗萊堡大學。主治海德格爾、現象學、德國哲學，兼及中文思想傳統。

趙千帆，1977年生，同濟大學哲學系副教授。1999年畢業於浙江大學（玉泉校區）漢語言文學專業，獲文學學士學位；2002年畢業於浙江大學國際文化學系美學專業，獲碩士學位；2005年畢業於浙江大學哲學系，獲哲學博士學位；2005年任教於同濟大學人文學院至今。2008至2009年獲德國洪堡總理獎學金，漢堡大學哲學系訪問學者；2012至2014年獲中國教育部「青年骨幹教師出國研修計畫」資助，柏林洪堡大學哲學系訪問學者。研究領域為法蘭克福學派美學與社會哲學（重點為本雅明與阿多諾思想）、尼采翻譯與研究、當代藝術理論與批評等。參與孫周興教授主篇《尼采著作全集》，翻譯《善惡的彼岸》、《論道德的譜系》（商務印書館，即出），目前正在翻譯《人性的，太人性的》。

黃國鉅，香港大學歷史及比較文學系學士與碩士，德國杜賓根大學哲學博士，現任浸會大學人文及創作系副教授，專研德國哲學、尼采、謝林、詮釋學、戲劇美學、時間問題等等，著作有專書《尼采——從酒神到超人》（2014），以及文章十多篇，見於 *Philosophy East and West*、*Idealistic Studies*、*Hegeljahrbuch*、*Philosophical Inquiry*、*Philosophy Studies*、《政治大學哲學學報》、《東吳大學哲學學報》等國際期刊。黃氏也是劇作家，演出作品十多齣，曾於香港、澳門、英國等地上演，並收錄於劇本集《經典新篇——從希臘悲劇到布萊希特的本土重寫》（2013），亦多次翻譯德國劇作，在香港上演。

楊婉儀，法國史特拉斯堡第二大學哲學博士，國立中山大學哲學研究所教授。研究領域主要以法國當代哲學、萊維納斯思想、尼采研究、莊子研究、現象學以及視覺文化為主，並致力於發展哲學跨領域研究。

王俊，浙江大學哲學系外國哲學研究所副教授，北京大學哲學系本科，德國維爾茨堡大學（University of Würzburg）哲學博士。主要研究興趣為當代歐陸哲學、德國哲學、現象學，尤其是胡塞爾、跨文化哲學等。近年來發表有德文專著《陷於文化之中：胡塞爾與羅姆巴赫的文化和跨文化現象學》（*In Kulturen verstrickt: Phänomenologie der Kultur und Interkulturalität bei Edmund Husserl und Heinrich Rombach*），譯著兩部，中文、德文研究論文若干。

張文濤，中山大學哲學博士，重慶大學人文社會科學高等研究院研究員，古典學研究中心主任，中國比較古典學學會祕書長，國際柏拉圖學會（IPS）會員，國際希臘哲學協會（IAGP）會員。學術興趣包括西方哲學、西方古典政治哲學、西方古典學、西方古典詩學等。著有《尼采六論》（2007）、《哲學之詩：柏拉圖〈王制〉卷十義疏》（2013）；編著《戲劇詩人柏拉圖》（2007）、《神話詩人柏拉圖》（2010）等；發表《查拉圖斯特拉的上山與下山》、《哲學與神》、《施特勞斯、古典學與中國問題》等論文多篇；目前主編《智術師集》、《普魯塔克集》、《自然哲人集》等文叢數種。

吳俊業，德國 Wuppertal 大學哲學博士，現職為國立清華大學通識教育中心與哲學研究所副教授，曾為中研院歐美研究所，以及陽明大學心智哲學研究所訪問學人。其專長為現象學與海德

格爾哲學，研究集點在於現象學中的社群、他者、意識、身體、語言表達與美學等議題，主要著作包括專書《Weltoffenheit und Verborgenheit bei Martin Heidegger》（2006），論文〈道德形上學的理念與證成〉、〈胡爾與他者問題〉、〈從書寫到書法——一個身體現象學的考察〉、〈Reversibility and its philosophical Implications〉、〈藝術與真理的本源〉、〈本己與他者〉、〈網路時代的影像現象學〉等。

梁家榮，香港中文大學哲學博士，現任同濟大學哲學系教授，博士生導師，歐洲思想文化研究院副院長，現象學中心主任。著有《仁禮之辨：孔子之道的再釋與重估》（2010）、《本源與意義：前期海德格爾與現象學研究》（2015），以及發表中英文論文數十篇。

駱穎佳，土生土長香港人，曾於英國高雲地利大學（Coventry University）修讀文化及傳媒研究，後分別於香港大學比較文學系及阿姆斯特丹自由大學（Vrije Universiteit）哲學系取得哲學碩士及哲學博士學位。現為浸會大學人文及創作（通識及文化研究課程）講師，從事跨學科人文科學的教研工作。著有《邊緣上的香港：國族論述中的（後）殖民想像》（香港：印象文字，2016）；〈一個異中尋同的普世主義者：巴迪歐眼中的聖保羅〉、〈作為克服法倒錯的神學家：齊澤克眼中的聖保羅〉，收在陳錦輝（編），《一切：聖保羅與當代思潮》（香港：德慧文化，2016）。

孫雲平，柏林洪堡大學（Humboldt-Universität）哲學博士，國立中央大學哲學研究所教授兼任所長，研究興趣包括當代歐陸哲學、形上學、詮釋學、現象學、宗教哲學。近年發表的文章有〈偶然性與事實性——海德格《存有與時間》的「此在」分析〉、〈尼采《人性的，太人性的》之形上學解構及其意涵〉、〈文本、詮釋與實踐——呂格爾《由文本到行動》的詮釋學〉、〈Globalization: Its Twin Threats to Cultures〉、〈歷史與人生——尼采於《不合時宜之觀察》對歷史方法論與目的論之批判〉、〈呂格爾詮釋學之敘事的上帝「論證」〉。

張穎，美國Rice University 宗教哲學博士，浸會大學宗教及哲學系副教授，應用倫理學研究中心研究院，及《中外醫學倫理學》主編。近來出版論文包括："Vulnerability, Compassion, and Ethical Responsibility: A Buddhist Perspective on the Phenomenology of Illness and Health"(*Religious Perspectives of Human Vulnerability in Bioethics*, Springer, 2014)、"Human Rights and Freedom in Bioethics: A Philosophical Inquiry in Light of Buddhism" (*Studia Bioethica*, Vol. II, 2014)、"The Common Good in Moism: A Reconstruction of Mozi s Ethics of Inclusive Care'and Reciprocal Well-Being'" (*The Common Good: Chinese and American Perspectives*, Springer, 2013)、" Weapons Are Nothing but Ominous Instruments': The *Daodejing's* View on War and Peace." (*Journal of Religious Ethics*, 2012)、" The Ethic of Givenness: An Ethical Dimension of Jean-Luc Marion's Theology of Gift and the Buddhist Principle of Dāna" (CGST Journal, 2012)、"The Unity of Corporeality and Spirituality: Love in Daoism" (*Love in Religious Traditions*, Cambridge Scholars, 2012)，以及" Contemporary Buddhist Studies in the West: Multiple Perspectives"(*CASS Yearbook of Religious Studies in China*, 2011)。

劉滄龍，國立師範大學國文學系教授。德國柏林洪堡大學（Humboldt-Universitaet zu Berlin）哲學博士。博士論文：「Tsang-Long Liu, *Der Wanderweg der Selbsterkenntnis. Nietzsches Selbstbegriff und seine Leibphilosophie im Kontext der Ethik. Eine Studie aus oestlicher Sicht.* Dissertation: Humboldt-Universitaet zu Berlin, 2004」。曾任私立南華大學哲學系助理教授（2004-2008年）、德國法蘭克福歌德大學訪問學者（2014年3-8月）。研究領域：尼采哲學、跨文化哲學、氣的當代性。

目　錄

尼采對蘇格拉底、柏拉圖的批判

張振華

尼采並不是最早反對蘇格拉底—柏拉圖的人,但尼采是哲學史上最鮮明地樹立起反對蘇格拉底—柏拉圖大旗的人。而且,尼采的這一鮮明立場在思想史上產生了絕大的影響。二十世紀最重要的歐陸傳統的哲學家海德格爾在這一點上就深受尼采思想的影響與規定。

西方思想史似乎演進到了一個關頭,蘇格拉底—柏拉圖的地位到底是需要繼承和鞏固,還是摧毀和另起爐灶?在如何面對蘇格拉底—柏拉圖的問題上,連帶著彰顯了一個思想家對待西方傳統的態度和思想品質。

在此問題領域下,我們首先需要不斷審視尼采反對蘇格拉底—柏拉圖的理由,考察這些理由是否允當。我們需要公證地去考察尼采,考察蘇格拉底—柏拉圖。

而在筆者看來,尼采對蘇格拉底—柏拉圖的攻擊有失偏頗,他的最大貢獻或許是對所謂「柏拉圖主義」的批判。但是柏拉圖並不是柏拉圖主義者,柏拉圖和柏拉圖主義有巨大差別。因此,在尼采、海德格爾一線對蘇格拉底—柏拉圖進行了摧枯拉朽式的批判之後,我們需要更理智清明地來看待蘇格拉底—柏拉圖,看待整個西方傳統。

　　我們所要討論的問題的動機來自這樣一種觀察：在現代哲學中，以海德格爾為代表，有一種回到前蘇格拉底的思想潮流。[1]現代哲學家波普爾甚至基於科學哲學的立場，明確提出「回到前蘇格拉底思想家」的口號。[2]這一思想潮流可以一直追溯到尼采那裡。因此如果我們要對這股思想潮流作出恰當的判斷，需要再次回到尼采，去探查尼采回到前蘇格拉底的理由。

　　尼采對蘇格拉底的批判與對柏拉圖的批判有所交叉但也不盡相同，由於我們關心的總問題是如何評判回到前蘇格拉底的思想潮流，因此尼采對蘇格拉底和柏拉圖的批判在本文中被放置在一起得到觀察。

　　要全面而細緻地討論尼采對蘇格拉底和柏拉圖的批判，需要相當大的篇幅，我們這裡只滿足於進行一些簡潔明瞭的提示性討論。我們要完成三個基本任務：尼采批判蘇格拉底和柏拉圖的理由；對尼采的批判作出反思；對回到前蘇格拉底的思潮作出判斷。

壹、與蘇格拉底的競賽

　　尼采對蘇格拉底的評價非常之高。在《悲劇的誕生》這部給蘇格拉底定罪的作品中，相比於平庸的歐里庇得斯，對蘇格拉底的批判簡直更像是一曲頌歌：「新的俄耳甫斯」[3]、「神性的天眞和確定」[4]、「駕馭者地位

1　不僅如此，德國二十世紀初有一股前蘇格拉底的思想復興潮流，參見 Most, G.W. "Die Vorsokratiker in der Forschung der Zwanziger Jahre", in: *Altertumswissenschaft in den 20er Jahren*, ed. Flashar H. (Stuttgart: Franz Steiner Verlag, 1995)。

2　Popper, K. "Back to the Presocratics", pp.130-153.

3　KSA 1: 88；中譯見尼采，《悲劇的誕生》，孫周興譯，（北京：商務印書館，2012），頁96。

4　KSA 1: 91；尼采，《悲劇的誕生》，孫周興譯，頁100。

的尊嚴」[5]。與晚期尼采把蘇格拉底稱為「小民」（Pöbel）不同[6]，早期尼采甚至把蘇格拉底稱為「半神」[7]。

在《人性的，太人性的》這本獻給「自由精神」的書中，尼采更是屢次讚美蘇格拉底，不僅把蘇格拉底稱為「自由人」[8]，還將蘇格拉底和耶穌作對比，對蘇格拉底做出了比《悲劇的誕生》更加體貼入微的描述：「蘇格拉底擁有快樂樣式的嚴肅（die fröhliche Art des Ernstes）以及那種構成人類最佳靈魂狀態的滿是戲謔的智慧，他優於基督教的創建者。此外，他有著較好的理解力。」[9]因此考夫曼認為，尼采對蘇格拉底信徒是鄙視的，但對蘇格拉底的學說則抱有一種「滿懷敬意的批判」（respectful criticism）。[10]

那麼，尼采批判蘇格拉底的理由是什麼？

一、早期：科學vs藝術

尼采對古代事物的沉思起於對現代事物的批判。在寫作《悲劇的誕生》的尼采看來，我們這個現代世界，建立在所謂的「亞歷山大文化」（alexandrinische Cultur）的基礎之上。

什麼是亞歷山大文化？亞歷山大文化的特徵是它將理論人（theoretische Menschen）視為理想[11]。理論人「本著上述對於事物本性的可探

---

[5] KSA 1: 98；尼采，《悲劇的誕生》，孫周興譯，頁109。

[6] KSA 6: 68；尼采，《偶像的黃昏》，衛茂平譯，（上海：華東師範大學出版社，2007），頁45。

[7] KSA 1: 90；尼采，《悲劇的誕生》，孫周興譯，頁99。

[8] KSA 2: 284；尼采，《人性的，太人性的》，魏育青，李晶浩，高天忻譯，（上海：華東師範大學出版社，2008），頁300。

[9] KSA 2: 592；尼采，《人性的，太人性的》，頁652，譯文不同。

[10] Kaufmann, W. *Nietzsche: Philosopher, Psychologist, Antichrist*, (Princeton: Princeton University Press, 1975), p. 399.

[11] KSA 1: 116；尼采，《悲劇的誕生》，頁130。

究性的信仰，賦予知識和認識一種萬能妙藥的力量」[12]，而其目的和意義在於「使人生此在（Dasein）顯現爲可理解的、因而是合理的」[13]。在尼采看來，理論家的心中具有一種「妄念」（Wahn），認爲科學知識能夠直抵存在的深淵、洞悉萬物，甚至能夠修正存在。這種「妄念」引起了理論家無限的「知識衝動」。而理論家滿足這種知識衝動並達到這種妄念的工具則是圍繞概念、判斷、推理而展開的邏輯程式[14]。由於這種先在的妄念，理論家僅僅「欣賞和滿足於」被揭開的認識成果，在這種認識成果中陶陶然忘乎所以，「不想完全分享事物的全部天然殘酷」[15]。這是一種對生命的科學樂觀主義的態度，是現代文化的本性。

而在尼采看來，事物在本質當中蘊含著不可避免的殘酷，對這種殘酷的認識恰恰構成了希臘文化的基礎。尼采認爲，希臘人的特異之處在於，「如此敏感、如此狂熱地欲求、如此獨一無二地能夠遭受痛苦（leiden）」[16]。對希臘人來說，生命本身充滿了恐怖和可怕，西勒尼（Silen）神話便是這種生命體驗的形象表達[17]。爲了克服這種對生命根本處的恐怖體驗，希臘人求助於太陽神阿波羅所生產出的假象之美（Schein）。這種夢一樣的美的衝動給人一種內在的快樂，從而使人能夠生活下去，具有一種療救的效果。

這種美的假象的快樂與科學樂觀主義不同。美的假象誠然提供一種生命慰藉，但是它不僅不否認生命底層的痛苦與殘酷，甚至以此作爲自己

12　KSA 1: 100；尼采，《悲劇的誕生》，頁112。

13　KSA 1: 99；尼采，《悲劇的誕生》，頁111。

14　KSA 1: 100；尼采，《悲劇的誕生》，頁112。

15　KSA 1: 119；尼采，《悲劇的誕生》，頁134、135。

16　KSA 1: 36；尼采，《悲劇的誕生》，頁34，譯文略異。

17　KSA 1: 35；尼采，《悲劇的誕生》，頁32。

的根基，美的假象之於生命的痛苦與殘酷「有如玫瑰花從荊棘叢中綻放出來」[18]。科學則全然否認事物本身的痛苦。在晚期作品《偶像的黃昏》中，尼采回到自己思想的開端——他把《悲劇的誕生》稱爲「對一切價值的首次重估」[19]——指出「爲了有創造之歡樂，爲了生命的意志永恆地肯定自身，也必須有永恆的『產婦的陣痛』。」[20]這正是阿波羅精神和科學精神的區別。美的假象有它的二元構造作爲基礎，科學的知識衝動則完全消解了戴奧尼索斯層面的基礎性，成爲一種平面化的單純理智。換句話說，我們在科學精神中只看得到清晰與快樂，卻看不到清晰背後的混沌、深淵、深度和恐怖。所以早期尼采喜歡使用海水的比喻來反對溫克爾曼的希臘觀：「希臘生活的透明性、清晰性、確定性以及表面的平面性就像清澈的海水：基底（Grund）看上去要高出許多，似乎比它真正的樣子要來得淺顯。正是這一點造就了偉大的清晰性。」[21]希臘文化表面上的明朗（Heiterkeit），其實源自於海洋一樣的深淵。這種作爲背景和基底的深淵才使得這種清晰性不是膚淺的理智清晰，而是一種偉大的清晰性。這種清晰與深淵的疊加造成一種特別奇異的效果。

　　在尼采看來，這種全面支配現代世界的亞歷山大文化的「原型和始祖」[22]正是蘇格拉底。蘇格拉底將藝術、道德及其全部的世界觀建立在新的原則的基礎之上。這種新的原則就是認知、知識、科學、理智的原則。蘇格拉底遍訪雅典的政治家、演說家、詩人和藝術家，結果發現他們的行動不是依賴於正確的知識，而是只靠本能行事。於是蘇格拉底起而進

---

[18] KSA 1: 36；尼采，《悲劇的誕生》，頁34。

[19] KSA 6: 160；尼采，《偶像的黃昏》，頁190。

[20] KSA 6: 159；尼采，《偶像的黃昏》，頁189。

[21] KSA 7: 159.

[22] KSA 1: 116；尼采，《悲劇的誕生》，頁131。

行了理智的革新，把文化的基礎建立在知識之上。邏輯天性過度發育的
蘇格拉底用理智的嶄新原則驅趕了本能的古老地位，先前由荷馬、品達
（Pindar）、埃斯庫羅斯（Aeschylus）、菲狄亞斯（Phidias）、伯利克
裡（Perikles）、皮媞亞（Pythia）和戴奧尼索斯這一批人組成的「美好古
代」[23]就此崩潰。這在後世便催生出了科學樂觀主義的怪胎。

作為亞歷山大文化的理論人之始祖的蘇格拉底敵視作為悲劇作品的藝
術。因為悲劇作品在一個完全由理性、邏輯、認知控制的人眼中，是一種
完全非理性的東西，是「有因無果和有果無因的東西」[24]。相比之下，蘇
格拉底唯一能夠勉強欣賞的藝術作品乃是伊索寓言這種偏向理智的文藝形
式。蘇格拉底精神殺死了悲劇藝術的基礎，即戴奧尼索斯精神，使得歐里
庇得斯式的理智化悲劇得以產生。在蘇格拉底的影響下，歐里庇得斯的悲
劇不再是戴奧尼索斯精神與阿波羅精神的奇異結合，而是雙雙蛻化，阿波
羅成為平面的邏輯公式，戴奧尼索斯成為自然主義情緒[25]。尼采認為，在
現代的科學精神中占支配地位的就是這種離開了戴奧尼索斯的母腹而蛻變
為平面性邏輯公式的瘸腿阿波羅。

二、晚期：理性vs欲望

晚期尼采在《偶像的黃昏》中對蘇格拉底的批判同早期大體是相似
的，即將蘇格拉底指認為給西方歷史第一次帶入了一種不可遏制的、驅除
本能的理性精神。但晚期尼采的批判著眼點有所不同，其最大特徵是，蘇
格拉底不再作為單純的個人被考察，他成為折射出整個雅典城邦的衰落徵

23　KSA 1: 88：尼采，《悲劇的誕生》，頁97。亦見KSA 1: 90：尼采，《悲劇的誕生》，頁99。值得
　　注意的是，在這張名單中，沒有任何一個前蘇格拉底哲學家被提及。
24　KSA 1: 92：尼采，《悲劇的誕生》，頁102。
25　KSA 1: 94：尼采，《悲劇的誕生》，頁104。

兆。[26]

　　我們需要特別注意徵兆（Symptome）這個詞。生命有健康和疾病兩種狀態，生命的這兩種狀態會呈現出相應徵兆。在尼采看來，蘇格拉底乃是生命之疾病的徵兆。尼采引用蘇格拉底臨死時的話，「生命——這意味著長久生病」[27]，直接點明了蘇格拉底和疾病的關係。在《存在與時間》中，海德格爾對「病理現象」（Krankheitserscheinungen）進行過簡略提示：「現相作爲『某種東西的』現相恰恰不是說顯現自身，而是說通過某種顯現的東西呈報出某種不顯現的東西」。[28]對尼采而言，生命本身便是這種「不顯現的東西」，作爲這種不顯現的東西，生命本身將前蘇格拉底思想家作爲徵兆來昭示自身的健康，也通過蘇格拉底及其後繼者來昭示自身的疾病。生命本身在希臘世界的衰落才導致了蘇格拉底式人物的誕生及其勝利。對生命而言，蘇格拉底是一個工具（Werkzeuge）。[29]這意味著晚期尼采對蘇格拉底的批判顯示的是他對希臘時代的總體判斷。希臘時代在蘇格拉底時期整體地走向了衰落：「古老的雅典天數已盡」。[30]

　　尼采所說的生命衰落的表現是整個城邦中本能的混亂，「本能到處陷入混亂（Anarchie）；人們距離放縱無度（Excess）僅有咫尺之遙」，「無能再能成爲自己的主人，本能自身互相反對」。[31]也就是說，原本健康的本能在蘇格拉底時代敗壞了。而蘇格拉底對整個雅典城邦中的本能的

26　KSA 6: 68；尼采，《偶像的黃昏》，頁44。

27　KSA 6: 67；尼采，《偶像的黃昏》，頁41。

28　海德格爾，《存在與時間》，陳嘉映、王慶節譯，熊偉校，（北京：三聯書店，1999），頁35。

29　KSA 6: 68；尼采，《偶像的黃昏》，頁44。

30　KSA 6: 71；尼采，《偶像的黃昏》，頁51。早期尼采已經透露出這個意思，他認為希波戰爭以後整個希臘衰落了。但早期尼采之所以重視希波戰爭可能是出於對所謂「德國問題」的關心。中晚期尼采的眼界則超出了單純德國的範圍。

31　KSA 6: 71；尼采，《偶像的黃昏》，頁51，譯文不同。

衰落具有先知式的敏感，他像一個醫生開藥方一樣提供出對策，通過理性來對抗業已敗壞的欲望：「欲望要成為暴君（Tyrannen）；人們得發明一個更強大的反暴君（Gegentyrannen）。」[32]於是，理性暴君與欲望暴君之間永遠不得和解的對抗開始產生。

在蘇格拉底那裡，這種「理性的日光」對抗「蒙昧的欲望」的模式具體借助「辯證法」得到實行。[33]而尼采認為，在「好社會」，亦即蘇格拉底之前的時代，辯證法是受到普遍拒斥的。因為「一個人只有在別無辦法之時，才選擇辯證法。」[34]需要不斷去證明自己，恰恰表明了自身力量的羸弱——「凡必須先加證明的東西都沒有多少價值」。[35]在辯證法面前，一種高貴的鑒賞力、高貴的趣味被戰勝了。

貳、批判柏拉圖與柏拉圖主義

蘇格拉底的形象在哲學史上一直保持為一個只能不斷多角度接近卻無法從根本上加以解決的問題。尼采所說的蘇格拉底，是柏拉圖的蘇格拉底，色諾芬的蘇格拉底，抑或是阿里斯托芬的蘇格拉底？尼采從不討論蘇格拉底形象的史料來源，他認為自己可以直接與蘇格拉底本人交手。不過我們仍然可以發現，早期尼采對蘇格拉底的理解很大程度上來自柏拉圖。[36]

32　KSA 6: 71：尼采，《偶像的黃昏》，頁51。

33　KSA 6: 72：尼采，《偶像的黃昏》，頁52。

34　KSA 6: 70：尼采，《偶像的黃昏》，頁48。

35　KSA 6: 70：尼采，《偶像的黃昏》，頁48。

36　Kaufmann指出早期尼采的蘇格拉底形象決定性地受到《會飲》和《申辯》的影響。他根據尼采妹妹E. Förster的說法指出，當尼采從學校畢業的時候，他將《會飲》作為自己最愛的詩作（Lieblingsdichtung）。Kaufmann, W. *Nietzsche: Philosopher, Psychologist, Antichrist.* (Princeton: Princeton University Press, 1975), p. 393。

　　如同海德格爾的思想開端受到亞里斯多德的規定，尼采對柏拉圖充滿興趣。[37]在1871/1872年、1873/1874年、1878/1879年，尼采曾在巴塞爾反復開設名為「柏拉圖對話研究導論」的課程，1876年則開設過名為「柏拉圖的生平和學說」的課程。

　　尼采的思想氣質決定了他更關注奇異獨特之人，因此他對柏拉圖這個人的興趣沒有比對蘇格拉底的興趣來得大。蘇格拉底極為觸目，柏拉圖卻透著節制與溫和。與此相應的是，相對於批判奇異獨特的蘇格拉底的激進姿態，早期尼采（特別是作為《悲劇的誕生》的作者的尼采）對柏拉圖表露出相當程度的肯定。

　　尼采把蘇格拉底視為「關鍵人物」，將柏拉圖描述為是被改變的。這種被改變指的是，柏拉圖被蘇格拉底身上的理性光輝震懾住，在這種光輝中自覺割捨自己身上先天存在的藝術天賦：「年輕的悲劇詩人柏拉圖為了能夠成為蘇格拉底的弟子，首先焚燒了自己的詩稿。」但是在蘇格拉底的理性淫威之下，柏拉圖與生俱來的藝術敏感仍然頑強地活躍著，不可磨滅：「當不可戰勝的天資起而反抗蘇格拉底的準則時，它們的力量，連同那種驚人性格的衝擊力，始終還是十分強大的，足以迫使詩歌本身進入全新的、前所未知的地位中。」[38]柏拉圖於是發展出了對話錄這種嶄新的藝術形式，「柏拉圖的對話可以說是一條小船，拯救了遇難的古代詩歌及其所有的子孫們。」[39]

　　在此背景下，就像尼采設想過一個從事音樂的蘇格拉底，他也一再設

---

[37] 海德格爾對此也有認識：「撇開尼采關於悲劇之本質的思想，他從未贏獲一種與亞里斯多德形而上學的更內在的關聯；而對於柏拉圖，尼采卻有從不中斷的關注。」（海德格爾，《尼采》，頁861）。

[38] KSA 1: 92f；尼采，《悲劇的誕生》，頁102、103。

[39] KSA 1: 93；尼采，《悲劇的誕生》，頁103。

想一個沒有受到蘇格拉底影響的柏拉圖。[40]尼采甚至揣想：「並未受到蘇格拉底魔力影響的柏拉圖是否本來能夠發現一種更高級的、現在我們已經永遠喪失了的哲人類型？」[41]

我們看到，尼采之所以偏愛柏拉圖的原因在於藝術。相比於蘇格拉底「那從未燃起過藝術激情之優美癲狂的眼睛」[42]，柏拉圖本人具備高度的藝術天賦。因此當尼采起而批判柏拉圖的時候，他的著眼點與批判蘇格拉底有所不同。

一、德性的視角：單面性vs多面性

尼采在1869/1870年、1872年、1875/1876年在巴塞爾開設有關早期希臘思想家的課程，使用的標題是「前柏拉圖哲學家」。[43]與《悲劇的誕生》賦予蘇格拉底以轉折性位置不同，在討論早期思想家或者說悲劇時代的思想家的時候，尼采認為轉折是在柏拉圖那裡發生的。尼采將從泰勒斯到蘇格拉底的哲學家稱為叔本華意義上的「天才共和國」[44]，他們是一個統一的群體。[45]而柏拉圖不是這個天才共和國的成員，柏拉圖開始了某種全新的東西。[46]

所謂全新的東西是就「人格」（Persönlichkeit）而言。在尼采看來，一個哲學家的人格猶如土壤，而哲學家的思想和體系只是土壤上有形可

---

40 尼采，《哲學與真理：尼采1872-1876年筆記選》，田立年譯，（上海：上海社會科學院出版社，1993），頁165。

41 KSA 2: 216；尼采，《人性的，太人性的》，頁224。

42 KSA 1: 92；尼采，《悲劇的誕生》，頁101。

43 Nietzsche, F. *Nietzsche Werke, Kritische Gesamtausgabe*, (KGA), 2. Abteilung, 4. Band, ed. Fritz Bornmann, (Berlin/New York: Walter de Gruyter, 1995), p.207.

44 KSA 1: 810.

45 KSA 1: 809.

46 同上。

見的植物。[47]植物生長、變化、毀滅，土壤卻永恆不易。哲學家的人格要比他們留下來的學說更為本質：「他們是什麼樣的人至關重要，我之所以考察他們的教導是為了揭示他們是什麼樣的人。」[48]在1882年9月16日給莎樂美（Lou Salome）的信中，尼采回顧自己當初的講課時說：「在巴塞爾，我就在這種意義上講授古代哲學史，並經常跟我的學生說：『這一體系已經被駁倒，現在已經死亡；但是你不能駁倒體系後面的那個人——你不能殺死那個人。』」[49]也就是說，在尼采眼中，希臘思想家的思想只是附屬結果，透過思想內容所彰顯出來的偉大人格才是歷史上具有永恆意義的東西。學說在不斷輪替和變化，人格卻具有永恆的典範性。這是早期尼采面對當時德意志「知識庸人」氾濫的社會狀況，所懷抱的立場。

而在「人格」方面全新的東西指的是，在前柏拉圖時代，哲學家都是一種「單面類型」（die Einseitigen），相比之下，柏拉圖呈現為一種「多面類型」（Vielseitigen）。[50]從性格上講，柏拉圖兼具赫拉克利特的帝王式的孤僻和自足，畢達哥拉斯的陰鬱的惻隱之心和立法特徵，以及蘇格拉底的辯證法家的諳熟人心。[51]在他的講課筆記中，尼采說：「隨著柏拉圖，現在開始了一個嶄新的sophoi（智慧之人）的時代，通過把各種來自原初和單向的智慧之人（sophoi）的潮流統一，建立出更複雜的人格。」[52]而後世所有的哲學家都是這種混合性格。（Mischcharaktere）

這種多面的混合性格對應到思想層面表現為柏拉圖的理念論混合了

---

[47] 尼采，《希臘悲劇時代的哲學》，周國平譯，（南京：譯林出版社，2011），頁43。

[48] 尼采，《哲學與真理：尼采1872-1876年筆記選》，頁158。

[49] 轉引自布羅傑，〈尼采與柏拉圖和柏拉圖主義搏鬥〉，收於《尼采與古代尼采對古典傳統的反應和回答》，保羅・彼肖普編，田立年譯，（上海：華東師範大學出版社，2011），頁314。

[50] KSA 1: 810.

[51] 同上。

[52] KGA 2, 4: 360.

蘇格拉底、畢達哥拉斯和赫拉克利特的思想。不僅如此，柏拉圖在寫作形式上也具有混合特點，尼采認爲，柏拉圖對話是「通過混合全部現存的風格和形式而產生的，它飄浮在敘事、抒情詩、戲劇之間，在散文與詩歌之間，因此也打破了統一語言形式這一嚴格的老規矩」[53]這個看法一直保持到晚期：「就我看來，柏拉圖把風格的所有形式弄得一團糟，由此他是風格的第一個頹廢者」。[54]

二、兩個世界：柏拉圖與基督教

這是就「人格」而言，就學說而言尼采也有自己的看法。

《善惡的彼岸》前言對柏拉圖的談論非常著名。尼采指責人類歷史上的「教條主義者的哲學」（die Philosophie der Dogmatiker，或譯獨斷論者的哲學），指責「柏拉圖發明的純粹精神（reinen Geiste）和善本身（Guten an sich）」背離了「所有生命的基本條件，即視角性（das Perspektivische）」。[55]這裡所說的純粹精神和善本身指的是理念論（或譯相論），即脫離一切具體條件的、對所有人都一致適用的事物本身的普遍本質。在《權力意志》中，尼采對理念論的指責與《善惡的彼岸》是一致的：「他說服自己相信，他所願望的『善』不是柏拉圖的善，而是『善本身』，是某個名叫柏拉圖的人路上偶然發現的永恆珍寶！」[56]這個普遍本質存在於一個永恆的理念世界中，與生滅不定的現象世界兩相對峙，它是絕對的、無條件的，不受具體的人類視角的限定。理念論的產生意味著「兩個世界」的區分。

53　KSA 1: 93；尼采，《悲劇的誕生》，頁103。

54　KSA 6: 155；尼采，《偶像的黃昏》，頁182。

55　KSA 5: 12.

56　轉引自《尼采與古代：尼采對古典傳統的反應和回答》，同前，頁295。

在尼采看來，這表明柏拉圖完全背離了希臘人的本能。因此在《道德的譜系》中尼采把柏拉圖和荷馬對立起來：「柏拉圖對荷馬：這是徹底的、眞正的對立——那一方是最佳意志的『彼岸』，生命的大詆毀者；這一方是生命的無心的神化者，是金子一樣的自然。」[57]也是在這個意義上，柏拉圖在《偶像的黃昏》中特別將修昔底德作爲柏拉圖的另一個反對者提出：「讓我從一切柏拉圖主義那裡獲得恢復、嗜好和療養的，在任何時候是修昔底德。……面對實在的勇氣（der Muth vor der Realität）最後區分了修昔底德和柏拉圖這樣的天性：柏拉圖是實在面前的懦夫——所以他遁入理想（Ideal）。」[58]相比於需要理想粉飾的柏拉圖，修昔底德是「強大、嚴格和硬朗的」[59]實在論者（Realist），他沒有被柏拉圖式的理想主義敗壞自己的視力。

在《偶像的黃昏》著名的（「眞實的世界」如何最終成了寓言）一章，尼采認爲，柏拉圖所謂的「眞實世界」造就了西方一段「謬誤的歷史」，一直到實證主義才帶來了人類認識的破曉。[60]在這段謬誤的歷史中，尼采把柏拉圖同基督教聯繫在一起：

我對柏拉圖的不信任是深刻的：我覺得他如此偏離希臘人的所有基本本能，如此道德化，如此先於基督教存在（präexistent-christlich）——他已經把「善」（gut）這個概念當作最高概念……在基督教的巨大災難中，柏拉圖是被稱爲「理想」的雙關語和迷惑力，它讓古代的高貴天性有

---

[57]　KSA 5: 402f.

[58]　KSA 6: 156；尼采，《偶像的黃昏》，頁184、185。

[59]　KSA 6: 156；尼采，《不合時宜的沉思》，李秋零譯，（上海：華東師範大學出版社，2007），頁185。

[60]　KSA 6: 80f.

可能誤解自身，從而踏上通往「十字架」的橋……而在「教會」的概念裡，在教會的建構、體系和實踐中，還有多少柏拉圖！[61]

從這段晚期尼采的話裡面可以看出他理解柏拉圖的角度：柏拉圖是道德化世界理解即基督教的前聲。柏拉圖用兩個世界的劃分製造了一個「理想」世界，這種理想塑造了後世的柏拉圖主義，使得一個現實世界之上的永恆世界得以建立。而這個永恆世界在尼采看來是虛假的：「把世界分成一個『真正的』和一個『虛假的』世界，無論以基督教的方式，還是以康德（畢竟是個狡猾的基督徒）的方式，只是頹廢的一種意志移植——沒落的生命的一種徵兆……」[62]這種理想是對現實的逃避，是缺乏直接面對現實的勇氣的標誌。

而尼采在《善惡的彼岸》中另一個極其著名的主張，即基督教是民眾的柏拉圖主義，同樣將柏拉圖和基督教聯繫在一起：「反對柏拉圖的戰鬥，或更通俗地用『民眾』的話來說，反對上千年基督教教會壓力的戰鬥——因為基督教是對『民眾』而言的柏拉圖主義……」[63]柏拉圖和基督教都區分出了兩個世界。在柏拉圖哲學當中，向著比現實世界更真實的理念世界的上升屬於愛智之人，並不屬於大眾。而在基督教那裡，與塵世世界相區分的彼岸世界則向大眾敞開。在這個意義上，基督教被理解為對民眾而言的柏拉圖主義。柏拉圖主義是柏拉圖和基督教具體聯繫的橋樑。因此尼采所說的「反柏拉圖的戰鬥」，是從反基督教、反柏拉圖主義的角度得到理解的。[64]

---

[61]　KSA 6: 155，尼采，《偶像的黃昏》，頁183、184。

[62]　KSA 6: 79：尼采，《偶像的黃昏》，頁61。

[63]　KSA 5: 12f.

[64]　瑞塞（Robert Rethy）有類似評論：「基督教是『民眾』的柏拉圖主義一語，因此就不是對柏拉圖

參、反思尼采

一、尼采的思維方式：回溯性思維

海德格爾在解釋阿那克西曼德（Anaximander）的殘篇的時候曾對尼采的早期希臘解釋有過評論：

> 尼采必須思考希臘文化的悲劇時代，當然，這種思考源自對自己時代的沉思。他思考悲劇時代，因為他自己時代的大可疑問開始顯露，這種大可疑問性逼迫著他去沉思，什麼東西將要到來。這樣的沉思是只有有能力思考何者存在的人才能冒險一試的。……尼采在同最早期的西方思想家的對話中思考著他自己的時代，思考了矗立在時代面前的事物。……尼采對矗立於前的事物（Bevorstehenden）的思考和他同希臘文化的「聯結」共屬於一個東西。尼采對「前柏拉圖哲學家」的興趣是對19世紀以及將要到來的那些世紀的興趣。[65]

尼采的戰友羅德（E. Rohde）一早就看到了這一點，他認為《悲劇的誕生》看似是在探討一個古代文學史問題，實際上卻是在關注現代：「跨越悠長的時間，從對遙遠古代的歷史性沉思回到我們的現實中來」。[66]尼采思考古代不是一種歷史學的興趣，他根本上是為了批判當代現象，著眼

的一個描述，甚至也不是對柏拉圖主義的一個描述，而是對基督教的一個批評性評論。」參見瑞塞，〈基督教是「民眾」的柏拉圖主義？〉，收於劉小楓選編《尼采與古典傳統續編》，田立年譯，（上海：華東師範大學出版社，2008年），頁164。

[65] Heidegger, M. Gesamtausgabe, Band 78. *Der Spruch des Anaximander*, (Frankfurt: Vittorio Klostermann, 2010), p.5.

[66] 轉引自：凌曦，《早期尼采與古典學〈悲劇的誕生〉繹讀》，（廣州：中山大學出版社，2012），頁82。

於當下與未來。尼采的眞正批判物件是現代文化。

而尼采的思維是回溯式的，在對當代現象深感不滿和不安，猛烈批判當代現象的同時，尼采把這些當代現象一路往回追溯到希臘的源頭，即蘇格拉底和柏拉圖那裡。[67]

當尼采批判蘇格拉底的時候，他想要做的事情是馴服氾濫於現代社會的知識衝動。由科學所主宰的現代社會，其結果是過度的、不受馴服的認知欲望。這種過度的認知欲望打破了生命賴以可能的「大氣層」（Atmosphäre）[68]，是對生命之條件的摧毀。在尼采看來，生命大氣層的維繫靠的是藝術、神話與知識之間的張力，而不是不受節制的、帶有分析和破壞效果的知識。因此知識必須與藝術——神話形成一種有機的張力關係，必須馴服知識衝動。

當尼采批判柏拉圖的綜合性的時候，他的目標針對的則是現代社會的「知識庸人」（Bildungsphilister）類型。知識庸人的特點是個體德性與所受知識的分離。知識庸人說出的命題全都是沒有結果的，「聽起來是個雷，天宇卻沒有滌蕩乾淨」。[69]知識庸人是眞正的詩人、藝術家和文化人的對立面。他們的庸人性於他們根本不知道什麼是庸人，什麼是庸人的對立面，因此自信地認爲自己就是詩人、藝術家和文化人。[70]這種「知識庸人」類型對應到宏觀的文化方面，意味著統一的「文化」在國家中建立不起來。在尼采眼中，文化意味著「一個民族的所有生活表現中藝術風格的統一」。而現代文化呈現出一種「無風格或者一切風格的混亂雜

---

[67] 在回溯性思維上，海德格爾與尼采是一致的。只不過海德格爾的眼光侷限於第一哲學，他的批判目標是近代的所謂「主體性形而上學」（簡言之即「形而上學」），將近代主體性形而上學回溯到柏拉圖的理念論。

[68] KSA 1: 252：尼采，《不合時宜的沉思》，頁143。

[69] KSA 1: 194：尼采，《不合時宜的沉思》，頁76。

[70] KSA 1: 165：尼采，《不合時宜的沉思》，頁38。

拌」。[71]

　　早期尼采在布克哈特（J. Burckhardt）的影響下，自覺採用「文化」的視野，它意味著多種力量之間的協調，這些力量之間甚至是具有衝突性的。這就是為什麼從整體布局上看，《人性的，太人性的》一書在考察完哲學、道德、宗教、藝術之後，是對文化的討論。因為文化就是所有這些人類力量之間的均衡配比。它是不同的高低音之間的諧響成調。在《人性的，太人性的》中，尼采將具有統一風格的文化狀況比喻為舞蹈：「跳舞並不等於在不同驅動力之間弱不禁風地左右搖擺，高級文化猶如一種大膽的舞蹈：所以正如上面說過的那樣，需要很大的力量和柔韌性。」[72]這即是說，高級文化意味著達到在藝術、宗教、哲學、科學之間的協調統一，就像舞蹈一樣在不同的姿勢和力量之間取得一體性。既需要強大的力量來把持住各個部分而不使之散架，也需要一種鬆弛的柔韌性使得各種力量之間呈現一種有活力的運動關係。這是一種「多弦的高級文化」。[73]

　　正由於尼采根據的是一種回溯性思維，所以蘇格拉底和柏拉圖本人的真切面目在這個回溯過程當中，相當大程度上被掩蓋了。這是尼采在看待蘇格拉底和柏拉圖時的最大問題。他的動機是批判現代文化，而這個動機過強。尼采曾說：「鬥爭的結果是：鬥爭者試圖將他的對手塑造為自己的對立面，當然是在想像（Vorstellung）之中。」[74]當尼采把蘇格拉底、柏拉圖當成對手的時候，是不是也對蘇格拉底和柏拉圖的形象進行了一個反向塑造？而這意味著，蘇格拉底和柏拉圖的原本形象可能並不如尼采所描

---

[71] KSA 1: 163；尼采，《不合時宜的沉思》，頁36。尼采在此指的是與法國文化相對的德國無文化，但我們或許可以更寬泛一點地用在現代文化上，因為早期尼采一直在討論文化問題，卻未必總是在「德國問題」的視野下。

[72] KSA 2: 229；尼采，《人性的，太人性的》，頁237。

[73] KSA 2: 230；尼采，《人性的，太人性的》，頁238。

[74] KSA 12: 573.

繪的。在這種觀念性想像性的塑造與設定中，蘇格拉底、柏拉圖原本更加精微、更加複雜的形象被簡單化地處理了。

因此，我們需要重新審視尼采對蘇格拉底和柏拉圖的理解。

二、對尼采的蘇格拉底、柏拉圖批判的檢查

首先，尼采對蘇格拉底那本能和理智關係的理解是否恰當？

內哈馬斯（Nehamas）指出過一個非常有意思的現象，蘇格拉底身體強壯，而強調本能、體魄的尼采，自己卻常年生病。蘇格拉底常年赤腳，尼采卻需要把自己裹得嚴嚴實實以防感冒。蘇格拉底豪飲不醉，尼采卻說每天一杯葡萄酒或啤酒，就會使自己的生活變成憂愁的深谷。蘇格拉底總是處在公眾之中，沒有寫下一句話，尼采卻遠離他人，孤獨而狂熱地寫作。內哈馬斯因此說：「在這些以及其他許多方面比較蘇格拉底和尼采，誰頹廢誰健康的問題開始呈現爲完全無意義的問題。」[75]蘇格拉底是一個本能健康、強大的人，是尼采所描述的「古代馬拉松式的、敦實有力的卓越身體和靈魂」。[76]他真的反對本能嗎？

在《偶像的黃昏》中，尼采把蘇格拉底的出身描述爲小民階層[77]，認爲蘇格拉底的反諷是一種「造反」，是「小民的記恨」，是「被壓迫者」通過辯證法來向高貴者進行「復仇」。[78]這完全是對基督教奴隸道德的描述。實際上，在《偶像的黃昏》中尼采自己就提到了基督教：「蘇格拉底是個誤解；那整個勸善的道德，基督教的也一樣，是個誤解……最刺目的

75　內哈馬斯，〈關於蘇格拉底面相的一個推論〉，劉小楓選編，田立年譯，《尼采與古典傳統續編》，（上海：華東師範大學出版社，2008），頁115。

76　KSA 1: 88：尼采，《悲劇的誕生》，頁97。

77　KSA 6: 68：尼采，《偶像的黃昏》，頁45。亦見KGA 2, 4: 352。

78　KSA 6: 70：尼采，《偶像的黃昏》，頁49。

日光，不顧一切的理性，明亮、清醒、小心、自覺、決絕本能、抵抗本能的生活，其自身只是一種疾病，另一種疾病」。[79]

對於理性和欲望的矛盾早期尼采已經有過類似描述，他將這種現象稱爲「否定性道德」：「當人的全部意識說『不』，他的全部感官和神經卻說『好』，而他的每根纖維每個細胞都反抗他的否定時，這該是多麼富有戲劇性？」[80]在這裡，理智與本能是衝突的。這種理性與欲望的永恆衝突更適合用來描述基督徒的靈魂狀態，而非蘇格拉底。

在柏拉圖的問題上，指出柏拉圖的多面性誠然是對的，但柏拉圖那種多面絕非胡亂堆砌意義上。尼采曾在《人性的，太人性的》前言中描述自由精神說：

還有很長的一段路要走，才能達到那種成熟的精神自由，這種自由同樣也意味著心靈的自製和管束，開放了接觸各種不同和相反思維方式的道路；還有很長的一段路要走，才能達到那種內在的博大，才能得到富足的寵幸，博大和富足使得精神不至於迷失和沉湎在自己的路上，不至於找到個角落就坐下陶醉起來；還有很長的一段路要走，才能獲得充沛的塑造力、治療力、模仿力和重建力……[81]

「開放了接觸各種不同和相反思維方式的道路」，這難道不正適合用以描述柏拉圖的那種綜合性？它向著各種不同和相反的思維方式開放，具有一種內在的博大和富足。

79　KSA 6: 73；尼采，《偶像的黃昏》，頁53。
80　尼采，《哲學與真理：尼采1872-1876年筆記選》，頁70。
81　KSA 2: 17f；尼采，《人性的，太人性的》，頁8，譯文略異。

　　與這種開放的自由精神相對應，尼采提出過一個「文化大廈」的構想：

　　文化的微觀世界和宏觀世界——如果一個人在自身中發現有兩股異質的力量在起作用，那麼他就會在自身中找到有關文化的最好啓示。假定有一個人，他生活在對造型藝術或者音樂的熱愛之中，但同時也受到科學精神的吸引力的拉拽。他看到，不可能以消滅一股、完全釋放另一股力量的方式來解決此一矛盾：那麼他就別無選擇，只有從自身當中塑造出一座宏偉的文化大廈，讓兩股力量都住在裡邊，即便是各據大廈的一端也罷，而在這兩股力量之間寄居著一些和解的中間力量，它們以其淩駕性的力道在必要時把行將爆發的爭鬥平息下來。而單個個體身上的這種文化大廈會與整個時代的文化建築極爲相似，會不斷地以類比方式提供與後者有關的指教。因爲，凡在巨大的文化建築物業已展開之處，它的任務就是，把其餘矛盾較小的力量集中起來形成合力，迫使那兩股針鋒相對的力量達成一致，但又不對其進行壓制和束縛。[82]

　　在尼采原本的列印草稿上，這一節的標題乃是「柏拉圖作爲文化力量」。[83]莫非，尼采自己也認識到柏拉圖就是這種個人自身與時代、結合了兩股針鋒相對力量的文化大廈的寫照？

　　實際上，尼采的批判更適合針對亞里斯多德。在蘇格拉底和柏拉圖那裡存在的科學和藝術之間的緊張張力，在亞里斯多德那消失了，取而代之的是一種忽略萬事萬物的純研究態度。亞里斯多德是第一個百科全書式

82　KSA 2: 227f：尼采，《人性的，太人性的》，頁236，譯文不同。

83　KSA 14: 141.

的哲學家，是在現代的知識花園裡遊蕩的知識庸人的源頭，是尼采所謂的「亞歷山大文化」的真正起源，即現代科學的真正起源。

另外，柏拉圖善的理念，是基督教那種道德化世界理解的前奏嗎？海德格爾的主張明確地與尼采相反對。他認為，「當柏拉圖把理念稱為agathon（善）時，這種『理念』本身給出了答案。我們說『善』，並且以基督教的倫理的方式把『善』設想為：乖乖的、正直的、守規矩的。而對希臘人來說（對柏拉圖亦然），agathon意味著適宜之物，它適宜於某物，並且本身使它物成為適宜的。……通過柏拉圖對作為agathon的idea的解釋，存在成為那個東西，它使存在者適宜於是存在著。存在顯示於『使有可能』和『限定作用』（Bedingen）的特徵中。」[84]也就是說，在海德格爾看來，柏拉圖的善不是一個倫理學的價值概念，而是包含著第一哲學內涵的形而上學用語，因此它不可能像尼采認為的那樣，是基督教道德觀的先聲。海德格爾這種善的理念的解釋，同時也駁斥了尼采對柏拉圖教條主義哲學的批判。因為「善」作為適宜性，是依具體存在者的差異而不同的，並非無視具體情況的永恆存在物。

還有，尼采並沒有細緻處理柏拉圖和柏拉圖主義的關係。

當尼采本人自稱為是「倒轉了的柏拉圖主義」時，他實際上從兩個世界的角度把柏拉圖和柏拉圖主義等同了起來：「我的哲學乃是一種倒轉了的柏拉圖主義：距離真實存在者愈遠，它就愈純、愈美、愈好。以顯象中的生命為目標。」[85]而兩個世界的理論更多是柏拉圖主義的，並非柏拉圖的。歐根·芬克（Eugen Fink）指出，柏拉圖雖然區分了理念和感性物，它們之間的關係卻遠非如此簡單。理念不僅與感性物相分離，它們也

84　海德格爾，《尼采》，孫周興譯，（北京：商務印書館，2002），頁857、858。
85　KSA 7: 199.

結合在一起。理念就處於感性物之中。因此在柏拉圖那裡並不存在二元分裂。[86]早期海德格爾也反對將柏拉圖哲學簡單化爲感性和超感性的簡單模式：「人們必須戒除這樣的習慣，即將柏拉圖哲學投放到學院視域中，仿佛在柏拉圖那裡有一個盒子是感性，另一個盒子是超感性之物。」[87]而對柏拉圖的柏拉圖主義閱讀，有一大原因是因爲沒有充分注意柏拉圖對話錄的對話特徵、戲劇特徵。[88]尼采在《善惡的彼岸》前言反對柏拉圖式的教條哲學（die dogmatische Philosophie）[89]，但他對柏拉圖的閱讀卻是教條式的。而柏拉圖對話，可能是最爲反教條的哲學寫作方式。

三、哲學家與它的時代

理解尼采的批判，要以尼采的競賽觀念爲基礎。尼采熱愛競賽。尼采哲學就是一種競賽哲學。尼采和一切歷史既存之物競賽，和一切主流典範競賽，同時也和他自己不斷競賽。尼采在競賽中前行，藉競賽而前行。競賽精神徹底地形諸「尼采」這個名字。

競賽的一個特點是，只挑選最強大、最出色的對手，只和最好的對手過招。因爲在這樣的競賽中才調動起人的全部能力，才打開張力。對於蘇格拉底，尼采說：「坦白說，蘇格拉底與我如此接近，我幾乎每時每刻都

---

[86] Fink, E. *Zur Ontologischen Frühgeschichte von Raum-Zeit-Bewegung*, (Den Haag: Nijhoff, 1957), p. 59. 亦見 Fink, E. *Natur, Freiheit, Welt-Philosophie der Erziehung*, (Würzburg: Königshausen und Neumann, 1992), p. 61.

[87] Heidegger, M. *Gesamtausgabe Band 9. Platon: Sophistes*, (Frankfurt: Vittorio Klostermann, 1992), p. 580.

[88] V. Tejera: "The confusion between Plato and Platonism arises ... from the non-dialogical reading of the dialogues, and the ascription to Plato as the source of the system of doctrine developed by his successors in the Academy in the pythagorized intellectual environment of the second half of the fourth century and the Hellenistic age." 參見 *Nietzsche and Greek Thought*, (Hague: Martinus Nijhoff, 1987), p. 24.

[89] KSA 5: 12.

在和蘇格拉底作戰。」[90]對於柏拉圖，尼采也同樣如此。[91]

因此尼采的批判從來不是簡單的對錯意義上的靜態審判。而是一種相互區分，相互比賽，是你爭我奪過程中的不斷奮進，亦即海德格爾所說的Auseinandersetzung（爭辯，或譯相分設置）[92]。

而尼采在與蘇格拉底、柏拉圖、耶穌、保羅的競賽過程中，又撕扯出他和時代之間的關係。尼采通過狂放的言辭刺激時代，矯正時代的偏失，疏通時代的淤塞。這正是蘇格拉底式的牛虻形象。

尼采曾把哲學家稱爲「民族的醫生」。醫生對每一個當下病症實行診斷與治療。爲了通抵那同樣的健康，醫生採取的醫治手段每每不同。因此尼采曾說：「哲學沒有自己的存在。它的色彩和內容來自時代」。[93]哲學家並不抱有特定的觀點，他隨時代而變。哲學家是渾一健康和多樣的時代病症之間的仲介者。他潛伏在時代近旁，冷靜地觀察時代病症，並實施治療。我們需要在哲學家和時代之間的互動關係中去理解哲學家的思想，而不是固守一種特定的立場。我們要看到哲學家之間的不同，更要看到他們的相通。

但是相較而言，尼采沒有從蘇格拉底這隻牛虻的教訓中，學會「阿波羅式的希臘人所謂的Sophrosyne（審慎）」[94]，即節制自己的瘋狂（mania），在「不合時宜」的差異之中審慎對待「合乎時宜」的周遭事物。因此，尼采不僅沒有把時代醫治好，相反，卻陷入了自身的精神瘋狂與黑暗。

90　KSA 8: 97.

91　對此可參Hildebrandt的著作*Nietzsches Wettkampf mit Sokrates und Plato*, (Dresden: Sibyllen. 1922)。

92　海德格爾，《尼采》，孫周興譯，（北京：商務印書館，2002），頁1。

93　尼采，《哲學與真理：尼采1872-1876年筆記選》，頁91。

94　KSA 1: 101；尼采，《悲劇的誕生》，頁112。

最後，回到我們一開始的問題，如何評價回到前蘇格拉底的思想潮流？不得不考慮的一點是，如果拋棄蘇格拉底和柏拉圖，另起爐灶，這是不可能的。即便是同蘇格拉底、柏拉圖進行爭辯也意味著無法將蘇格拉底和柏拉圖拋棄。伽達默爾提出：「在我有關前蘇格拉底思想家的講座中，至關重要的事情是，我不是從泰勒斯或者荷馬或者西元前第二個世紀的希臘語出發；相反，我從柏拉圖和亞里斯多德出發。根據我的判斷，這是對前蘇格拉底思想家進行解釋的、唯一哲學性的通達方式。除此之外都是歷史主義，而非哲學。」[95]作為後來人只能從柏拉圖和亞里斯多德開始。這也是為什麼，無論是尼采[96]、荷爾德林[97]，還是海德格爾[98]，抑或是海德格爾之後對早期希臘思想最為投入的現象學家芬克[99]，都不可能繞開古典希臘而直接從早期希臘起步。後來人只能以古典希臘為基礎。只有基於古典希臘，才能不斷嘗試理解和逼近早期希臘，反過來卻是不可行的。

與此同時，在對待蘇格拉底、柏拉圖的問題上也連帶意味著如何對待傳統。如果我們像尼采、海德格爾所主張的那樣，頭也不回地回到前蘇格拉底，這帶來的或許不是思想的新生，不是海德格爾所期許的那個西方思想的整個轉變（Verwandlung），而是把歷史傳統虛無化。在這種莫衷一

---

[95] Gadamer, H.-G. *Der Anfang der Philosophie*, (Stuttgart: Philipp Reclam, 1996), p.10.

[96] Kaufmann指出了尼采對蘇格拉底、柏拉圖、亞里斯多德、斯多亞派的依賴。見Kaufmann, W. *Nietzsche: Philosopher, Psychologist, Antichrist*, (Princeton: Princeton University Press, 1975), p. 402: "Nietzsche's high esteem for the Greeks is a commonplace: but it has been assumed that he wanted to return to the pre-Socratics, while his great deal to Socrates, Plato, Aristotle, and the Stoics has been overlooked."

[97] 《會飲》等對柏拉圖的閱讀帶給荷爾德林極大的創作靈感。

[98] 眾所周知，海德格爾的思想起點是亞里斯多德，並且貫穿他的一生。

[99] 芬克的早期希臘解釋從亞里斯多德出發，在他看來這是必然的方式，見Fink, E. *Grundfragen der antiken Philosophie*, (Wurzburg: Verlag Dr. Johannes Königshausen & Dr. Thomas Neumann, 1985), p.35ff.

是的虛無化面前，人充其量只能緊守自身的主體意志依託於一種尼采所謂的「積極虛無主義」，而實際上茫然無措。

因此，我們現在或許有必要重溫受到尼采巨大影響的法國作家卡繆的話：

推繹到最後，我們就可以很確定地說，任何理論皆有其為真的部分⋯⋯但情勢會逼人作出選擇。這就是為什麼尼采覺得自己必須用那麼強烈的言論來攻擊蘇格拉底和基督教。但這也是為什麼，今天我們必須反過來為蘇格拉底講話，或至少為他代表的那些價值辯護，因為我們這個時代威脅著要用某些價值觀來取而代之，這些價值觀否認一切的文化，而尼采將有可能取得一種他必然不願意見到的勝利。[100]

參考文獻

內哈馬斯，〈關於蘇格拉底面相的一個推論〉，劉小楓選編，田立年譯，《尼采與古典傳統續編》，（上海：華東師範大學出版社，2008），頁64-210。

卡繆，《卡繆箚記》第二卷，黃馨慧譯，（臺北：麥田出版，2013）。

尼采，《哲學與真理：尼采1872-1876年筆記選》，田立年譯，（上海：上海社會科學院出版社，1993）。

尼采，《不合時宜的沉思》，李秋零譯，（上海：華東師範大學出版社，2007）。

尼采，《偶像的黃昏》，衛茂平譯，（上海：華東師範大學出版社，2007）。

尼采，《人性的，太人性的》，魏育青、李晶浩、高天忻譯。（上海：華東師範大學出版社，2008）。

---

[100] 卡繆，《卡繆箚記》第二卷，黃馨慧譯，（臺北：麥田出版，2013），頁111。

尼朵，《希臘悲劇時代的哲學》，周國平譯，（南京：譯林出版社，2011）。

尼朵，《悲劇的誕生》，孫周興譯，（北京：商務印書館，2012）。

海德格爾，《存在與時間》，陳嘉映、王慶節譯，熊偉校，（北京：三聯書店，1999）。

海德格爾，《尼朵》，孫周興譯，（北京：商務印書館，2002）。

Kaufmann, W. *Nietzsche: Philosopher, Psychologist, Antichrist*, (Princeton: Princeton University Press, 1975).

Fink, E. *Zur Ontologischen Frühgeschichte von Raum-Zeit-Bewegung*, (Den Haag: Nijhoff, 1957).

Fink, E. *Natur Freiheit Welt – Philosophie der Erziehung*, (Würzburg: Königshausen und Neumann, 1992).

Gadamer, H.-G. *Der Anfang der Philosophie*, (Stuttgart: Philipp Reclam, 1996).

Heidegger, M. *Gesamtausgabe Band 9. Platon: Sophistes*, (Frankfurt: Vittorio Klostermann, 1992).

Heidegger, M. *Gesamtausgabe Band 78. Der Spruch des Anaximander*, (Frankfurt: Vittorio Klostermann, 2010).

Nietzsche F. *Sämtliche Werke Kritische Studienausgabe in 15 Bänden*, ed. Giorgio Colli & Mazzino Montinari, (München: Deutscher Taschenbuch Verlag, Berlin/ New York: De Gruyter, 1980).（文中以簡稱KSA加卷數引用）

Nietzsche, F. *Nietzsche Werke Kritische Gesamtausgabe*, (KGA), *Zweite Abteilung, Vierter Band*, ed. Fritz Bornmann, (Berlin/New York: Walter de Gruyter, 1995).

Popper, K. "Back to the Presocratics", in: David J. Furley and R. E. Allen ed. *Studies in Presocratic Philosophy, vol. I, The Beginnings of Philosophy*, (New York: Humanities Press. 1970), pp. 130-153.

地宮中的線：尼采早期思想中的摹擬思想和翻轉的柏拉圖主義

趙千帆

尼采在寫作《悲劇的誕生》——「重估一切價值的第一次嘗試」——的同時就意識到，他的哲學是一種「翻轉的柏拉圖主義」（umgedrehter Platonismus），是對相（真理）和像（模擬）之間的顛覆性的重審。本文將對尼采早期美學著述（以《悲劇的誕生》為主）和《理想國》中的模擬思想作一個梳理性的比較，把本原與表象的關係作為軸心，考察這個「翻轉」是如何完成的，以及它最終指向的方向。柏拉圖試圖用相像性和親合性來界定模擬，並警惕模擬的變異導致人失去自持，被捲入陌生、混亂的情境，而尼采卻強調人要有勇氣在陌生之物中培育自身，模擬把人置於陰森的異在，正好激發人的意志使之成為藝術家。尼采對柏拉圖翻轉的結果最終使他走向一種模擬性的寫作方式，一條哲學藝術的道路。

壹、語境與定義

在西方關於哲學與藝術的討論中，「摹擬」（Mimesis）作為關鍵字大規模出現有兩次，一次是在古希臘時代，主要是在柏拉圖和亞里斯多德的著作中，摹擬是兩位古典大師在討論藝術和美學問題時的核心概念。在柏拉圖方面，摹擬作為詩人特為擅長的創作手段，大多數時候被視為哲學思考的對立面；而亞里斯多德則認為摹擬具有與哲學相似的認識功能，並在他自己的存在學理路上給出一條解釋摹擬的方式。另一次是在二十世紀，主要是在本雅明（Benjamin）、阿多諾（Adorno）以及戰後的利科（Ricoeur）和德希達（Derrida）的著作中。這些現代作者的思想都有激進批判的論調，他們從「摹擬」概念中發掘了許多用來重審和清理哲學與藝術傳統的動機。尼采雖然沒有專門地談論摹擬概念，但是在他的著述中反復出現許多跟摹擬緊密相關的主題和思路，如果能從中重新整理出他關於摹擬的構想，我們會發現，他在許多方面其實是上述現代摹擬理論的建設者們的先驅。

尼采在寫作《悲劇的誕生》——「重估一切價值的第一次嘗試」——的時候就意識到，他的哲學是一種「翻轉的柏拉圖主義」（umgedrehter Platonismus）[1]，也就是說，是對相（eidos/Idee, Form）和像（phainómena/Schein）之間關係的顛覆性的重審（這個課題後來被本雅明表述為「對像的拯救」）。後來在回顧自己早期關於悲劇的工作時，尼采稱之為「第一次對一切價值的重估」[2]，「翻轉的柏拉圖主義」因而可以視為他

---

[1]　KSA 7: 199。本文所有尼采原文的引用皆據Friedrich Nietzsche: *Sämtliche Werke, Kritische Studienausgabe in 15 Bänden*, ed. Giorgio Colli & Mazzino Montinari, (Deutscher Taschenbuch Verlag / de Gruyter, 1967-77/1988)，為避繁複，簡寫為KSA卷數，頁數，直接標於引文後。

[2]　KSA 6: 160.

整個哲學事業的連貫線索。而悲劇、摹擬以及相與像之關係的第一次，也是最重要的考察，來自柏拉圖的《理想國》。故本文的目標就是對尼采早期美學著述（以《悲劇的誕生》爲主）和《理想國》中的摹擬思想作一個梳理性的比較。這個比較甚至可以作爲對尼采整體思想的一個切入點。正如斯坦利‧羅森所說，尼采的全部文字都可以視爲跟柏拉圖就「本原與圖像」（original and image）這個話題的持續性的暗中辯析。羅森用「辯析」（Auseinandersetzung）來表現尼采的一種對峙性的姿態[3]。尼采本人用的詞是「翻轉」（Umdrehen），它向我們提示尼采的策略跟本雅明的「爆破」（Aufsprengen），海德格爾的「克服」（Überwindung）或德希達的「解構」（Dekonstruktion）的不同之處。既然是翻轉，則意味著對原有的力矩進行重新利用，甚至還意味著有一個不變的軸心。這個軸心是內在於柏拉圖思想中的某個視角，尼采並未直接摧毀或丟棄這個視角本身，而只是改變了其運作方向。我的假設是，摹擬概念（Mimesis）可以被視爲這一次方向扭轉的軸心。

君特‧格保爾（G. Gebauer）和克里斯多夫‧沃爾夫（C. Wolf）在他們廣有影響的《模擬：文化藝術社會》中表明，「摹擬」概念的歷史本身就顯示出這個詞對理論化的反抗。[4]因此，與其對於摹擬的初步定義去進行一種限定，不如騰出一個測試其語義可能性的空間，也就是尼采所說的一個事先給出的「用於誤解的遊戲空間和操場」。這一點在解釋尼采的摹擬思想時尤爲必要，因爲摹擬概念既不是他旗幟鮮明的論述主題，也不是他理論中的關鍵字。所以，上面對摹擬的定義只是給出一個相對穩定的討

---

[3] Rosen, Stanley. "Nietzsche's Image of Chaos", p. 5, in: *International Philosophical Quarterly*, 20 (1): (1980), p. 3-23.

[4] Gebauer, Gunter & Wulf, Christoph. *Mimesis: Kultur-Kunst-Gesellschaft*, (RoRoRo Verlag, Auflage 2, 1992), p.10.

論框架和基本視角，在以此把尼采的相關言論收納進來的同時，框架本身也接受著檢測。這裡遵循的是格・弗・特里貝內克（Triebenecker）（大概是他第一個對尼采的類比思想作出系統梳理）的建議：「用這個概念的容受性（Duldungsfähigkeit）來檢測它的涵蓋面」。[5]

這裡的對摹擬概念的基本規定是：它刻劃了本原與圖像、直接者和被仲介者之間一種動態的辯證的關係。所謂「辯證」是在阿多諾的否定辯證法意義上使用的，它描述了一種隨時傾向於往相反方向逆轉的態勢，而且這種態勢並不以正題－反題－合題的黑格爾方式通向最終的歸一，而是對既有情境的無限止的突破與逆轉。正是在這個意義上，摹擬所標明的本原與圖像之間的關係並不能歸依於相像性或同一性關係。表示後面這種關係的，毋寧是「模仿」。後者對應的是西方最常見的對於Mimesis的譯法（imitatio/ Nachahmung），在中文語境中也常常被用來翻譯Mimesis。但在本文的用法中，兩者有明確的區別。另外，否定性的辯證概念當然跟蘇格拉底和柏拉圖的「辯證術」有著歷史聯繫，在柏拉圖那裡，辯證本身跟摹擬處於一種既相反又相似的關係之中。這個關係也正是尼采早期關於日神精神和酒神精神的討論中的隱含議題。

貳、《理想國》第三卷中的摹擬：在像中隨適自然

在《理想國》卷二和卷三討論理想城邦的護衛者的教育問題的時候，詩歌成為中心話題。在考察完文藝教育的內容之後，蘇格拉底接著談這種教育的形式，摹擬概念也在這個時候出現。對話表明，當時蘇格拉底關於

5　Triebenecker, Gerd Franz. *"Für das Mimetische weiß ich leider nichts mehr zu anzufügen": Zur Rekonstruktion der Mimesis aus dem Denken Friedrich Nietzsches*, (Hannover: Wehrhahn, 2000), p.8.

詩歌和摹擬之間關係的看法遠遠超出他的對話者所能理解的範圍，也就是說，他把詩歌視為摹擬，把詩歌的創造者和欣賞者視為摹擬者或潛在的摹擬者，在當時對話的語境中，是個新鮮的看法。當蘇格拉底把摹擬視為稱為詩人的基本發言方式（lexis/style，屬於「講什麼」和「怎麼講」中的後者）的時候，對話者表現出完全不理解[6]。於是蘇格拉底不得不從頭論證，先區分敘述與摹擬。敘述是「詩人親自說而且不試著轉移我們的想法至他處，〔猶如〕有個不同於他自己的人在敘述」。摹擬的特點是詩人想隱去自身，化為他人，想讓我們認為不是詩人自己，而是劇中人物在說話。[7]然後蘇格拉底進一步論證說：

【蘇格拉底】但當他說句話好像是別人在說，難道我們不會說，他在當時盡可能使自己的說話方式與每一個他宣稱將要說話之人相似？

【阿德曼投斯】我們會說；為什麼不會？

【蘇】在聲音或舉止上與他人相似不是在摹擬那位他與之相似之人嗎？

【阿】當然是。

【蘇】在這類的詩句中，看來，他及其他詩人是借由摹擬來創作故事。

【阿】沒錯。

【蘇】但若詩人完全沒有隱藏自己，他的整部詩作及故事便以不具摹

6　本文《理想國》引文皆出自：徐學庸譯注，《理想國篇：譯注與詮釋》（上下冊），（時代出版傳媒股份有限公司／安徽人民出版社，2013），392d。引文只標出邊碼。為省篇幅，引文有時取消原文的分行排列。為保證行文統一，某些概念（如「摹擬」、「血氣」等）引者以己的譯法代之，必要時以〈 〉標出原譯。希臘文原詞皆以簡化的拉丁拼法標出。【】號是引者補充文義或者提示說話人的部分。

7　徐學庸譯注，《理想國篇：譯注與詮釋》（上下冊），393a-b。

擬的方式產生。為了你不會說，你還不懂，我會告訴你〔……〕[8])

　　仔細讀來，這段論證相當曲紆。阿德曼投斯能夠理解「相像」就是摹擬，也能夠理解詩人有時隱去自身，化身為人物出場，但他並沒有把這兩點聯繫起來。所以，他一開始完全無法理解敘述與摹擬的區別。而蘇格拉底的論證的關鍵步驟就是把兩點聯繫起來。也就是說，判定一種發言方式是不是摹擬有兩個原則：一個是自隱原則，即摹擬者在發言時有沒有隱藏自己，如果沒有，就是在敘述（哪怕他只是在抒情）；另一個是相像原則，與他人相像就是在摹擬他人。「自隱原則」是摹擬跟另一種發言方式——敘述——區別所在，也是蘇格拉底真正關心的，但阿德曼投斯理解摹擬則是依據「相像原則」。如果我們把阿德曼投斯的經驗看作是當時一般觀眾的經驗，那麼，他們在觀看詩人吟唱時並沒有意識到他在努力與另一個人「相像」，也就不會關注「說什麼」（情節）與「怎麼說」（表演）的區別。因此，當一開始蘇格拉底試圖把摹擬引入對詩歌教育的討論時，阿德曼投斯會壓根摸不著頭緒。而蘇格拉底點出詩人力求相像的表演是摹擬時，阿德曼投斯也並沒有意識到「與他者相像」同時也意味著「隱藏自身」。從根本上把詩人的表演視為摹擬，同時把「自隱原則」與「相像原則」聯繫起來，這實在是蘇格拉底作為哲學家跟一般觀眾不同的另一種觀看。

　　兩種觀看的不同之處關係到柏拉圖存在學的根本立場，區分「說什麼」與「怎麼說」，用存在學的術語說，就是區分「存在／是什麼」與「如何存在／是」。一旦了區分二者，當一般觀眾只是懵懂地覺得詩人的表演「像是」的時候，哲學家已經看到它其實只「是像」。在第三卷中，

8　徐學庸譯注，《理想國篇：譯注與詮釋》（上下冊），393b-d。

對話的情境是「在洞穴之中」，也就是說，蘇格拉底的對話者還沒有能力理解這個視角的根本性轉換，蘇格拉底只是引導他們在「像是」的視角下去關注摹擬在文藝教育中的作用。這個作用可以描述爲——是（存在）在像（摹擬）中的生成：

> 摹擬，若從年輕時便持續做，會在身體、聲音及心智的習慣與本質上根深蒂固。[9]

摹擬作用之好壞全在於它所用之像的好壞，這將決定摹擬者在受教育時習得其眞正的「存在」。在逐一分析了歌詩教育的形式要素，即語式（陳辭和講故事的方式）、曲調和節律之後，討論者們同意，這些媒介的好形式都是彼此伴隨的，好的言辭必然伴隨著和諧的曲調和優雅的韻律，而這些皆隨適（akolouthei〈順應〉）著「渾樸心性」。（euethe-ian〈單純〉）[10]蘇格拉底進一步把這種摹擬擴展到音樂歌詩以外的一切藝術乃至自然形態中[11]，他指出，好的藝術形式與好心地、好自然皆有這種伴隨和親緣的關係，他稱之爲「兄弟及摹擬」關係。（adelpha te kai mimemata）[12]並且提出，理想城邦不但需要審查詩人，而且要審查各類工匠技師，監督他們只製作好的形式。[13]

《理想國》第二和第三卷對於文藝教育的「淨化」，後來被世人目爲文藝審查之濫觴。從本文的視角來看，這種審查的實質是審查摹擬，而且

9　徐學庸譯注，《理想國篇：譯注與詮釋》（上下冊），395d。

10　徐學庸譯注，《理想國篇：譯注與詮釋》（上下冊），400e。

11　徐學庸譯注，《理想國篇：譯注與詮釋》（上下冊），401a4。

12　徐學庸譯注，《理想國篇：譯注與詮釋》（上下冊），401a。

13　徐學庸譯注，《理想國篇：譯注與詮釋》（上下冊），400d。

是審查對自然（「好心地」）的摹擬。詩歌，作爲古希臘所理解的技術，也是對人的自然狀態的摹擬。就受教育者而言，自然狀態本身包含著兩種相互衝突則的傾向：它可能向惡，也可能向善。城邦衛士最主要的品性，蘇格拉底以狗爲喻，是血氣。（thumos）[14]爲了避免這種血氣之勇反噬本邦，須使衛士兼具「溫和」與「勇猛」，但這似乎是不可能的，因爲它違背了《理想國》的對話者在多處作爲論據的一個原理：同一物不可能既是自己，又與自己相反或不同。[15]不過，蘇格拉底當時馬上以良種犬能夠識別陌生者與親熟者爲例，表明這並不違反自然，並且說，在狗身上看到這種現象，「令我們驚歎野獸的價值」。[16]

如果沒有得到適當的文藝教育，衛士身上這種「獸性的價值」就會逆轉爲有害的價值。一味注重身體強健、專逞血氣之勇的衛士會「變得厭惡論證及粗俗，且不再借由任何的論述來使人信服，而是以力量及野蠻，就像野獸獵殺所有野獸，在沒有旋律及不優雅的陪伴下活在無知與愚蠢中」。[17]反過來說，對城邦衛士的詩歌教育如果操作得當，就能夠使衛士在摹擬中順應自然，用《理想國》的原話說，就是在「隨適好心地」的詩歌形式的熏習引導下，順應了良性的自然。

但是這裡其實包含著一個矛盾：自然何是必然是良性的呢？馴良的犬爲何就比粗野的狼更加自然呢？進一步說，如果摹擬的本質是「與他者相像」並「隱藏自身」，那麼，摹擬教育的結果恰恰是讓人學習如何正確地失去自我；隨適自然其實也就是改造自然。這個深刻的悖論，使得在第三卷詳盡安排的詩歌摹擬教育顯得不盡可靠。正是因此，蘇格拉底後來會說

---

14 徐學庸譯注，《理想國篇：譯注與詮釋》（上下冊），375a-b。

15 徐學庸譯注，《理想國篇：譯注與詮釋》（上下冊），375c-d。

16 徐學庸譯注，《理想國篇：譯注與詮釋》（上下冊），376a。

17 徐學庸譯注，《理想國篇：譯注與詮釋》（上下冊），412d-e。

它只是一場夢[18]，用尼采的話說，也就是太陽神之夢。

參、《理想國》第十卷中的摹擬：在像中遭遇他者

在第十卷中，蘇格拉底在完成了對正義問題的全部討論之後，突然又提出摹擬問題。這一次不再是對摹擬的審查，而是對摹擬的拒絕：「不接受任何一部模仿的詩作」現在顯得更加必要，「因為靈魂的各個部分已被逐一區分出來」。[19]重新提出禁絕摹擬，確實是個至少表面上很突兀的斷裂。既然第三卷中已經確認了好的摹擬教育，也就是美育與體育可以讓「理性」和「血氣」相適而培養出城邦所需的護衛者，何以在這裡，基於心靈的三分法，就要把摹擬整個摒棄呢？按照第三卷的思路，理想城邦中哲人王（代表理性）對戰士和平民的引導——城邦整體的節制——可以包括對戰士所受的摹擬教育的監護，為什麼要把摹擬完全拒絕掉，而不是把它限制在一個合適的範圍內呢？

柏拉圖顯然也意識這裡對於摹擬態度的前後不一致，所以他馬上讓蘇格拉底再一次考察摹擬本身：

你能夠告訴我摹擬整體而言究竟是什麼嗎？因為我自己並不全然了解它主張的是什麼。

那想必，他【格勞孔】說，我將了解。

這其實，我【蘇】說，非不尋常之事，因為許多事，視力較不清的人比視力較清晰之人早看到。

18　徐學庸譯注，《理想國篇：譯注與詮釋》（上下冊），414d。
19　徐學庸譯注，《理想國篇：譯注與詮釋》（上下冊），595a。

是，他【格】說，這樣；可是由於你在場我不可能急著說，就算某物呈現於我眼前，你自己看吧。[20]

蘇格拉底說他自己也不知道摹擬的目的何在，這裡未必是自謙。按照他之前對可知和可視領域的區分，「完全『是』者是被知者，但完全『不是』者絕對不是可知者」[21]，摹擬（它只是「像是」，而實爲「不是」）就屬於這樣一種不在知識範圍之內的東西，所以他無從知曉其是什麼，而只能看見它不是什麼。也就是說，格勞孔也意識到，蘇格拉底在提示專屬哲學家的特殊觀看：在一般人看到「像是」的時候，他要看到「是像」。在這個視角下，詩歌不但是「像」，而是是「像之像」。[22]但問題是，在第三卷中，「像是」——是在像中的生成——還可以起到教育的作用，而在這裡要被全然摒棄呢？在接下來的討論中，柏拉圖給出了兩點回答。

首先，在論證完摹擬爲無知之後，蘇格拉底指出，摹擬會削弱我們心靈對它面臨的混亂表像時的補救能力，也就是理性的計量能力[23]，這尤其表現在視覺性的摹擬，也就是造型藝術上。[24]然後他進一步問，這是只適用於視覺物件，還是也適用於聽覺對象，也就是詩歌。格勞孔的回答是「可能」也適用，而蘇格拉底顯然不滿意這個「可能」，他進一步作了分析證明，這個也適用於詩歌，因爲不只我們的視覺，我們的內心也充滿了大量「內訌與對抗」。[25]正是這種內訌給摹擬提供了大量材料，而理性的

20　徐學庸譯注，《理想國篇：譯注與詮釋》（上下冊），595c-596a。

21　徐學庸譯注，《理想國篇：譯注與詮釋》（上下冊），477a。

22　徐學庸譯注，《理想國篇：譯注與詮釋》（上下冊），393a-b。

23　徐學庸譯注，《理想國篇：譯注與詮釋》（上下冊），602d-e。

24　徐學庸譯注，《理想國篇：譯注與詮釋》（上下冊），603a。

25　徐學庸譯注，《理想國篇：譯注與詮釋》（上下冊），603b-e。

平靜部分幾乎不變，詩人則專門摹擬心靈的衝突部分，由此「喚醒及養育靈魂的這部分」。[26]這個回答又表現跟先前論證的矛盾。蘇格拉底多次把無知比作心靈處於醉酒或空乏之中[27]，此處詩人的無知又何以能夠以醉「醒」（egeirei）心，以空「養」（trephei）性呢？摹擬作為「像之像」——似乎是一種「特殊的無知」——如果確實有這種喚醒和養育作用，那麼在哲人王的監督引導下，不是可以轉害為利而實現第三卷中所說的教育作用嗎？而哲學家本人是愛知和有知之人，他應當不會受既醉且空的無知影響。柏拉圖顯然也知道問題沒有結束，所以馬上借蘇格拉底之口說出第二點：詩人專門摹擬心靈的惡劣部分，還不是他的最大罪狀：

　　然而我們尚未對摹擬提出最大的指控。因為它傷害高尚之人的能力，除了為數相當少的人外，想必是相當恐怖的。[28]

　　這裡指的高尚之人——「我們之中一些最優秀之人」——就是那些將在理想國中為王的未來哲學家。柏拉圖第一次承認了摹擬這種「特殊的無知」（因為它作為「像是」是一種特殊的「不是」）對於最優秀的愛知者的傷害。那麼，這種「無知」對「有知」的侵害到底是如何發生的呢？弄清這一點，才算觸及摹擬的真正祕密。蘇格拉底以悲劇為例解釋了這個祕密：觀看悲劇時，「另一位自稱是好人的人過度的傷痛，『使』我們會感到愉快而且向他們投降，我們追隨他們的不幸，且認真地讚美把我們盡可能置於如此情境者是位優秀的詩人」[29]。因為愉快和認同是針對他人的，

26　徐學庸譯注，《理想國篇：譯注與詮釋》（上下冊），605b。

27　徐學庸譯注，《理想國篇：譯注與詮釋》（上下冊），585b。

28　徐學庸譯注，《理想國篇：譯注與詮釋》（上下冊），605c。

29　徐學庸譯注，《理想國篇：譯注與詮釋》（上下冊），605d。

所以讓我們放鬆了對自己的監督。在此，蘇格拉底特別強調：

> 很少人有會知道「從他人所獲得的愉悅必定會影響我們自己的愉悅；因為要節制在自己的苦中的同情的部分不容易，當它在其他人的苦中滋養的強大時。」[30]

這裡，他者（「其他人的苦」）的出現具有至關重要的意義。詩歌中的他者才是摹擬的真正力量所在。詩歌的最大危害其實不在於它是「摹擬的摹擬」，離真相隔了兩層，而在於它以對「他者」的摹擬而動搖了觀者的「自我」。「他者」何以有如此巨大的力量？正是因為第三卷中已經點出的摹擬的兩個原則：「自隱原則」和「相像原則」。在它們共同作用下，參與摹擬者經由同他者之相像而喪失自我。觀眾跟隨著詩人跟「另一位自稱是好人的人」相像，同時跟隨詩人一起自隱。在現實生活中，優秀的人是能夠抵抗自己的不良情緒的，而且在他人面前比自己獨處時會更加能夠保持自我[31]，唯有在觀看戲劇時，他們會身不由己地沉浸到詩人創造的人物中去，與之一道渾然忘我，不知不覺同他所不是者相像。這個道理悲劇與喜劇都適用。推而言之，理想國中不同類型的公民本來皆應各守其職，自居其位，是為節制與正義，而詩歌的摹擬則讓觀眾對於他者產生認同，從而失去自持；詩歌摹擬在現實公眾生活中的普遍影響，更使得公民在參與公眾生活時集體出離自己的本位，共同成為他們自己所不是的那個樣子。

在哲學家身上，詩歌的這種影響更為吊詭。之前蘇格拉底在第六卷

30　徐學庸譯注，《理想國篇：譯注與詮釋》（上下冊），606a-b。
31　徐學庸譯注，《理想國篇：譯注與詮釋》（上下冊），604a。

中曾列舉眞正適合於哲學的少數例外時，說的都是與眾人相疏異之人，其本身也是公眾生活的「他者」：出身高貴、受過良好教育卻又處在流放之中；或偉大的靈魂而生於邊緣小邦；或天賦優秀而脫離其他技藝；或是身體有缺陷而自絕於公眾生活之外（而蘇自己則是神意所囑）[32]。同時，蘇格拉底提醒，摹擬所激發的感受（pathous）對於心靈的智慧部分來說也是疏異的（allotriou）[33]。正是這種疏異的經驗，讓本身跟大多數他者疏異的哲學家與自身相疏離，卻與他者「相像」，跟隨「另一位自稱是好人的人」而是其所非，喪失對自身尺度的把握而非其所是。

肆、尼采對相－像關係的翻轉

結合迄今對古希臘摹擬概念的重新研究的成果，可以體認到，傳統教科書上把摹擬理解爲單純的基於相像性的模仿是一種嚴重的簡化。在古希臘，Mimesis所指的更多是一種即性的、當場的表達或表現，並不涉及一個固定的原本和摹本之間的複製關係。對此本人有專文詳述，此不贅言，以下僅略舉兩個代表性觀點。君特·格保爾和克里斯多夫·沃爾夫從迄今關於摹擬最有代表性的解釋中總結出：「這個概念的應用範圍非常廣，其涵義是『以某些跟其他現象中的特性的相似之處來生動具體地進行表現』。」[34]在另一個影響不大但相當詳盡的研究中，瑪麗亞·卡爾道恩（Maria Kardaun）得出一個結論，「『μίμησις』（摹擬）──缺乏一個普遍有效的譯法──概念的涵義，在柏拉圖對話之外，可以相對中

---

[32] 徐學庸譯注，《理想國篇：譯注與詮釋》（上下冊），496b-c。

[33] 徐學庸譯注，《理想國篇：譯注與詮釋》（上下冊），604e-6。

[34] Gebauer, Gunter & Wulf, Christoph. *Mimesis: Kultur-Kunst-Gesellschaft*, p.47.

肯地概括爲『具像性的表現』（bildhafte Darstellung）或『直觀的表達』（anschaulicher Ausdruck）。換句話說，這個概念的涵義並不包括『具體客體』（konkrektes Objekt）」。[35]

後面這個結論意義重大。由此可以推出，對於「μίμησις」一詞的普遍譯法「模仿」（imitation/Nachahmung）並不適用，有時甚至與原義相反，因爲「模仿」的前提是有一個原生的實在樣板，且這個原本和仿像之間有本質區別，而在原初的希臘語語境中，「μίμησις」一詞無關乎這種前提。卡爾道恩強調，在柏拉圖（確切地說是《理想國》）以前，摹擬概念並不涉及某個被設定爲「理想」（Ideal）的對象。[36]通過摹擬來表現或者表達的東西，既不是針對某個先在於摹擬者的對象，也不必然包含著摹擬者和所摹擬者之間的清晰分界，或者眞僞區別。從既有資料來看，爲摹擬行爲給定一個先在於摹擬者的物件，並且把這個物件當作摹擬之「像」無法眞正與之等同的本原之「相」，同時在兩者之間建立起森嚴的等級關係，是柏拉圖在《理想國》中首先完成的。

結合上一節的論述來看，柏拉圖對摹擬概念的重新定義——即把「摹擬」作爲本原與仿像之間的相像而定義爲「模仿」——可以認爲是在釐清傳統摹擬概念所包含的他者與自身相混淆的問題。本原就是自身，在第三卷中是善惡待分的自然，人的「好心地」潛藏於其中，有待於用好的摹擬來開發和培養；在第十卷則是至善臨照的理念世界，它將牢牢地印在純任理性的靈魂中；仿像就是他者，其代表在第三卷中是美的藝術形式，在第十卷中是悲劇中出現的「另一個自稱是好人的人」。第三卷中，柏拉圖暫

35　Kardaun, Maria. *Der Mimesisbegriff in der griechischen Antike*, (North-Holland, Amsterdam/ New York/ Oxford/Tokyo, 1993), p.36ff.

36　Kardaun, Maria. *Der Mimesisbegriff in der griechischen Antike*, p.13.

時肯定了摹擬在順應自然時的教育作用，其實是肯定了他者對自身正面的塑造關係：與某種優秀的他者的親熟及伴隨（其實質是「對美的愛」）能夠實現自身。在第十卷中則把詩歌描述為對理念世界「摹擬的摹擬」，並結合之前把理性當作靈魂之本質，而感性作為雜質的設定，從而建立起本原與仿像、自身與他者之間嚴格區分；前者為善，後者為惡。

尼采對柏拉圖主義的翻轉的就是從這裡切入的。對於悲劇，他跟柏拉圖的見解完全相反。當柏拉圖對悲劇做出最強烈的指責之時，他恰恰認為悲劇是希臘文化的最高峰，由此希臘人才達到真正的節制與生命的飽滿。哲學家的出現和對悲劇的摒棄，對柏拉圖而言是理想城邦的前提，對尼采卻正是希臘理想的沒落的開始。這一分歧的實質是對摹擬的不同理解，它首先表現在對音樂的看法上。在《理想國》第三卷，當蘇格拉底列舉不用摹擬的詩體時，把酒神頌歌（dithyrambois）作為最好的例子[37]，這不但跟後世的研究，也跟亞里斯多德在《詩學》中的觀點相悖。[38]柏拉圖在《理想國》中這個明顯的、近於故意的錯釋，其實與他對摹擬的定義策略是一致的。這個基本策略就是有意忽視摹擬的音樂性和時間性，而重視其圖像性和空間性。相－像之區分——即把摹擬定義為模仿——在音樂藝術會遇到困難，而在造型藝術則容易得多。

尼采則把音樂視為悲劇的誕生之地，悲劇的起源就是在表演酒神頌歌的酒神歌隊，因此他當然也注意到音樂與模仿的關係問題。在一則為寫作《悲劇的誕生》準備的筆記中他問道：

> 模仿理論是從何而來的？是從有特徵的風格嗎？——音樂還未曾塑造

37　徐學庸譯注，《理想國篇：譯注與詮釋》（上下冊），394e。
38　亞里斯多德，《詩學》，羅念生譯，（人民文學出版社，1982），1449a37-40。

過什麼最細微的形式：有特徵的風格和音樂是無法相容的。思想還沒有得到足夠的暖和。[39]

「有特徵的風格」就是體現某種性格的模仿，《理想國》第三卷中，蘇格拉底曾經提示格勞孔曲調與性格的相像（當時他的方法就是描述曲調所表現的畫面），尼采則明確認爲這是不相容的：「對現實性格的模仿」是「錯誤的Mimesis概念」[40]。他並沒有嘗試去恢復原初的Mimesis概念，而是沿用了柏拉圖的思路，在德文中將之表達「模仿」（Nachahmung），但是對它的理解跟柏拉圖完全相反。在1873年一組題爲「希臘悲劇時代的哲學：對希臘的老哲學大師們的簡述」的筆記中，我們能看到，尼采試圖重新理解哲學與模仿的關係：

模仿是所有文化的手段，本能經由這個手段而得以產生。所有相像（原思考）都是某種模仿。

模仿預先設定了一種攝取，然後對所攝取圖像的一種在千般隱喻中持續的轉譯，千般隱喻都起著作用。

模仿之爲認識的對立面在於，認識恰恰不願讓轉譯生效，而想要不用隱喻就一錘定音地固定印象。爲此目的印象被石化了：它被概念捕捉和限定住了，然後被殺死、剝皮，被當作概念被製爲木乃伊而得以保眞。

但是沒有隱喻就沒有「眞正的」表達，沒有眞正的知識。

認識只是在最受人喜愛的隱喻中所做的工作，也就是説無非是一種對

---

[39] KSA 7: 320.

[40] KSA 7: 323.

被發明的模仿的模仿。也就是説，它當然不可能衝入眞理王國。[41]

「認識只是對被發明的模仿的模仿」，這個論斷其實已經道出尼采的哲學計畫的核心：重新思考柏拉圖哲學中的本原與仿像之關係，由此翻轉柏拉圖主義。這個翻轉的觀念其實可以追溯到尼采的前巴塞爾時期，早在1968年，尼采在就在一封信中提出，柏拉圖的形而上學其實跟「所謂的眞和存在本身」無關，而只是「概念製作」（Begriffsdichtung），他顯然利用了這個合成詞在德語字面上的另一種涵義——概念詩。[42]到了《悲劇的誕生》寫作前後，尼采已經有了自己明確的「形而上學基底的構想」，在當時一篇手稿片段中尼采寫道：

> 我的哲學即翻轉了的柏拉圖主義：離眞實存在者越遠，就越純粹、越美和越善。在像中之生（Das Leben im Schein）作爲目標。[43]

以下論述試圖證明，這種「相－像」關係的翻轉在相當程度上精確針對著柏拉圖在《理想國》中對摹擬的討論。他在保留這一關係的同時，依次把關係兩端的元素加以調換，由此使被柏拉圖所化解掉——或者約制住——的緊張關係又重新釋放出來。這個緊張關係的實質是：像始終有化身爲相的衝動，而相亦只能在像中得到實現，也就是說，哲學與摹擬始終有相混淆的趨勢。當柏拉圖將摹擬定義爲模仿而加以摒棄以制止這個趨勢時，尼采卻在推動這個趨勢。其最終的結果是，哲學將轉身爲詩和藝術。

---

[41]　KSA 7: 485以下，尤其489-491。

[42]　*Brief aus Naumburg an Paul Deussen*, von Ende April/Anfang Mai 1868, KGB I 2, p. 269.

[43]　KSA 7: 199.

摹擬雖然不是《悲劇的誕生》的重點，但是它的兩個化身卻占據著詩和藝術的舞臺，這就是太陽神精神和酒神精神。

伍、太陽神精神：對自然的承當

在前述題為「希臘悲劇時代的哲學」的筆記中，尼采也提到了「模仿」的培養作用，它跟《理想國》第三卷中所描述的摹擬教育相當接近：

諸種類就這樣塑造了自身，最初的種類只是強有力地模仿相似的個例，也就是說，在最偉大和最有力的個例邊上做著模仿。通過模仿而養成某種「第二天性」。在這一生育過程中，無意識的仿造（Nachbildung）是最令人矚目的，這裡就有對第二天性的教育。[44]

在《悲劇的誕生》中，尼采沒有明確說太陽神藝術——作為悲劇出現之前希臘人精神世界的主導力量——對希臘心性的塑造作用是不是以「模仿」的方式進行。不過，無論在美學上還是政治上，太陽神藝術的造型作用跟《理想國》第三卷中提到的摹擬教育都是一致的。「最高的阿波羅之預備就在於他倫理學的明朗節制之中」[45]，這種明朗節制在美學上就體現為造型藝術的質樸、明晰、節制。這跟《理想國》第三卷中蘇格拉底希望用好的曲調（他尤其強調這種曲調應當是簡單的）培養的性格是一樣的。他認為適合培養剛強心性的曲調是多立克（Doric）曲調，尼采也認為，太陽神藝術是多立克藝術，而且是太陽神精神在對酒神精神的抵抗中變得

44　KSA 7: 489-490.

45　KSA 7: 152.

愈加峻厲的結果：

> 我可以把多立克國家和多立克藝術解釋爲阿波羅元素持續駐紮的營寨：只有在對酒神元素的泰坦野性的不間斷抵抗中，那樣倔強詰屈、壁壘周匝的藝術，那樣精武嚴厲的訓練，那樣殘酷無情的國體，方能夠長久維繫。[46]

阿波羅作爲藝術之神，也是建國之神，國家的根基。根據《理想國》第三卷的討論，在於通過好的詩歌教育對城邦衛士心性的節制。尼采則用叔本華的術語「個體化」來說明希臘人的節制美德，阿波羅就是個體化的神祇化：

> 這種個體化的神祇化，就它終究是在頒布律令和規則而言，只認一個法則即遵守個體的界限，這是希臘人所理解的適度。阿波羅，作爲倫理之神，從他那方面要求適度和——爲了遵守適度——認識自身。[47]

而就是圍繞著這一點，尼采對柏拉圖主義進行了第一次翻轉。翻轉的契機在於對自然完全不同的假設。在《理想國》第三卷的討論中，詩歌的摹擬是對「渾樸心性」和自然生命的隨適順應，衛士由此受到跟他本性相親熟的藝術形式的呼應和薰陶。在尼采方面，情況倒轉過來，模仿是已然存在的橫暴的自然力對人逼迫的結果。在前述1873年關於悲劇哲學的筆記中他問道：

---

[46] KSA 1: 41.

[47] KSA 1: 40.

　　何種強力迫使人們去模仿？通過隱喻而習得居有（Aneignung）某種
陌生的印象。[48]

　　在《悲劇的誕生》中，他爲這個問題給出回答：迫使人們去模仿的是
「從自然本身中未經藝術家仲介而直接爆發出來的藝術強力」，也就是太
陽神和酒神所代表的原初衝動，在這種直接的自然狀態面前，藝術家才成
爲模仿者；尼采明確意識到，這是對「藝術模仿自然」更深刻的理解[49]：
不是人在主動模仿自然，而是面對自然的爆發時，人被迫成爲模仿者；藝
術家不是以人工摹擬自然而製作，而是通過承當自然而接受自然的製作。

　　《理想國》第三卷中給出讓人類在跟渾樸自然的應和中完成美的教育
的理想，也是啓蒙時代審美教育的先聲，尼采在此對二者都作了旗幟鮮明
的反駁：

　　這裡必須說明，現代人如此嚮往關注的這種和諧，這種人與自然的統
一，席勒還爲它生造出「素樸」一詞，絕不是一種那麼單純的、自然而然
產生的、仿佛無可避免的狀態，我們在一切文化的入口都好像必然要遇見
的一個天堂：這一點可能只有一個時代，一個試圖把盧梭的愛彌兒想像成
藝術家，並且臆想在荷馬那裡發現了這樣一個在自然之心中被教育出來的
藝術家愛彌兒的時代。[50]

　　尼采承認，在希臘人從荷馬那裡得到的詩歌教養中，我們能看到一

---

[48]　KSA 7: 490.

[49]　KSA 1: 30-31.

[50]　KSA 1: 37.

種「素樸」（Naivität），而且這種素樸正是太陽神文化的最高成果，但這是從「幽暗深淵中長出的花朵」[51]。太陽神藝術的適度和明澈，不是源於自然生命中潛藏的渾樸單純，而是出於生存的恐怖和苦難，和「對於自然的泰坦式強力的莫大疑懼」[52]。面對自然中永恆的衝突和痛苦，太陽神藝術家創造出「美的鏡像」（Schönheitsspiegelung）[53]來對抗它。對於理解太陽神精神非常重要的一點是：這種抵抗並不是對自然的征服，而是對自然的承擔。因為自然即是本原，人征服自然的結果只能是他自己又變成自然，如同在跟野獸的對抗中成為野獸——這種可能性是《理想國》中對衛士的教育最要提防的：衛士在與敵人的對抗中失去對他身上獸性的控制，自己也變成野獸[54]。太陽神文化中的希臘英雄在其最高階段都要推翻泰坦，殺死巨怪，但是希臘人既沒有被這些殊死博鬥的場面激發出獸性，也意識到英雄跟泰坦的親緣關係，在荷馬的詩歌中，他們天才地把這個實際上是自然的內在衝突的殘酷過程詩化為「強有力的佯狂鏡像和歡悅的幻覺」，以此「戰勝在世界中觀照到的恐怖深淵和對苦難的多愁善感」[55]。這與其說是希臘人的天才，不如說是自然本身中所包含的藝術衝動在希臘人身上的實現。這時已接受叔本華的意志形而上學和個體化原則的尼采，在太陽神和酒神的藝術衝動中看到「一種熾熱的嚮往，嚮往著顯現為像並且通過顯像而得救」[56]。因此，在蘇格拉底在《理想國》第三卷中提醒希臘人把「像是」看作「是像」的時候，尼采卻看「視像為像」看作是希臘

---

[51]　KSA 1: 115.
[52]　KSA 1: 35.
[53]　KSA 1: 38.
[54]　徐學庸譯注，《理想國篇：譯注與詮釋》（上下冊），411e1。
[55]　KSA 7: 37.
[56]　KSA 1: 38.

人最偉大的成就；太陽神藝術作爲夢的藝術，就是在創造「像的像」，這是「對於對顯像的原初欲求的更高滿足」。[57]

「對顯像的原初欲求」就是柏拉圖和亞里斯多德都指出過的摹擬給人的本能快感；在《理想國》第三卷中，摹擬教育的終點，良好個體的養成標誌，是對美的有節制的愛[58]，蘇格拉底處處提到，壞的摹擬（也就是大部分受歡迎的詩歌音樂）會誘導人失去節制。而在尼采這裡，希臘人恰恰是通過對摹擬所給到的「像的像」的靜觀才獲得節制和適度。在柏拉圖看來，如果只是沉緬於各種美的像，以像爲是，則人永遠都是在做夢[59]；而在尼采看來，希臘人在詩歌活動中並不是以像爲是，而是把像當作像本身來享受，夢境正是在這個意義上成爲教育的發生之地。

令人驚訝的是，在《理想國》第三卷中，柏拉圖其實也給出一個用夢境中的夢境來完成對城邦護衛者的教育。在討論完對衛士的美育和體育，並且設計了種種考驗計畫之後，蘇格拉底還是覺得衛士的性情不能夠真正達到穩定，所以他提出用一個善意的謊言來使他們真正做到「關注城邦及相互照顧」[60]。這個謊言非常怪異，但他在躊躇一番後還是說了出來：

　　那我說；雖然我不知道以什麼樣子的膽子或使用什麼樣的話語來說，首先我試著說服統治者及軍人，然後【說服】城邦中其他的人，我們給他們的養育及教育，他們認爲他們所經歷及發生在他們身上的這一切【其實】如夢一般，他們在當時真的是從大地中形成與長大，且他們自己與他們的武器及其他的工具皆在其中製造，當他們被製作完成後，大地母親把

57　KSA 1: 39.

58　徐學庸譯注，《理想國篇：譯注與詮釋》（上下冊），403c6。

59　徐學庸譯注，《理想國篇：譯注與詮釋》（上下冊），476c。

60　徐學庸譯注，《理想國篇：譯注與詮釋》（上下冊），415d。

他們送到地面上，現在他們要為自己所存在的土地，如母親及保母，著想及護衛它，若有人要攻擊它【的話】，且視其他公民如從土裡成長的兄弟。[61]

格勞孔認為，這些人永遠不會相信這個神話，不過他們的後代和後來的人們會相信的。[62]在此，蘇格拉底實際上是想借助神話的流傳讓城邦公民永遠生活在夢中，他用這個夢把公民們「喚醒」，被喚醒的公民在回憶自己所受的教育——其主要內容是摹擬教育——的時候，就視之為夢，在其教育中所出現的一切美的形式，就是尼采所說的「夢中的美麗顯像」。在這段奇妙的對話中，柏拉圖的思路和尼采是一致的：摹擬作為「夢中的美麗顯像」而完成教育，使城邦和公民獲得穩定的形式與秩序。用尼采的話就是，柏拉圖在此正是體現了太陽神精神「對自然在睡夢中治療和幫助人類的深刻認知」。[63]不過，柏拉圖是要讓公民拋棄夢境，拋棄洞穴中的教育而走向真正的光明；而在尼采這裡，受太陽神精神培養的希臘人願意永遠停留在夢的世界裡，直到酒神衝動地把夢境打碎。

陸、酒神歌隊：幽暗中對自身的其他可能性的觀看

太陽神藝術的造型成就體現為荷馬時代希臘人的素樸而威嚴的生活形式。不過，正因為希臘人只是承當自然，而不是征服自然，所以他始終保持著跟那個自然的隱祕聯繫，他和跟他殊死搏鬥過的泰坦和巨怪仍然是血

---

61 徐學庸譯注，《理想國篇：譯注與詮釋》（上下冊），414d-e。
62 徐學庸譯注，《理想國篇：譯注與詮釋》（上下冊），415-c-d。
63 KSA 1: 27.

親：「他的所有此在，儘管美麗，適度，仍然是建立在苦難與認識的隱蔽
地基之上，酒神元素向他們重新揭露這個地基。」[64]如果沒有這個揭露，
那麼夢就失去了節制，人會以為自己真的征服了自然而驕傲，從而又墮
入夢之前的泰坦世界。這個太陽神藝術與酒神藝術的聯繫和差異，對應著
《理想國》第三卷中的摹擬和第十卷中的摹擬之聯繫和差異。第三卷中，
蘇格拉底在挑選曲調時採用把音樂圖像化的方法；在尼采這裡，阿波羅雖
然是音樂之神，但這種音樂偏重的是節奏的律動，是音調上的多立克藝
術。真正的音樂精神乃體現在酒神藝術中。在第十卷論證摹擬對理性的破
壞作用時，蘇格拉底也強調，這種破壞作用不但可見於視覺藝術，而且可
見於聽覺方面的藝術——詩歌。如上所述，這時他的對話者格勞孔其實表
現出遲疑，蘇格拉底特意再加以論證，他基本的理由其實潛藏在第六卷中
的一個論點裡：音樂比視覺更加直接地作用於人充滿衝突的內心。[65]在這
一點上，尼采跟柏拉圖又是一致的：

　　雕塑家和跟他相親緣的史詩詩人沉浸在對形象的純粹直觀中。酒神音
樂家則無庸形象，本身是原始痛苦及其原始迴響。[66]

　　不過，柏拉圖堅信人心的內在衝突和分裂是需要克服的，方法就是在
分裂的不同部分之間建立起等級秩序。這其實跟他把音樂圖像化的策略是
一致的。而詩歌的音樂力量因為會加劇心靈的衝突而分外需要警惕。在第
十卷的討論中，摹擬不再具有塑造作用——那個階段作為夢中之夢已經被

---

[64]　KSA 1: 40.

[65]　徐學庸譯注，《理想國篇：譯注與詮釋》（上下冊），507c10e。

[66]　KSA 1: 44.

視爲幻覺——，而被說成是純然破壞性的：它通過相像而使詩人和觀眾都認同他者，而失去了對自身的把持。

在追隨叔本華的尼采看來，不安與衝突才是自我的本原，它毋需通過秩序與節制來克服，卻是要在破壞秩序與節制中得到釋放和顯現。這種釋放和顯現，確實如柏拉圖所害怕的，表現爲人的毀滅，但毀滅正是新生的開始。尼采特別強調，悲劇的力量不是來自人物的崇高，而是太陽神的個體化原則被摧毀時的快樂：

> 只有從音樂精神出發，我們才能理解個體毀滅所產生的歡樂。因爲通過這樣一種毀滅的個例，酒神藝術的永恆現象才變得清楚起來，這種藝術把那仿佛藏在個體化原理背後的全能的意志，那居於一切現象之彼岸、歷經一切毀滅的永恆生命表達了出來。[67]

在酒神藝術中，摹擬不是要相像，而是致力於不像。在觀看悲劇時，觀眾正是在意識到「他對可見性和美化的衝動攀升到最高程度」的時候，又覺得自己需要超越這個程度，他否定了太陽神藝術帶來的那些美麗幻象並因此而歡樂，樂於看到對悲劇英雄因爲其壯美的行爲而毀來，這時，個性被摧毀，形式被瓦解，情節——神話——的作用不是塑造人物，而是「把現象世界引到它的邊界，在此它自己否定自己，而力求重新回到那個眞實和唯一的實在的懷抱中去」。[68]

在這種現象的自行否定中，悲劇觀眾達到一種「自忘」狀態，這也就是柏拉圖最警惕的摹擬的「自隱效應」：觀眾，包括高尚而優秀的哲學家

---

[67]　KSA 1: 108.

[68]　KSA 1: 140-141.

苗子，在對「另一個自稱好人的人」的認同中失去自知和自制。但在尼采看來，自忘並不是隱去自身，而是以在陌生的他者中重新遭遇自身。他大膽地推測，希臘悲劇恰恰最不表現個人，也不是要吸引作爲個體的觀眾：

> 希臘人根本不能夠忍受讓個人登上悲劇舞臺。事實上，他們不得不按照柏拉圖的區分方式去感受，那種根本上把理型跟「偶像」及仿像對立起來的區別方式已深深植根於希臘人的本質之中。用柏拉圖的術語，我們大概可以這樣來說希臘舞臺上的那些悲劇形態：那個唯一、眞正、實在的戴奧尼索斯出現在多種多樣的形態中，戴著某個戰鬥英雄的面具，宛若陷在那個獨一意志的網中。[69]

這裡，我們可以把酒神藝術看作對《理想國》中本原與仿像——也就是自身與他者——的關係的第二次翻轉。一方面，本原不是始終與自身相同的理念世界，而是始終與自身不同一、與自身相疏離的酒神形象的世界，這個世界也是音樂的世界，它是世界意志的顯現。在《悲劇的誕生》中尼采基本上採用了叔本華的意志概念，不過他有時又用「太一」、「存在」或「永恆生命」這樣柏拉圖主義式術語來稱呼它。另一方面，仿像也不是使自身偏離自己的他者，而是隨時準備解體而融入意志之太初存在的個體自身。《理想國》第十卷把悲劇視爲摹擬的摹擬，本原與仿像之間隔了兩層，在尼采這裡，悲劇中的「像之像」卻是本原朝觀眾翻湧過來而激出的浪花，觀眾正是在接受這些浪花時跟意志的巨浪融合在一起，並且通過這種融合而在本原中看到自身。如此，尼采把柏拉圖的理型世界翻轉爲酒神的形象世界。

---

[69] KSA 1: 71-72.

同時，《理想國》中哲學家式的觀看方式也被顛倒了過來。柏拉圖用洞穴比喻來說明，一切的觀看都是至善之光臨照的結果，哲學家正是因為追隨了至善的太陽，所以學會把一切的「像」看作洞穴中的虛影。對悲劇的觀看是太陽下觀看的反面：黑暗中的觀看。尼采同意這一點，卻反過來指出，這種觀看才能看到黑暗中的真相，悲劇的形象，作為酒神力量在太陽神的節制之下顯現的結果，正幫助觀眾適應了他看要觀看的幽暗：

　　我們姑且忽略見達於外表的英雄性格——從根本上看這性格無非就是投在暗壁上的影像，也就是說，徹頭徹尾的現象——，讓我們毋寧沉潛到那個投射在這些明亮鏡像中的神話裡去，我們就會突然體驗到跟一種熟知的光學現象正好相反的現象。如果我們努力直視太陽並因目眩而調開視線，就會有昏暗帶彩的黑斑出現在眼前，宛如有所救治；反過來，索福克勒斯的英雄的影像顯現，簡言之就是帶了面具的太陽神元素，則是瞥見自然的內在和駭然之處後的必然產物，猶如為了救治一次被令人毛骨悚然的暗夜所翳傷的瞥視而產生的閃光的亮斑。[70]

　　「被暗夜所翳傷」（von ... Nacht versehrten）這樣的表達並不是尼采自己的突發奇想，《理想國》中也多次提以人眼在光明與黑暗間移動時的不適[71]，蘇格拉底用這種不適來說明哲學家與城邦生活的緊張關係。事實上，哲學家的觀看指向不變的理型，最終是直視太陽一般的最高理型本身[72]；悲劇觀眾的觀看卻是直視黑暗，「自然的內在和駭然之處」，為了

70　KSA 1: 65.
71　徐學庸譯注，《理想國篇：譯注與詮釋》（上下冊），515e、516e、518a。
72　徐學庸譯注，《理想國篇：譯注與詮釋》（上下冊），516b。

避免被這突然襲來的暗夜所侵害，詩人帶領觀眾用持續變化的幻像來適應它，修復受損的視力。

在《理想國》第十卷中，摹擬使城邦公民在追逐他者的影像時失去對自我的持守。在尼采這裡，觀眾卻正是在影像中看到自身的其他可能形象。這些其他可能形象是由酒神歌隊——希臘悲劇的真正源頭——帶給觀眾的。薩提爾是人的原初形象，薩提爾歌隊看作「抵禦洶湧現實的活體城牆」[73]，它是悲劇場景的幻景的唯一的觀看者，觀眾正是在幽暗中跟他們融合，並看見自己以不同的可能形象顯現，尼采稱之為戲劇的原初現象：

自己看到自己在自己面前變形並在此時此刻行動，仿佛真的已經進入到一個他者的肉身，一個他者的性格中去了。[74]

在此，跟我們之前多次看到的一樣，尼采其實同意柏拉圖的基本判斷，只不過扭轉了這個判斷的方向，因此他稱自己的工作是對柏拉圖主義的翻轉，而不是摧毀或反駁：在摹擬性的詩歌——戲劇——中，確實發生了跟非摹擬性的詩歌——頌歌——完全不一樣的情形。在非摹擬性的詩歌活動中，觀眾仍然是他們自己，而在戲劇中，公民卻完全忘記了自己的身分和地位，從彼此身上看到自己的變形[75]。尼采稱之為著魔。但著魔並不是像柏拉圖所認為那樣使公民失卻本性，酒神藝術也不是像柏拉圖所認為的那樣摧毀了太陽神的倫理和知性教育，而是在完成它跟太陽神的和解：

---

[73]　KSA 1: 58.

[74]　KSA 1: 61.

[75]　KSA 1: 61.

著魔是一切戲劇藝術的前提。在這個過程中，酒神的迷徒看到了作爲薩提爾的自己，並作爲薩提爾再次看見了神，也就是說，他在他的變形中看到一個自身之外的新幻景，他的狀態以太陽神的方式完成了。戲劇以這種新幻景完成了。[76]

柒、結論：地宮之線

尼采和柏拉圖都同意，悲劇，也就是摹擬，是蘇格拉底最大的敵人，後者終身試圖讓哲學戰勝悲劇。在柏拉圖的對話錄中，哲學只獲得理論上的勝利，現實中的蘇格拉底被詩人和觀眾一起判處死刑。而在尼采的筆下，蘇格拉底卻是勝利者，悲劇突然的終結成爲希臘精神史上的一樁奇案。哲學的勝利並不是摹擬的終結，而是摹擬的異化，摹擬異化爲模仿，正如尼采在筆記中寫道的，認識殺死了模仿，卻作爲模仿的模仿而僵化爲概念。在此過程中，悲劇的力量消退了，也就是說，像不再能夠自行更新爲新的像，卻被概念當作標本一樣固定下來，成爲相。哲學家作爲愛智者，終身應當以其理性追溯相的世界，他跟沉迷於像的藝術家有著完全不同的快樂：

　　每當眞理被揭開外殼，藝術家癡迷的目光總是始終佇留在那個於揭示之後，此時仍然保持其爲外殼的東西上，理論家卻在被丟棄的外殼上自得其樂，自滿自足，在總是僥倖得手、依靠自身力量完成揭去外殼的過程中，他就獲得最大的樂趣。[77]

---

[76]　KSA 1: 61-62.

[77]　KSA 1: 98.

　　柏拉圖認為對像的追求和沉迷導致人們失去節制，尼采卻認為，一
味要遺像取相的哲學家才是染上了不節制的好奇，而這正是酒神精神被驅
逐之後，太陽神精神也失去其尺度的結果。尼采借用萊辛的話來形容這種
好奇：科學不是關注真理本身，而是關注探索真理的過程。他用了一個比
喻：科學家之研究尤如要鑿穿地球，但因為誰都知道，一個人盡畢生之力
也只能掘入深不可測的大地的皮層，所以他們就聰明地不斷挑選新的地點
來開鑿。[78] 在《理想國》中，蘇格拉底是帶領眾人向上走出洞穴的人，在
尼采看來，他卻是要向下鑿穿大地，依靠因果律的線探入深淵。對哲學家
道路的翻轉，是他翻轉的柏拉圖主義的最後一步。真理不在高高的彼岸，
而在腳下的大地，在自然和我們自身無限幽暗的內部。這個幽暗的內部，
尼采常常用「地宮」（Labyrinth）來形容。在《悲劇的誕生》中，酒神歌
隊作為悲劇的起源，也是這樣一個「地宮」。

　　地宮這個意象在古希臘跟摹擬緊密相關。《伊利亞特》中曾描述作
為舞場的歌詠團（Chorus），代達洛斯（Daedalus）為阿里阿德涅（Ari-
adne）所造，在祭禮中青年人圍著它轉圈跳舞，人群層疊圍觀。據說提修
斯（Theseus）在殺死米諾陶（Minotaur）之後，歡慶跳舞，以摹擬他在
地牢——其本義是「出口和入口」——中的走過的路。早期尼采在對柏拉
圖主義的翻轉中，已經拋棄了蘇格拉底所遵循的因果律之線，而撿起了摹
擬的線。正如提修斯神話所表明的，線的作用不是為了走出地宮，而是讓
英雄能夠更加深入地探尋地宮中的惡靈。

---

[78] KSA 1: 98.

尼采的古典世界中人的形象

黃國鉅

本文將探討尼采早期，即大概1870年代，對古希臘文化的理解，以及其對他日後哲學發展的意義。本文首先討論尼采如何理解古希臘文化，而這些評價，最終歸結到尼采如何理解「人」這個概念。之後，本文將回顧德國古典人文主義對人的理解，即人的任務是各方面的潛能得到均衡、和諧、有機的發展，如理性和感性的和諧關係，以及心靈的美等說法，以及與之息息相關的德國人文主義對古希臘文化的理解，跟尼采理解的古代人有何不同。其中一個重點是所謂Human和Menschlich的分別，前者是人文主義主義的用字，後者卻表達了尼采對古希臘時代，尤其荷馬時代那種遠古、野蠻、率性、自由人格的嚮往。最後，這圖像將見諸於超人哲學、權力意志等學說中的人的形象，即內在混沌而非和諧、權力單位不斷企圖征服對方、不斷對外擴張的人，與人文主義人的圖像，形成有趣對比。

壹、尼采對古希臘文化的接受

尼采早期對古希臘文化的接受，以及其對他日後哲學的發展，近十年成為尼采研究的熱門課題，有不少專書和文章出現。專書如Hubert Cancik[1]、Paul Bishop[2]，以及一些關於尼采1870年代對古希臘韻律理論研究的專文，如James Porter[3]、Friederike Günther[4]。繁此種種，當中涉獵到的一個重要問題，即是尼采如何理解、接受古希臘文化？這種理解和接受，如何影響他日後思想的發展？

我們知道，十九世紀德國哲學家和詩人對古希臘文化有特別的鍾情，甚至視對古希臘文化的研究、學習、復興，為德國人文教育和文化素養的基礎。這可以追溯到歌德、溫克曼（Winckelmann）、席勒（Schiller）、萊辛（Lessing）等人的著作，而十九世紀興起的古典文字學，在這裡扮演一個重要角色。然而，到了十九世紀下半葉，此種情況開始慢慢扭轉。尼采在他的巴素爾大學就職演講〈我們文字學家〉（*Wir Philologen*）的手稿裡，不僅對文字學本身作為一門專業大加鞭撻，更深刻地懷疑古典文字學研究作為人文教育的基礎這個前提，當中牽涉的，不只是古典文字學的自我理解問題，更重要的是尼采對古希臘文化的接受和理解，跟德國古典文學和人文主義的理解截然不同。

尼采對古希臘文化的接受，有別於十九世紀德國，甚至整個歐洲自文藝復興以降對古希臘文化的接受史，他最感興趣的並非西元前五到四世紀

---

[1] Cancik, Hubert. *Nietzsches Antike: Vorlesung*, (Stuttgart, Weimar: Metzler Verlag, 1995).

[2] Bishop, Paul ed. *Nietzsche and the Antiquity*, (Rochester, NY: Camden House, 2003).

[3] Porter James I. *Nietzsche and the Philology of the Future*, (Stanford: Stanford University Press, 2000).

[4] Günther, Friederike Felicitas. *Rhythmus beim frühen Nietzsche, in: Monographien und Texte zur Nietzsche-Forschung*, Bd. 55, (Berlin; New York: De Gruyter, 2008).

所謂的雅典古典文化時代，而是更早的，如前蘇格拉底哲學時代，甚至荷馬時代，即較爲遠古的古希臘文化。如Cancik所言：

　　尼采的古典世界是一個遠古（反現代）、貴族（反民主）、反社會主義的反烏托邦。……另一方面，尼采的古典世界則包涵古典的啓蒙、科學、物理和邏各斯的起源，因而包涵對基督教批判的工具。這種古典文化雖然是遠古的，但同時高度現代，充滿政治、美學，和心理學的元素，它並非一種考古的物件，而是通過與當代問題連接而存在。[5]

　　根據Cancik所言，尼采的所謂古典世界（Antike），並非整個古典世界本身，而是根據他自己的興趣和關注點，選取了某些部分。他特別注重悲劇時代、貴族文化、酒神宗教、前蘇格拉底哲學、古希臘音樂與詩律等；而有些部分，尼采則以負面的態度對待，如蘇格拉底、泛希臘時代、亞歷山大時代；有些部分在尼采的世界裡甚至沒有位置，如古希臘喜劇、歷史寫作等。如此，尼采對古希臘文化的傳統，有不一樣的接受與詮釋，他的古希臘圖像，既非純粹緬懷一個失落的時代和文化、一個永遠遙不可及的典範，而是在在滲透著以古典文化精神面對現代世界的企圖，變成有用的哲學思考活動，作爲現代文化的回應。一方面，尼采在哲學上對這些人文主義抱一個懷疑及批判的態度，並在後來一些著作中指出，這種希臘人的平衡和和諧，在現代文化已經不可能；[6]另一方面，他又一反傳統，再追溯到更遠古（archaic），如酒神宗教等希臘文化的邊緣現象，甚至追

---

[5]　Cancik, Hubert. *Nietzsches Antike: Vorlesung*, p.4.

[6]　Held, Dirk. "Conflict and Repose: Dialectics of the Greek Ideal in Nietzsche and Winckelmann", in: Paul Bishop ed. *Nietzsche and the Antiquity*, (Rochester, NY: Camden House, 2003), p.411-424.

溯前蘇格拉底時代，荷馬時期界乎與自然、野蠻、殘暴、本能性的人的模樣，來思考人的本質和理想的人等問題。[7]

這點在尼采後期的《偶像的黃昏》（1888）表達得最清楚，甚至把溫克曼那種古典平靜理性的希臘文化圖像，跟他自己所認識的野蠻粗暴本能的古希臘文化對立起來：

在希臘人當中尋找「美麗的心靈」、「黃金中道」以及其他完美特徵，或讚嘆他們偉大中的平靜、理想的性情、高尚的單純——我通過裝置在我自己身上的心理學家，防禦這種「高尚的單純」，而最終倖免自己犯了德國的愚蠢（niaiserie allemande）。我看到的是，他們最強的本能、權力意志；我看到的是，他們在這種衝動不受約束的暴力下震抖；我看到他們的制度，都是來自防護性集體規範而產生，以保護自己，互相防衛對方的內在炸藥。內在龐大的張力，以可怕和無情的敵意，向外爆發：城邦之間互相殘殺，是為了讓個別公民互相之間得到安寧。人們必須堅強：危險就在附近，它無處不在。漂亮而靈活的身體，粗糙的真實主義和非道德主義，是屬於希臘人的，是來自必然性，而不是來自其「本性」。[8]

值得一提的是，尼采這裡用到「權力意志」（Willen zur Macht）一詞，並非偶然。早在寫作《道德系譜學》時，即1887年，《偶像的黃昏》前一年，尼采已經有權力意志論的雛型，所以，尼采這裡講的權力意志，可能並非只是遠古人互相鬥爭這麼簡單，而是以此比喻一種人的內在構成的運作方式，這點之後會進一步解釋。

---

7 黃國鉅，《尼采：從酒神到超人》，（香港：中華書局，2014），頁43-44。
8 KSA 6: 157，筆者翻譯。

貳、從human到Menschlich

凡此種種，歸結到一個核心問題，即所謂「人」的觀念。西方傳統談人的時候，一般都會用拉丁文human，但當尼采談人的問題的時候，卻多用德文Menschheit、das Menschliche等字，這並非簡單使用拉丁文或德文的問題，當中帶有微言大義。在歐洲傳統裡，Humanität跟人文主義關係比較密切，如humanum、studia humanitatis等字，而這種人文主義，尤其是德國古典哲學上的人文主義，有兩個重要部分：第一，人的整體發展。第二，人的平衡發展，如感性與理性、感官與思維的平衡。這點在早期人文主義者洪堡特（Wilhelm von Humboldt, 1767-1835）有清楚的表達。[9]然而，這種理想，難免同時引申出對人性的本能、衝動，加以調節、管理、疏導、馴服，甚至是壓抑。如席勒（Friedrich Schiller）在《美學教育書簡》（*Über die ästhetische Erziehung des Menschen, in einer Reihe von Briefe*）指出，人的遊戲衝動（Spieltrieb），也必須經過理性的疏導，自由和律則才能相輔相承。總括來說，從希臘古典時代到文藝復興，對原始、獸性的欲望和衝動的制衡，是人有別於動物，或有文化的人有別與野蠻人的重要分界線，也是人文主義對人的理解的重要基礎。

其實，雖然尼采自己也身爲文字學家，但對這職業早已有所懷疑，他在〈我們文字學家〉中說，如果硬說文字學可以提高人文素質，是錯誤的前提，甚至明指在大學設立文字學這個系，只是讓讀古希臘文的人可以混口飯吃而已。他說：「人事實上經常從現在理解古代……」「先爲人，作爲文字學家才會有成就」。他更刻意凸顯das Menschliche和das Humane兩

9　Wilhelm von Humboldt, "Theorie der Bildung des Menschen", p. 237, in: *Werke in Fünf Bänden*, (Darmstadt: Wissenschaftliche Buchgesellschaft, 1960), vol. I, p. 234-240.

個字背後含義的差別：

> 古典世界顯示給我們的人的元素（das Menschliche），不可以跟人文（dem Humanem）混淆。這個對立必須強力地凸顯，而文字學要把人文塞進人的元素裡，就是有病。而也爲了這個原因，年輕人被帶進文字學，企圖讓他們變成人文（human）。……希臘人的人的元素在於某種天眞，當中人表現出自己、國家、藝術、社會、軍事和民事法律、性生活、教育、黨派，這種人的元素，在所有民族都表現出來，但在希臘人當中卻有一種不加掩飾和非人道主義（Inhumanität），這一點在教學中是不可或缺的。希臘人創造了最大量的個體，這也是他們關於人有大量教誨的地方，一個希臘的廚師比任何其他民族都更像廚師。[10]

　　這兩段文字顯示，尼采對人的理解，並不在於和諧、均衡，而是各個部分盡量發揮、擴張，如此，衝突難以避免。於是各個部分必須各自競爭，或開拓新的領土，這樣，人的範圍會一直無限擴張。這就像《道德系譜學》裡面所講，一個部族中那些好勇鬥狠之族人，必須向外發展，開拓新的領土，以避免族人內部互相殘殺。這種說法，成爲尼采權力意志底下人的圖像。尼采是借用遠古希臘人或其他種族這種對外擴張的邏輯，應用在他理想中的人的形象之上。這種原始的古希臘人形象，是人剛剛從自然擺脫出來，介乎於自然與人性渾然天成的模範，在尼采眼裡，他跟後來人文主義的理性形象相比，更接近人本來的面目，所以尼采用人的（das Menschliche）這個字。尼采在早期文章對希臘文化的討論，多用Menschheit或das Menschliche等字，既跟人文主義主義色彩的拉丁文字hu-

---

[10]　KSA 8, §3[12]: 17-18.

manum區別開來，又避免用平衡（Gleichgewicht）、和諧（Harmonie）這些字。他欣賞希臘文化中貴族的形象，並非純粹因為他們富有、有社會地位，而是他們快意恩仇，不去壓抑、隱藏、計算等處理情緒的方式。這些元素，後來在《道德系譜學》所講的奴隸心態形成相反的對比，而這些典範，在他早期閱讀在荷馬詩史裡表現得最清楚。

上面引文隱藏著另一個更重要的前提：人之為人（Menschlich），本質上可能與人道、人文（human）是對立的，作為真正的人，必然跟人道、人文相違背，而是不人道（Inhuman）。所以，尼采這說法明顯把人性跟道德對立，這與席勒等人文主義所講，人發揮人性會達到道德完整性的說法恰恰相反。

《人性的，太人性的》裡面關於人自我解放，成為尼采人的形象的初步描繪。這種自由的人，必須打破形而上學、道德、宗教等的羈絆，才能成為自由的人。我們可以從幾方面探討尼采這種自由人概念的意義內涵。第一個層次，關於道德方面，眾所周知，尼采認為道德規範是對自由人格的束縛。他在《人性的，太人性的》裡這樣說：「人出生時附上了很多枷鎖，令他忘記了，自己如何像動物一樣出生。而事實上，人的確比動物變得更溫和、更靈性、更快樂、更理智。不過現在他嚐到苦果了，因為他太長時間繫著這些枷鎖，令他失去純淨的空氣和自由的活動，正如我重複又重複地講，這些枷鎖就是那些沉重、充滿意義的道德、宗教、形而上學的想像造成的錯誤。……」[11]他後來又說：「相對於自由放縱的狀態，所有道德都是對自然的暴政。」[12]若從人文主義的角度講，道德規範之所以能與人的自由發展不互相排斥，主要建立在席勒的《美學教育書簡》裡

---

[11]　KSA 2, §350: 702.

[12]　KSA 5: 108.

所說,自由的想像和衝動,和服從規律的需要互相協調,人才會在藝術創作上接近天才。這種講法,實在又是借助於康德哲學自由和規律之間的關係,以及藝術作爲道德的象徵這些講法。然而,我們知道,尼采在中後期對康德的道德哲學大加鞭撻,其中牽涉兩個重點:第一,康德所謂的道德定言律令,是抽空於所有實際生活環境的普遍抽象的要求,它必然是外在於人的感情衝動;第二,所以這種定言律令,其實是以否定作肯定,而這正是尼采要批判的虛無主義,其中一個哲學上的表表者。這兩點在《反基督》有詳細的論證。[13]

因此,我們得出兩點結論:第一,任何推動個體發展的,必然是內在於這個個體的動力,其他外在的動力,如道德規範、理性要求、宗教戒律等等,均不能成爲內在於個體擴張的推動力,反而是窒礙個體向外擴張的力量;第二,尼采這種說法,質疑了德國傳統人文主義的大前提,即人的各個部分、能力、潛能之間,有一種先於人存在的和諧、固定的關係。關於第二點,尼采在後期權力意志的思想,舉出一種另一類的個人內在力量關係的圖像:權力單位之間是處於一種隨生隨滅、互相吞併的狀態,而從這吞併中不斷擴大。然而在早期及中期,尼采的答案可能還未很清楚,這也是值得進一步探索的問題。

參、與席勒比較

爲了更深入理解尼采關於人的觀念與德國人文主義傳統的差異,這裡不妨把尼采跟哲學性比較強的人文主義理論,即席勒的《美學教育書簡》比較。兩者可以比較的地方有幾點:

---

[13] 《反基督》§11-12:KSA 6: 177-179。

首先，席勒的出發點是，人是在時間流動存在之物，但同時必須在流動和變化中尋找或建立不變，這符合人的基本內在結構和衝動，即感官衝動（sinnlicher Trieb）和形式衝動（Formtrieb），兩種衝動要得到平衡，才能達到人的均衡。如果人只有感官現實世界的能力，而不能滿足形式的衝動，不能在眾多的感官印象中提煉出超越時間流動的不變形式，那不只人的完整成長受到障礙，甚至人只能在不斷流逝的時間中存在，而不能從中超越時間流動提升自己。此點與尼采的一個重要哲學關懷相似，即永恆回歸的出發點，如何在不斷流變的混沌中得出永恆。席勒也強調，純粹在時間流動的感官，給予我們對世界的真實感，而只有形式衝動的滿足，卻會讓我們失去這種真實感。然而，席勒更關心的，是人本質的統一性（Einheit der menschlichen Natur）問題，席勒明顯受到康德的「第一批判」和「第三批判」啟發，認為感官、形式、遊戲衝動等等之間的平衡，不只是要達到人本性的統一和完滿，更符合外在世界以人這個構成狀態的呈現方式，從而符合外在世界真實本身的呈現方式。席勒說：「在這種運作中，我們不再只是在時間裡，而是時間在我們裡面，包括它整個永不結束的順序。」[14]這種說法，有強烈的先天統一性的味道，即是說，無論主體向外吸收多少感官的刺激，只要這吸收通過形式衝動和遊戲衝動加以整理、疏導、排列，這些刺激自然會構成某種完整性。

這點跟尼采大異其趣。首先，正如前面說，在他的後期思想裡，尼采否定人的內在有任何既定的結構。那麼，當一個人不斷張開他的感官器官，在時間的滾滾洪流中不斷吸收外在的感官刺激，但卻沒有如席勒說那樣，有一種既定的人性統一性，那麼，這種平衡還可能嗎？席勒講的那種

---

[14] Schiller, F. "Über die ästhetische Erziehung des Menschen, in einer Reihe von Briefe", 13. Brief, in: *Schillers Werke*, (Berlin, Leipzig, Wien, Stuttgart: Deutsches Verlagshaus Bong, 1907), band. 8, p.47.

活動的型態（lebendige Gestalt）、無限的順序，如何能表現出來？所謂
的形式衝動和遊戲衝動還能不能扮演任何角色？更重要的是，人會變成怎
樣？尼朵在晚期關於所謂「宏大風格」（der große Stil）的一段話中這樣
說：

> 發展的頂峰：宏大風格……
>
> ……
>
> 人們所稱的宏大風格的那種歡愉狀態，正是一種高權力感覺……
>
> 空間和時間的感應發生變化：遙遠無垠的地方可以一目全窺，同時第
> 一次感應到
>
> 視野伸延，涵蓋更多更廣
>
> 器官變得更精細，可以感知到最微細和最轉瞬即逝的
>
> 降神，理解能力得到最輕微的幫助，通過暗示，有「智慧」的感
> 官……
>
> 強大作爲肌肉的支配感覺，作爲柔韌性和運動的欲望，作爲舞蹈，作
> 爲輕盈、急板……
>
> 強大作爲證明自己強大的欲望，作爲精彩表演、冒險、無畏無懼、漫
> 不經心……
>
> 春天、舞蹈、音樂，一切都是性別的競爭——還有那浮士德式的「胸
> 中的無限」……[15]

　　根據上面的推論，這個主體會隨著感官刺激的不斷增加而持續膨脹，
但卻不是通過另外一些衝動和形式來制約、疏導、管理這些澎湃的感官印

---

[15]　KSA 13, §14[117]: 293-295.

象，而是隨著這些感官印象洶湧而來，形式只能跟在後面，不斷通過時間的重複來尋找相同和永恆的活動圖像。故此，人的本質，不管是內在還是外在，都是不斷對外擴張的。

問題來了：這個人會迷失在澎湃洶湧的感官刺激嗎？他會不會如席勒所講，在時間的洪流中失去自我？或如何把外在的時間流動的無限性，變成內在的形式表現出來？在尼采那裡，不變形式的構成，必然跟在感官印象後面。因為尼采不相信靈魂、意識、主體的統一性等等，於是，人的統一，不能建立在這些傳統觀念上，那麼，統一這個責任就歸還給身體。但身體不會像席勒那樣，有製造超越感官形式的能力，它有的只是感官的總和。於是，身體接收到的感官印象，只能依靠另一種東西，即權力意志，通過流動時間中的永恆重複來構成不變單位。這個權力意志可以是身體性的，但也可以是所謂內在、心靈、意識的，在尼采那裡，並不存在這個分別。因此，所構成的形式，並不如席勒所講那樣，是超越時間的永恆形式，而是隨著印象的不斷洶湧和變更而隨生隨滅，不斷創造新的形式來包涵更多感官刺激，不斷地創造和毀滅。在這過程中，人不是如席勒講的那樣，變得更完整、更理性、更道德，而是更大、更混沌，需要更多、更大的權力意志來使自己保持平衡和完整。

如此會引申幾個後果：

一、人的內部不是一個完整的整體，而是一個混沌，這也符合前述尼采一貫的想法。這個混沌因為沒有既定結構，所以有無限膨脹的可能，而且它是隨著每個個體每一刻的需要，不斷創造更大的單位，所以並不可能有任何康德式的意識結構。這裡可以跟康德關於何謂系統作一個有趣的對比。康德的《純理性批評》中有一個關於系統的經典的理解，牽涉個別和整體之間的關係：一個系統不是純粹個別部分的聚合（coacervatio），把一些不同的東西放在一起，而整體是一個有機整體（articulatio），它各

個部分可以內生長出來，而不會從外面加進去。如同動物的身體一樣，成長的時候，牠就不是純粹透過加入一些新的肢體，而是各個部分按照原來的構成和比例生長。[16]相反，尼采則恰恰是沒有先天預設結構或系統，而是因爲不斷而來的感官刺激增加上去，不斷挑戰主體的權力意志，如何把新的無秩序不斷重新整合。

二、然而，這裡可以更進一步引申，就如尼采常用的星系比喻一樣，這個混沌就同銀河系一樣，在滾滾的洪流中，偶然會出現一些似是有型態、有軌跡的系統，它們是權力意志通過永恆重複選擇出來的形式和圖像，它們隨生隨滅，隨著人每一刻的需要、興趣和價值來決定創造這些看似永恆重複的單位。它們就像河流的橫切面，從上面看，這河流一去不返，沒有任何固定的恆存；但從橫切面看，雖然在滾滾流動中沒有任何固定的型態，不過因爲重複，所以每一個細小的印象、感官刺激，都可以成爲一個彷彿有軌跡的系統，因而無型態的東西獲得了型態。所以，這過程不是如席勒或康德那樣，因爲人的形式能力或圖像（Schematismus）把雜多整理成型態，而是繁多、混沌、洶湧的感官，創造出型態出來，型態的衝動只能跟在後面，企圖持續爲變化不斷的混沌賦予型態。或如尼采在一段關於權力意志的話中所說：

一個澎湃洶湧力量的海洋，永遠地轉化、永遠地回復，回歸的時間以無邊漫長的年歲計算，型態的組合如潮漲潮落，從最簡單的衝出最繁多的，從最平靜、僵硬、冰冷，衝出最明亮的、最野蠻的、最自相矛盾的，然後又從豐盈中復歸到最簡單的……[17]第三、這個不斷膨脹的個體，卻仍

---

[16] 康德，《純理性批判》，B861/A833-B862/A834。

[17] KSA 11, §38[12]: 610-611.

需要保持某種平衡或統一性。正如前面所說，這種統一性和平衡是通過更強大的權力意志單位制約其他小單位達到，但這並不代表說，它是通過權力對權力的壓抑這種赤裸粗暴的方式達致，而也可以是優雅、美麗、自然。正如尼采上面舞蹈的例子一樣，每個身體的單位，肌肉、骨骼、筋絡都得到各自的自由，但整體卻不是手舞足蹈地亂動，而是優雅且美的。所以，相反地，醜陋就是就是風格上的墮落，缺乏調和，亂作一團。「醜陋則代表一種類型的墮落，矛盾和對內在的欲望缺乏協調，代表組織能力的衰落，從生理學上講，代表意志的衰落，……」[18]所以，尼采所講的這種人的圖像，並不代表是野蠻、無文化，而是更需要文化的力量達到優雅、風格、平衡，只不過這力量不是人文主義講的那種。

肆、內在混沌

如此，尼采顛覆了人文主義的一個基礎論點：溫克曼所說，表面的平靜和內在的波濤洶湧，其中所謂內在和外在的關係，在尼采的思想受到質疑，甚至所謂內在與外在的分別，可能也不存在。人的內部不是一個既有秩序的均衡狀態，而是一個不斷自我更新、互相吞滅的混亂狀態，這狀態，也應該在人的外在行為中表現出來。

這歸結到尼采的其中一個核心概念：內在混沌（innerer Chaos）。

尼采最早提到這個說法，是在〈歷史的對生命的用處與害處〉一文。尼采批評當代德國對歷史知識的態度，並以古希臘人的歷史意識作為對照，他們是先認識自己，根據他們自己當時的需要，「把混亂組織

---

[18] KSA 13, §14 [117]: 293-294.

起來」，以作生命的使用，生命需要多少歷史知識，他們就吸收多少，再從行動中表現出來，表現不出來的，他們也不會勉強吞咽。尼采以「物」（Physis）這個希臘字來形容古希臘人這種狀態，即沒有外在和內在之分，是表現和意志的合一體。所以，人的行爲不應以一些超越時間的道德規律，來決定當下的行爲，而是根據當下的內在混沌，與外在處境的關係，或尼采所講，「人和歷史領域的對應」（Congruenz zwischen dem Mann und seinem historischen Bereiche）[19]，通過行動把這混沌表現出來。[20]

尼采在《查拉圖斯特拉如是說》說：「人必須在內心有混沌，以創造舞動的星辰。我告訴你們：你們還有混沌在心中。」[21]而在《愉快的科學》裡，尼采解釋，所謂混沌，是指超越我們理解以外的一種狀態，那麼，混沌不是純粹混亂無秩序的狀態，而是指宇宙不斷地毀滅創造、吞吐消化、推陳出新，創造新價值、新觀念、新秩序，但人的思想概念跟不上，無法理解，因爲形式、概念是固定的，宇宙的混沌卻是不斷活動，於是前者必然永遠是落後與後者。宇宙永遠以一個混沌形式出現，同樣，人也因此無法理解自己的內在，要等到自己把內心創造出來，才明白內在是怎麼一回事。所以，海德格爾（Martin Heidegger）認爲，尼采說的混沌，不是純粹的混亂無秩序，而是人無法用既有形式去理解的狀態。這說法與謝林（Schelling）的生產性直觀（produktive Anschauung）有相似之處：意識不斷推演出外在世界，同時意識又不斷觀察自己的產物，但它還沒有概念去理解這些產物，於是只能不斷不帶概念去直觀之。[22]

---

[19] KSA 1, §5: 283.

[20] 黃國鉅，《尼采：從酒神到超人》，頁149-150。

[21] KSA 4: 19.

[22] Schelling, Friedrich. *System des transzendentalen Idealismus*, (Hamburg: Meiner, 2000), p.96-108.

這個天體比喻，跟洪堡特的天體比喻形成有趣的對比：

人類精神有如地球運轉的規律，在其位置之外，它發現太陽系裡各個
天體的位置和軌跡，而它自己也屬於這個太陽系，同時準確可靠地預測所
有的事件，而它自己也依靠這預測行事。神奇的是，這精神信賴著百萬里
外遙遠的運轉，在這些轉變之中，它卻是一個外來者，但被這些轉變包圍
著，它既強烈地影響著這些轉變，同時又感受著其反應。[23]

相反，尼采認爲宇宙本身就是一個混沌：

我們要提防，假設我們鄰近的星體本身和全部，有如一個圓形的運
動一樣，是一個有形式的東西。我們只要看一下銀河系，已經足夠讓我們
懷疑，裡面是否有更多的是粗糙、互相矛盾的運動，或星系是永遠地有垂
直拋物線的軌跡等等。我們現在所處的天體秩序是一個例外，這個秩序，
以及它能維持這狀態這麼久，更成就了另一個例外中的例外：有機物的產
生。相反，亘古以來，世界的總體本質是混沌，不只是缺乏必然性，更缺
乏秩序、分類、形式、美、智慧，以及所有其他所謂的美學上的人性。[24]

若從這天文的比喻去理解人的內部作爲一個混沌，那麼，我們如果
以爲自己是一個有秩序的個體，這想法可能是例外，更可能是尼采所說的
「美學上的人性」（ästhetische Menschlichkeiten），是人加諸在自己身上

---

[23] Wilhelm of Humboldt, "Über die Gesetze der Entwicklung der menschlichen Kräfte", in: *Wilhelm von Humboldts Gesammelte Schriften*, (Berlin: Behr Verlag, 1903), p.89.

[24] KSA 3, buch iii, §109: 467-468.

的美麗幻象、結構、關係。

　　於是，這帶出關於所謂內在與外在、形式與內容的問題：這個分別實際上是否存在？如果人的內部是混沌，外部卻是秩序，兩者的關係應該怎樣理解？這裡的「外在」，可以有兩個意思，第一是純粹身體、外表，甚至與身體有關的行為舉止等；第二是抽象層次的，即在所有個人內部的各個部分之上，是否有一個整體的型態？

　　關於前者，Dirk Held的文章把尼采和溫克曼的古希臘文化中人的形象作了有趣的比較。[25]溫克曼在他的《關於希臘繪畫和雕塑模仿的沉思》（*Gedanken über die Nachahmung der griechischen Werke in der Malerei und Bildhauerkunst*）裡，把雕像拉奧孔表現出的「高貴的簡單與靜穆的偉大」（edle Einfalt und stille Größe），視為古希臘人性偉大的典範，即靈魂無論多痛苦，身體卻是有節制地表現出來。這說法是建立在靈魂和身體的二分之上。然而，正如前說，尼采從來對這種平衡、和諧之說抱批判態度。同樣，內心痛苦，但表面靜穆，則表示對情緒的壓抑。況且，尼采對這種內在與外在之分，早就抱懷疑的態度，他在〈歷史對生命的好處與壞處〉一文說：「因為這種牢騷，凸顯了現代人最本來的特性：所謂內在與外在不符合，外在與內在不符合，這奇怪的對立，在古老民族並不存在。」[26]因為古代人往往把內心感情直接通過身體表達出來，中間不需要經過壓抑、調控，甚至時間上的差距。到了現代文明，越有教養的人，反而強調內在的內涵，以外在的虛弱、缺乏行動能力為傲。這成為尼采後來靈魂論批判的雛型，質疑所謂外在（Aussen）和內在（Innen）的分別。[27]

---

[25]　Held, Dirk. "Conflict and Repose: Dialectics of the Greek Ideal in Nietzsche and Winckelmann", p.411-424.

[26]　KSA 1: 272.

[27]　KSA 2, §15: 35-36.

相反，古希臘人沒有所謂內外之分，更不存在內外的矛盾張力，他們吸收多少，就在他們的行動、文化創造裡反映出來。

關於第二點，在權力意志論之前，尼采曾經嘗試勾勒一副人的內在關係圖像。在《查拉圖斯特拉如是說》有一段話：

> 肉體是我的全部，除此之外什麼都不是；而靈魂只是一個字，指身體上的某個東西。肉體是一個大的理性（Vernunft），一個眾數，而有一個感應（Sinn），一個戰爭與和平、一群羊群和一個牧羊人。[28]

尼采把身體當作生物和人的存在最基本的事實，沒有靈魂存在，我們所知道的一個人的個體，並非建立在一個獨立存在的靈魂，而是不同身體的單位和功能互相鬥爭與主宰。尼采把人的身體分拆，身體是一個統一的感應（Sinn），由一個大理性（Vernunft）主導，而身體的每個機能，則由個別的精神（Geist）管理。他說：「你身體的工具也是你的一個小理性，兄弟！你稱之為精神，是你的大理性的一個小工具、一個小玩具。」每個身體部分的機能、器官，其感應、運作，甚至思維，都由一個精神所協調，而人體裡這些精神則處於互相企圖主宰對方的鬥爭中，它們各有自己的目的，但又互相企圖說服對方，自己的目的比別人的更重要。然而，在此之上，還有一個「自己」（Selbst），它監視一切、偷聽一切、掌控一切，甚至連自「我」（Ich），一個我們自己建構出來的、有自我意識，甚至有自我形象的我、讓我們以為這個「我」是一個真實的我，都在它的掌控之內。「在你的思想和感覺後面，兄弟，有一個強大的領主，一

---

[28] KSA 4: 39.

個不知名的智者,它就是自己。它活在你的身體內,它是你的身體。」[29]
尼采的意思是說,我們的身體中其實有多個單位,它們各有目的、互相鬥
爭,但人既是一個眾多單位的組合,這個單位的統一性,卻是建立在我們
只有一個身體之上,而不是德國觀念論講的意識統一之上。[30]

　　到了晚期的權力意志論,尼采的說法有點不一樣。如果內在混沌有
任何形式,這種形式必然是隨時變動,而在尼采的權力意志論裡,這種外
在的形式存在與否,取決於是否有一個更大的權力意志單位出現,統馭其
他小的權力單位。這種外在的形式,並非先於其他的權力單位存在,所以
也不會對這些單位的擴張構成障礙、壓抑,它的型態會隨著權力單位之間
的併吞和駕馭的關係而改變。權力意志越大,這個統一的形式就越完整、
越有秩序,或者應該說,表面上顯得越有秩序。這正好符合沙特的名言:
「人除了自己創造自己之外,什麼都不是。」

---

[29]　KSA 4: 40.

[30]　黃國鉅,《尼采:從酒神到超人》,頁205-208。

從尼采的永恆回歸，談彌賽亞再臨

楊婉儀

　　就西方傳統以存有（ousia）為價值核心的哲學思維而言，價值往往被對象化為存在（l'être），並因此而成為嚮往價值者共同朝向的光源。此一以太陽作為光源的真理模態，使人將善等同於某個對象，並因而對象化了（甚或偶像化）了善。在人類歷史中，被對象化的善的形變，除了顯示人對於善的嚮往與追求，也象徵著人試圖把握善的動機與內在的不安。而嚮往著無法把握的最高對象的焦慮，也往往使人以各式各樣方式，試圖接近這組構價值的核心。

　　尼采以上帝已死，一方面提醒人如何以對象化善的方式扼殺了上帝，一方面也促使人反思，將價值以存有這一形態呈現的觀看方式，是否已然先在地使人遠離了上帝？如果善本不是可以被形式全然顯示的，那麼試圖以存有序列探問神，難道不已經是一種褻瀆？而以此種方式尋求人類想像中的彌賽亞，那被人所「看」見的，又將會是什麼？如果永恆所展示的善之存在不足以顯示神，那麼再臨的彌賽亞，如何可能（或者根本不可能）在時間中顯現？而永恆的意涵，一旦離開了巴門尼德傳統，又將如何顯示在尼采的眼光中？這些都將是本論文嘗試回答的問題。

壹、前言

就西方傳統以存有（ousia）為價值核心的哲學思維而言，價值往往被對象化為存在（l'être），並因此成為嚮往價值者共同朝向的光源。此一以太陽作為光源的真理模態，使人將善等同於某個對象，並因而對象化了（甚或偶像化）了善。在人類歷史中，被對象化的善的形變，除了顯示人對於善的嚮往與追求，也象徵著人試圖把握善的動機與內在的不安。嚮往著無法把握的最高對象的焦慮，也往往使人以各式各樣方式，試圖接近這組構價值的核心。

尼采以上帝已死，一方面提醒人如何以對象化善的方式扼殺了上帝，一方面也促使人反思，將價值以存有這一形態呈現的觀看方式，是否已然先在地使人遠離了上帝？如果善本不是可以被形式全然顯示的，那麼試圖以存有序列探問神，難道不已經是一種褻瀆？而以此種方式尋求人類想像中的彌賽亞，那被人所「看」見的，又將會是什麼？如果永恆所展示的善之存在不足以顯示神，那麼再臨的彌賽亞，如何可能（或者根本不可能）在時間中顯現？而永恆的意涵，一旦離開了巴門尼德傳統，又將如何顯示在尼采的眼光中？這些都將是本論文嘗試回答的問題。

貳、權力意志與生命

關於權力意志與生命的關係，我們首先看看尼采的這句話：

就如同我們所同意的，身體中的個體們彼此平等（所有健康的貴族是如此的），且如果身體是活的而不是垂死的，它必然對抗其他身體，而這些組成身體的個體們在彼此的對抗中相互制衡：身體將成為具體的權力意

志。身體生長、理解、自我引導和取得優勢，卻並非藉著道德和非道德，而是因為它活著且生命本身就是權力意志。[1]

　　本論文以尼采著作的法文翻譯，以及Pierre Klossowski的尼采詮釋為主要的引用文本。在尼采研究的領域中，以法文進行的尼采研究自成一格，筆者認為，當尼采思想被轉譯為法文之後，其思想在法國的文化脈絡與哲學思潮中所產生的形變，正實踐了尼采思想中的形變特質。思想的活性，一個向度開展於其對他者的影響，而與這一影響息息相關的，則在於思想被轉譯為不同語言之後，與轉譯它的語言、思想、文化間結合後的再生產。因而，當本文嘗試以被轉譯為法文的尼采思想所形成的思維方式與成果為基礎，而以中文呈顯這一研究與筆者的思維間的關係時，尼采思想的多次形變將在不同語言與文化的轉譯之間，產生何種交互作用呢？這也將是本文所嘗試呈顯的，思想之流與生命之流的形變所共同交織（是否也可以說是鬥爭呢？）的瞬間產物。

　　尼采關注到一個現象，在健康的身體中，每個器官都是平等的，這些活生生的力，在彼此的抗衡中形成交互關係；使得這些器官得以凝聚為一，而彼此相互鬥爭的力，正是使得這些差異的力得以聚集的「權力」（la puissance）。這一力的鬥爭所形成的場域，是作為力的運動而彼此差異的器官們，以鬥爭的形式所聚集而成的身體。但這一「場域」：身體，並不能單純地被等同於空間或物質，它同時也是使力得以聚集的「權力意志」（la volonté de puissance）。權力意志作為一凝聚力，它收縮差異於同一，它使差異得以顯示為如同火的燃燒所形成的動態之同一。由此觀點而言，身體並非僅只是視覺觀點所「看」出的擴延物，而顯現為力的聚

---

[1]　Nietzsche, F. *Par-delà bien et mal*, (Paris: Gallimard. 1971), p.182.

集；且因為這一力的聚集作為權力意志，而將差異的力聚合在彼此對抗和鬥爭的動態諧和中。因而作為鬥爭場域的身體，也同時顯示為被形變（transfigurer）所凸顯的時間性（la temporalité）存在。而這一形變中的時間性存在，正是在生長、理解、自我引導和取得優勢的行動中展示自身的生命力，此種被尼采稱之為健康的身體，顯示為高貴（尼采意義上的貴族）的重要象徵。

那麼不同的「健康」身體間的關係，除了顯示為兩股權力意志的對抗，也可詮釋為兩個高貴者的友誼[2]，或是兩個形變中的時間性存在的交互關係，就如同兩股火把匯集為一，而形成更大的鬥爭動態與形變場域。也因此可以解釋為何尼采會認為：

「剝削」（l'exploitation）並非邪惡社會或不完美的、原始的社會：它構成生命的首要功能而顯示為生命所固有的，它非常確切的來自權力意志，權力意志是生命的意志。[3]

尼采對於「剝削」與生命和權力意志的連結，詮釋了以生長、理解、自我引導和取得優勢為目的的生命與其他生命間的關係；以發展自身為意志的力，將其他力凝聚到自身為原則而擴張自己的場域。在此意涵上，個體的身體不再只是可以被「看見」的空間擴延物，它也同時顯示為吞掉他者[4]、長育自身的消化力。這一剝削他者、長育自身的力的鬥爭，不只顯

---

[2]　關於兩個高貴者的關係，尼采在《善惡的彼岸》中有著如此的描述：「只對於彼此相當者，能夠且有責於保有長久的感激與仇恨。復仇的雅緻，友情的考究意義，擁有敵人的需求（在某個意義上，創造了渴望、仇恨和生命力的出口，根本來說，是為了成為好朋友）。」Nietzsche, F. *Par-delà bien et mal*, p.184.

[3]　Nietzsche, F. *Par-delà bien et mal*, p.182.

[4]　對於吞食者，被吞掉的他者稱之為：食物。

示在生長這個現象上，也顯示在個體理解、自我引導和取得優勢的行動中。當個體的權力意志高揚時，其影響力、感染力也往往超出自身而滲透到他者，如同燃燒熱烈的火炬可能溫暖他人，卻也可能釀成火災。雖然上述兩種現象都是權力意志超出自身所造成的後果（影響），但人們往往從「有用」的觀點而以前者為益、後者為弊；事實上，兩者都是個體以其權力意志影響他者，並因而將他者收攬到自身力量的統轄之下，這已然是尼采意義上的「剝削」。

同樣是權力意志對於他者的影響（剝削），但人們抗拒火災，卻欣喜於用以取暖的火炬；這顯示出人們用以詮釋力的標準並不在力本身，而在於力對於人的「用處」。要讓力成為「對我」有用的，要讓他人的權力意志所造成的影響成為「對我」有用的，要在他人的力的涵蓋下，長育自身而不要被吞噬……。對於這樣的「道德」，尼采曾在《善惡的彼岸》中說到：

> 奴隸的道德本質上即是只求實利的道德（une morale utilitaire）。[5]

從此觀點而言，奴隸道德所關注的並不只是力本身的發展，而試圖以外於力本身的原則：有利／有用來規制力。事實上，尼采在《善惡的彼岸》中談及主人道德與奴隸道德後，立即說到：

> 所有高級的和混和的文化都曾企圖調和這兩種道德，兩者往往仍然混合而不相妥協，即便某些時候他們共存於同一個身體和同一個靈魂內

---

[5] Nietzsche, F. *Par-delà bien et mal*, p.185.

部。[6]

奴隸道德與主人道德因而並不等同於永遠不變、絕對二分的道德規範,而是在有機體(活生生的身體、靈魂、發展中的文化體系……)中,相互鬥爭、辯證的力的關係。尼采也曾說到:

> 凡在我發現生命的地方,我都發現權力意志;即便在奴僕的意志中,我也發現成為主人的意志。[7]

尼采所言的奴僕,與其指向服務他人的人,我們更傾向於將其詮釋為:以求實利為原則構建道德體系的人;也就是將有利、有用這一原則固定為「善」,而以此原則壓抑自身或他人的權力意志發展的人。這樣的人與享受力的鬥爭所引發生命形變的健康者(高貴者)之差異,僅在於奴僕將原本在變化的動態中相對的好/壞,固定為得以服膺的道德:善和惡。而健康的高貴者則視對立的好(bon)與壞(mauvais),為自身從奴隸道德過渡到主人道德的鬥爭手段。此被高貴者所對立的好與壞,尼采將之等同於高貴(noble)與可鄙(méprisable)。[8]高貴者區分好壞是為了自我提升取得優勢,壞作為過渡到好的踩腳石,實現了人從可鄙到高貴的形變;壞在此形變中消失而實現為好,一旦另一個好壞被區分出來,形變又將產生。因此尼采說:

---

6   Nietzsche, F. *Par-delà bien et mal*, p.183.

7   Nietzsche, F. *Ainsi parlait Zarathoustra*, (Paris: Editions Gallimard, 1971), p.148.

8   Nietzsche, F. *Par-delà bien et mal*, p.183.

確實，我要告訴你，不朽的善（un bien）和惡（un mal）── 不存在！出於自身，必須總是更新取得優勢。[9]

由此觀點詮釋上面所引用的尼采話語，似乎得以說，在生命體中總是存在著主人道德與奴隸道德相互辨證的可能性，即便服從於奴隸意志的奴僕，都有意願成為主人。權力意志作為生命意志，也顯現為主人道德與奴隸道德的鬥爭；而成為主人的意志如何在道德規範之外，以區分好與壞的價值重估，引動從可鄙到高貴的形變？

參、對於永恆回歸的詮釋：以《查拉圖斯特拉如是說》之〈幻覺與謎團〉為例

在這一章當中，沉默了兩天的查拉圖斯特拉終於向喜歡遠遊、不冒險就活不下去的水手們，講述他所看過（voir）的謎團：最孤獨者的幻影（la vision du plus solitaire）。[10]在這個幻影中，查拉圖斯特拉的雙腳試圖克服一半侏儒一半鼴鼠的重力精靈[11]之向下拉扯，而將他帶向上。這一坐在查拉圖斯特拉身上的重力精靈嘲笑將自身拋向遠處的他，終將落回自身的徒勞。象徵奴隸道德的侏儒，以只求實利的道德，打擊以生命力自我克服的查拉圖斯特拉；相對於侏儒，在不斷越出（dépasser）自身中自我形變的查拉圖斯特拉，則顯示為以生命力實現自身的主人意志。這一主人意志，無法不在意與之同在的奴隸道德的嘲笑，即使這已然承受的奴性（侏

9　Nietzsche, F. *Ainsi parlait Zarathoustra*, p.149.

10　Nietzsche, F. *Ainsi parlait Zarathoustra*, p.195.

11　這一低矮而有著鑽洞本能的重力精靈形象，以其低矮顯現背反向上的自我超越，以其鑽洞隱匿的特徵，顯示其背反於以形變自我顯示的隱藏。

儒總是坐在查拉圖斯特拉身上）並不向其進行道德勸說（侏儒不嘲笑，只是長久沉默），不斷向上攀登的意志，仍然承受痛苦與孤單。尼采如此描繪渴望自我克服者（查拉圖斯特拉）的折磨：

> 我攀登又攀登，我夢想又夢想，但一切壓迫著我。我就像一個疲倦於他嚴重苦難的病人，而更可怕的夢又把他從夢中驚醒。[12]

渴望自我克服者，是在權力意志中體受，對於生命的疲倦與不斷尋求突破衝突的人。面對這樣的真實，查拉圖斯特拉接著說到：

> 但在我身上有我稱之為勇氣（le courage）的東西，直到這全然氣餒的此刻，這東西為我而殺戮。最終，是這勇氣懇求我終止自己的行為，而說：「侏儒，不是你就是我！」。[13]

權力意志的高漲（勇氣）並不只意味著主人道德的升起，同時也肯定奴隸道德為自身必須跨越的階段。當權力意志高揚而肯定形變時，渴望成為主人的意志主動對立好／壞（高貴／可鄙），並以此作為形變的過渡；就好比在勇氣（courage）中，人直接進入形變而不再「觀看」形變，也因此得以克服觀看深淵所引發的暈眩。[14]在權力意志所引發的形變中不斷克服自身奴性的人，是以高揚主人意志而活生生經歷生命的人，這樣的生命不摻有死亡的陰影，因為它正是在自身虛設的價值中不斷轉化的歷程本

12　Nietzsche, F. *Ainsi parlait Zarathoustra*, p.196.

13　Nietzsche, F. *Ainsi parlait Zarathoustra*, p.196.

14　Nietzsche, F. *Ainsi parlait Zarathoustra*, p.197.

身，體驗生命如永恆回歸的形變的查拉圖斯特拉因而說：「這就是生命嗎？勇敢（courage）！再來一次！」[15]

權力意志高揚的查拉圖斯特拉渴望成為主人的意志，使其主動區分主人與奴隸道德：

> 我說，站住侏儒！不是我就是你！在我們兩個中我是最強的；你無法知道我深邃的思想！這是你不能忍受的！[16]

而在價值的劃分之後，侏儒從他肩上跳下來，這意味著原本混雜的兩者，在進行價值重估的同時被區分開來，並於這一瞬間顯現為相對的價值。且此相對價值對峙的張力，引發了形變的可能，這一從奴隸道德到主人道德的轉化，作為權力意志流變價值的行動，撐開了永恆回歸的入口。若從「觀看」的角度而言[17]，主人道德與奴隸道德所開展出的，是兩套不同的真理型態（因而有著兩個面孔）；而若以此種方式進行詮釋，這一瞬間所顯現出的將只是不同真理系統或道德系統間的並置關係[18]。以「超越」（la transcendance）為追求的哲學家，以真理為足以抗拒時間流變的永恆[19]，但對於自身即是生命的權力意志而言，即使是在形變中即將被超克的侏儒，都已然「看」到真理並非外在於時間的永恆，而以循環的圓賦予永恆以回歸意義，並說：

---

[15] Nietzsche, F. *Ainsi parlait Zarathoustra*, p.197.

[16] Nietzsche, F. *Ainsi parlait Zarathoustra*, p.197.

[17] 查拉圖斯特拉要侏儒看。

[18] 這樣我們想到巴門尼德的思想中，兩條筆直而永不相交的路：存在與不存在。

[19] 傳統存有論試圖超越流變的現象，以背離生存而朝向永恆的真與善為價值，以把握（prendre）本質的方式理解（comprendre）存在的意義。但生存（exister）這個在現象世界的行動，是生命的顯現（paraître），其「本質」是為流變，而生命的流變不僅是創造也是破壞。

所有真理都是彎曲的，時間本身就是一個圓圈。[20]

即使侏儒得以「看」出時間的永恆回歸，但無自我超克的實踐力的他，之所以得以達到形變的此刻，卻是依賴查拉圖斯特拉背負他攀登，而非自己攀爬；因此即便他「知道」永恆的意義，卻也只是攀附在實踐者的肩上所「看」到的。所以查拉圖斯特拉斥責無主動性的他為癱子，且威脅要將他丟在此處；對於無行動能力的他而言，若無主動意志的提升，「知道」永恆的他終將無法「成為」永恆。相對於侏儒，查拉圖斯特拉這具有主動意志者如此詮釋永恆回歸：

因為，也是在我們面前的這條長路上，所有能跑的，必定再次跑這條路。[21]

能跑者意味著權力意志高揚的形變者，而形變的發生則顯示為不斷重估價值的同時，超克奴隸道德的行動，亦即權力意志轉化奴隸道德為主人道德的形變本身。而這一形變作為生命自我克服的實現，將反覆發生直到死亡。

如果無行動力的侏儒僅只是「認知」永恆回歸，作為主動提升意志的查拉圖斯特拉之詮釋，將伴隨著權力意志的實現，也因而他的思想令他恐懼。恐懼引發的退縮使他升起了憐憫之心，原本在價值重估中區分出來，而即將被超克的奴隸道德（侏儒）再次與查拉圖斯特拉合一（侏儒消失）；而當永恆回歸可能發生的「瞬間」消失，這一在行動之前退縮的查

20　Nietzsche, F. *Ainsi parlait Zarathoustra*, p. 197-198.

21　Nietzsche, F. *Ainsi parlait Zarathoustra*, p. 198.

拉圖斯特拉，「看」到了將永恆回歸當成知識的自己：一個即將被這一「知識」（黑蛇）取走生命的人。已然對於永恆回歸有所領會（comprendre）的他，無法以簡單的否定拋卻這知識（因此無法拉出這一條蛇），只有主動實踐對於這一外於他的知識的否定（主動咬下蛇頭，並將其吐出來），才能保有他的生命。分析至此，有需要釐清侏儒與黑蛇關係，在《查拉圖斯特拉如是說》中鷹象徵高傲，而蛇象徵聰明；〈序言〉中查拉圖斯特拉如此描述這兩隻動物：

> 有朝一日我的聰明將棄我而去，……但願我的高傲還能與我的愚蠢一道飛揚。[22]

查拉圖斯特拉肯定的行動是飛行（在形變中實現的越出），而並不能飛的蛇（聰明）僅只是環繞（伴隨）著鷹（高傲）的頸而飛（行動），它隨時可能離開；就如同「知道」永恆回歸卻無行動力的侏儒，只能被查拉圖斯特拉帶上山（也可說伴隨查拉圖斯特拉上山）。侏儒在永恆回歸無法實現時消逝，緊接著出現的是掛在牧人嘴邊的黑蛇，這一行文似乎暗示著：原本即將在形變中被超克的知識（「知道」永恆回歸卻無行動力的侏儒），在失去形變可能的同時，轉而變為外於人的「知識」（黑蛇）。

永恆回歸是生命本身的行動，只有在即將形變時得以領會這旋即被超克的它；但卻也在被領會的同時，被超克的它已然失去意義。在行動的轉化之後，即便轉化後的我還記得發生了什麼，卻僅只是知識的而非情緒（Affekte）的，而引發轉化的權力意志本身，並非知識而是高揚的力。因而即便得以描述（現象學式的）發生了什麼，但已然不再是這一行動本

---

22 Nietzsche, F. *Ainsi parlait Zarathoustra*, p. 34.

身。以此對「主動遺忘」進行詮釋，將發現主動遺忘並非刻意去忘記些什麼；事實上，即使記得發生的事件，但「主動」消退（遺忘）的情緒卻再也無法重返。對於尼采而言，失卻了激情的知識是無生命的，甚而可能危害生命，因而必須勇敢地以生命否定（咬斷黑蛇的頭並吐出）這樣的知識。而就在查拉圖斯特拉鼓起勇氣破除知識迷障的同時，他超克了身上的奴隸道德，高揚的權力意志使他如同航行大海的勇士們一般，這一有著永不平靜渴望的形變者，就此展開了他的生命冒險。

肆、永恆回歸與遺忘

　　海德格爾在著作《尼采》第九節對於永恆回歸的詮釋中，除了肯定《查拉圖斯特拉如是說》的重要性之外，也對於那些認為在《查拉圖斯特拉如是說》之後，尼采就無所適從了的詮釋者們進行批判。他認為之所以會有這樣的說法，往往不是思想家無所適從，而是「自以為無所不知」的闡釋者無所適從了。接著他進一步地指出，只要思想家以追問態度置身於思想中，就已經比他所知道的以及能夠知道的更進一步了；以這樣的態度，海德格爾關注到尼采在《查拉圖斯特拉如是說》之後的著作：《善惡的彼岸》。海德格爾注意到此書的副標：「一種未來哲學的序曲」；並且以其哲學家的敏銳，關注到某種若隱若現的矛盾：已然宣布上帝已死的查拉圖斯特拉，卻在《善惡的彼岸》第三章重提「宗教的本質」。我們與海德格爾有著同樣的好奇，是否對於宗教，尼采還有著未完的訴說呢？在如此的疑惑中，海德格爾引用了「宗教的本質」第五十六節作為他分析這一疑惑的開端。本文與海德格爾選用了同一文本，以其作為對於永恆回歸與神聖性論述的開始，即便我們的詮釋將與之有所差異。首先，我們看看尼采的文字：

有著像我這樣對神祕好奇的人，長期致力於對悲觀主義的深思熟慮，且致力於將悲觀主義從半基督教、半德國式的狹隘和單一中解放出來。正是因爲這些狹隘和單一，悲觀主義在這個世紀被以叔本華哲學的觀點呈現。悲觀主義這真正的亞洲洞察，更甚於亞洲人看到最根本否定的思想的深處——在善惡之外，並非如同佛陀和叔本華入於道德及其幻象中。甚至無需意願，悲觀主義也許關注到截然不同的典型：最慷慨、最有活力的人的典型。此最偉大的斷言者並不樂於承認，且不樂於習慣承擔如其被賦予或如其所是的真理，而願意再次見到真理如其被賦予且如其所是。爲著永恆性，此人貪得無厭地呼喊者從頭再來（da capo），並不爲著他自身，而爲著整齣戲；且不只是爲著這齣戲，說到底，是爲著那需要這齣戲且使之成爲必要的人；因爲他不停地自我需求且一直不斷地讓自己成爲必不可少的。這是怎麼一回事？這難道不意味著——神是惡的循環？[23]

最慷慨、最有活力的偉大斷言者，是渴求重估價值者，且並不只是爲著他重新賦與自身價值的可能性，更爲了那些需要在永恆回歸中爲自身訂立價值的人。因爲這些不斷自我超克的人如此意願自身，以至於他們將不斷地回返（le Retour）；他們轉動永恆回歸之輪，使得這一回返成爲必然。在被價值重估所引發的永恆回歸發生的瞬間，人與真理的關係從承擔轉而爲創造，對於舊有價值體系的否定與重新賦予，使人在離開一貫援以詮釋自身的依據、「享受」置身曠野無路可遵循的「自由」的同時，體驗自身即意志的巔峰情緒（hohe Stimmung）。這一瞬間的我（le moi），「看見」（幻覺？或預見？）的是那必將到來的人？而那不再是牧人、不

---

[23] Nietzsche, F. *Par-delà bien et mal*, p.71.

再是人的變形者，[24]在我改變（le moi chang）[25]的這一瞬間，僅只是主動意願這一意志本身；這一我（le moi）是一高揚的情緒（Affekte），這誕生於過去之死的我，主動意願成為他想成為的。

Pierre Klossowski在《尼采與惡的循環》（*Nietzsche et le cercle vicieux*）中以回憶（l'anamnèse）詮釋這一主動意願：

> 回憶（l'anamnèse）與回返（le Retour）的啟示同時發生：如何回返不帶來遺忘？我不只學到我（尼采）回到循環的永恆性達到最高峰的決定性瞬間，甚至那必然回返的真理被顯示給我。並且同時我也學到，對於遺忘回返的真理的我而言，過去的我不同於現在我所是的。因而，藉著學習此一真理，我已然變成了另一個我。是否我將改變並再一次遺忘我必將改變於永恆之間——直到再一次重新學會這個啟示？[26]

回返所帶來的遺忘，使得現在的我不同於過去的我，對於置身必然回返的真理的人而言，此刻的他已然是不同於過去的他，而顯得如同「另一個我」（un autre）。因而置身此一真理而再次誕生的這一個「我」，將以遺忘過去、忘卻輪迴的方式，再歷經一次生命，再一次學習這永恆回歸的啟示。

作為所返回之「處」，回憶（l'anamnèse）並非只是被以線性歷史鋪排的事件，而亦可能是再次成為（re-devenir）某種情緒；這一情緒的我是對於他者感同身受的巔峰情韻，這暫時在情感上「遺忘」自身的人，已

---

24 Nietzsche, F. *Ainsi parlait Zarathoustra*, p.199.

25 Klossowski, P. *Nietzsche et le cercle vicieux*, p.106.

26 Klossowski, P. *Nietzsche et le cercle vicieux*, p.194.

然成爲他人。就好比當回憶（l'anamnèse）被使用在祝聖禱告時，回憶受難耶穌的人，所回憶的並不只是耶穌受難這一事件，而更嘗試以情感接近受苦的耶穌，感受其主體瓦解於十字架時的絕望。在這回返的時刻，回憶耶穌者甚至成爲耶穌，其主動意願使其在情感上認同他所渴望成爲的人，甚至到了忘我的地步；而是否因爲這樣，尼采自署名釘在十字架上的人？這一回憶他者的瞬間，是回返他者也是對於自身的遺忘；在此意義上，遺忘與回憶不是對立的概念，而顯現爲同一事件的一體兩面。主動意願成爲他者的人，是身陷回憶而遺忘自身的人，在此的遺忘與回憶並不服從時間序列，而同時展現；所以對那已被遺忘的過去的我來說，現在的我即他者。因而Pierre Klossowski說：

> 在這個啓示中遺忘的功能爲何？說得更具體些，遺忘不正是源頭和使得永恆回歸升起的不可或缺的條件，以及在其中升起的永恆回歸從瞬間到同一的轉變？[27]

在啓示中的遺忘，使我與他者同一於我的激情之下，而這樣的回返將隨著權力意志對於價值的重估不斷地再臨。每一次回返的瞬間在線性時間序列中的爆發，反覆打斷與重組我的時間性，我的生命被組構爲權力意志所意願的，如同查拉圖斯特拉所云：

> 重新返回我被縛於其上的原因之結，它將我重新創造出來，我歸於永恆回歸之因。[28]

---

[27] Klossowski, P. *Nietzsche et le cercle vicieux*, p.93.

[28] Nietzsche, F. *Ainsi parlait Zarathoustra*, p.273.

也因而Pierre Klossowski說：

格言表明：去再一次意願，我改變（le moi chang），成為其他的
（devient autre）。這裡本有著謎語的答案。[29]

在尼采宣布上帝之死後，超越的上帝、被視為存在的上帝、被偶像化
的上帝、被視為律則的、仲裁者的上帝……這些對於上帝的各種想像崩解
於一瞬間。這個空缺的神聖之位，以其虛無而開敞等待成為（devenir）
各種可能性；被給予的真理的喪失，提供了權力意志重新賦予真理意義的
可能……「看」到在意志高揚的巔峰情緒中的尼采，最終將變成戴奧尼索
斯和耶穌基督的Pierre Klossowski[30]說：

重點必須放在被給予的同一性的喪失，「上帝之死」（保證負責任之
我的同一性的上帝）敞開所有被同一的可能，給已經在尼采靈魂的各種情
緒中被影響的靈魂。如同必須一般，永恆回歸的啟示帶來所有被同一的可
能性的相繼實現：「實際上，所有歷史的名字，是我。」最終，「戴奧尼
索斯和耶穌基督」。在尼采那裡，「上帝之死」與某種如同永劫回歸的狂
喜時刻的情緒相符。[31]

對於失去永恆不變的真理，而仍意願重估真理的人而言，啟示可能在
任何一瞬間臨在，而這一高強度的偶然，將使得個體突破自我的侷限而成

---

[29] Klossowski, P. *Nietzsche et le cercle vicieux*, p.106.
[30] 這是否也是意志高揚的他的幻影與想像？
[31] Klossowski, P. *Nietzsche et le cercle vicieux*, p.94.

為他者。在渴望價值的激情中，所有歷史的名字不僅可能是「我」，且正是「我」，而成為他者的「我」是與他人合一的狂喜這一巔峰情緒。如同在上帝的死之中所誕生的難以計數的上帝面貌，將在永恆回歸的形變中，臨在於那些希望成為祂的人。這不被存在所侷限的上帝，將在希求他的人的主動意志中顯示自身，而這神我融合的一瞬間，也將是二元對立的價值崩解的同一瞬間，善／惡、我／他將在如浪濤激盪的狂喜中融為一體。

在這永恆回歸發生的一瞬間，其所引發的也許不只是單一的時間環，甚至許許多多永恆回歸的時間環，都將可能在這一瞬間同時顯現，因而呈顯為多重時間序列（多重可能性）的交疊點。這所有可能性相互衝撞、疊合、擠壓、吞噬的一瞬間，此一絕對的偶然性（hasard）引發了如黑洞般的時間震盪，此一充滿引力與危險的開口，所通向的是無法預期的自我消融與形變。這一消融與形變是所有歷史的名字，也是所有人類的面貌，在有限的個人單一視域中所旋轉的暈眩。這一不可能觀看的觀看，使得被引向生命這不可知的黑洞的存在者只能在「盲目」中，以身親歷自身幻化為所有存在的可能性的痛苦與激情。在如此的情緒中（Affecte），存在不再是不動的永恆，而顯現為瞬間經歷的千千萬萬張的臉，也是同體歷經千千萬萬生命的愛、痛苦與激情。歷史性的沉重，因而並不只是那已然過去的事件對於人的警醒與阻嚇（我們可稱之為歷史的教訓），而在於這一「絕對的偶然」的陷落，使人在經歷中體受同體大悲。正是在悲觀主義吞噬一切的最最沉重的絕望中，最是孤獨的沉默者發聲，而說：「實際上，所有歷史的名字，是我。」

伍、結論

藉著上帝之死的宣稱，尼采將上帝從存在的範疇中解放出來。此一不再被存在綑綁的真理，如同尼采在《查拉圖斯特拉如是說》的序言中所描繪的太陽；這個會下山的太陽，不同於柏拉圖思想中永恆不變的真理，而顯示為以輪轉化解光明與黑暗以及善與惡之二元對立的真理。這一輪轉的太陽，不再高懸於超越之上，而與查拉圖斯特拉，以及他的鷹（驕傲）與蛇（聰明）一起歷經永恆回歸。[32]從永恆到變動，真理轉變為：不僅自身是一形變中的力（燃燒的太陽），也是使得生命之所以可能的力，更與生命同歷這回歸；這相反於永恆之善而不斷重估的價值，顯示為「惡」的循環。此處的惡，是破壞善之永恆的變動之力，也是生命這一形變的力；從永恆為善的觀點而言，它是惡，但若從生命的觀點而言，這一惡以其賦予更新的可能而為善。尼采曾在《查拉圖斯特拉如是說》的〈痊癒者〉中說到：

> 至惡乃是人類最佳的力量，且對至高的創造者而言，惡是最堅硬的石頭，而人必須同時成為更善的與更惡的。[33]

尼采所肯定的，是在形變中不斷自我超克的人：超人，而這樣的人必將一再地經歷永恆回歸此一「惡」的循環，這一破壞永恆之善的生命力，這一毀壞個體化原則的形變之力，不僅將人從物化的命運中解放出來，也使人得以脫離絕對善，因而將善實踐為不同的形貌。由此觀點而說，惡這

---

32 Nietzsche, F. *Ainsi parlait Zarathoustra*, p. 270.

33 Nietzsche, F. *Ainsi parlait Zarathoustra*, p. 270.

形變之力使人得以更善，也因此尼采說人成爲更善之時，也同時成爲更惡的。如尼采曾提過的關於米達斯（Midas）向西勒諾斯（Silenus）提問最高善的引文，在西勒諾斯說：「最高善是不要出生，眾多善之中的第二個（le second des biens）是死」的話語時，他宣告了最高善不屬於人類的價值，但卻也暗示了生命中仍有著其他善的可能；而其他善，正是個體在歷經永恆回歸中所創造各種各樣的好。

宣告上帝已死的尼采，同時宣告了對象化善的方式將扼殺善，這也促使人反思，將價值以存有這一形態呈現的觀看方式，是否已然先在地使人遠離了神聖性？宣告上帝已死的尼采，也同時以權力意志與永恆回歸賦予神聖性不朽的意涵，彌賽亞也許並不以人所想像的上帝「形象」顯示自身，但祂必將再臨；在人們的遺忘自身與主動意願中，祂將臨在所有可能的面貌中，而人們將在生命力與形變中，成爲祂。在千千萬萬的面貌中，我們遇見他人也照見神，神不是永恆不變的價值，祂是永恆回歸，惡的循環。

參考文獻

Klossowski, P. *Nietzsche et le cercle vicieux*, (Paris: Mercure de France, 1969).

Nietzsche, F. *Ainsi parlait Zarathoustra*, (Paris: Editions Gallimard, 1971).

Nietzsche, F. *Par-delà bien et mal*, (Paris: Gallimard, 1971).

生活藝術哲學家
尼采

王俊

　　近年來，哲學作為「生活藝術」（Lebenskunst, Art of Life）而非學院化的理論體系，這個觀點以及由此引發的「哲學實踐」和「哲學修煉」的嘗試在歐洲以及整個西方世界影響日盛。在思想傳統上，以Wilhelm Schmid、Wolfgang Welsch、Peter Sloterdijk、Gernot Böhme等為代表的生活藝術哲學家們都將尼采奉為他們最倚重的思想來源之一。尼采所談的繼宗教和科學時代之後的美學時代以及「倫理－美學」的設想，為「審美泛化」（Aestheticization）和「審美生活化」（Aestheticization of everyday life）奠定了基礎，成為生活藝術哲學的重要基點；尼采哲學中對於「藝術」和「藝術作品」概念的擴大化，對於人的存在和生命（Leben／生活）的重視，通過重估價值形塑個體生存、抗拒虛無主義，都成為「生活藝術」哲學中關鍵的概念。

壹、作為「生活藝術」的哲學
（Philosophie als Lebenskunst）

當代西方哲學中的「實踐轉向」、「人類學轉向」之說已經獲得廣泛的重視和承認，這個轉向也就是哲學家關注的目光從傳統的認識論和形而上學關懷轉到實踐哲學、生存哲學上。在當代哲學中，這個轉向是在兩個層面上實現，其一是眾所周知的政治哲學和倫理學的勃興，在這個層面上，人們探討倫理道德、國家社會、正義、自由、國家、社群等議題，並由此介入當代社會公共生活；而另一個層面就是實踐轉向匯聚到個體生存上，在這個層面上，哲學關心個體人生對於幸福的追求，在技術時代、在虛無主義的時代如何安置個體生存，這就是作為「生活藝術」的哲學。

作為「生活藝術」的哲學源於古希臘，在蘇格拉底、柏拉圖、亞里斯多德、智者學派、伊比鳩魯、斯多亞學派那裡，哲學都以特殊的方式與生活緊密地關聯在一起。到了文藝復興和啟蒙運動時代，作為生活藝術的哲學在現代語境下蓬勃發展，文藝複興時期的法國人文主義者蒙田曾說過：「哲學就是教育我們生活」。伏爾泰、盧梭、拉美特里（La Mettrie）等人都試圖通過哲學實現對於個體自身生活的妥善安置。特別是德國的啟蒙哲學，受到斯多亞派「操心自身」的自我關懷的影響，試圖將生活作為一個藝術品去塑造。因此在古代和近代哲學裡，哲學作為生活藝術是哲學活動最基本的形式之一，哲學是跟生活密切相關的，它不是職業化的、現代知識體系裡的專業或者學科。

而到了現代、科學時代，人類知識體系專業化、哲學職業化和學科化，哲學活動成為一種與生活實踐基本絕緣的象牙塔裡的沉思活動和純粹理論活動，與日常生活的距離日益遙遠。因此哲學的現代化過程，從「生活藝術」這一理念的角度來看，實際上就是從高貴的生活藝術，墮落成刻

板的專業學科。其最終後果是，哲學作爲原初時一種人類最高貴的實踐，逐漸喪失了其原初的活力，人類生活的精神層面也逐漸空虛和單向化。

因此從根本上看，我們當然應當回到前現代去理解哲學，哲學本來就是高貴的生活藝術，所以我們要從職業化和專業化之外去理解它，不把哲學當成一個職業或者專業，而是首先當成一種人生實踐的修養或者修煉，一種提升人生境界的方式，把哲學重新與生活結合在一起——這就是當代生活藝術哲學的基本動機。

在具體形式上，當代生活藝術哲學首先是與美學勾連在一起，以「生活美學」或者「審美生活化」（審美泛化）的概念爲核心。「美學時代」的提法源自尼采，尼采說，之前的人類歷史是宗教的時代、科學的時代，而我們的時代是美學的時代，是戴奧尼索斯和阿波羅的時代，是追求美與和諧的時代，尼采通過「美學時代」將古代的生活藝術哲學召喚進新時代，通過美學更好地安置個體的生存，在現代社會中拒斥技術和工業化。

當代的生活藝術哲學家，比如威爾什（Wolfgang Welsch）就將「審美泛化」（Aestheticization）的概念作爲他思想的起點；上承尼采，他認爲我們現代社會正在經歷一場美學復興，把都市的、工業的和自然的環境整個改造成一個超級的審美世界。我們在現代社會裡的一切活動都是美學或者審美行爲。比如在物質層面追求表層的審美，外化成對物質享樂和娛樂的追求，這種追求影響了整體的文化形式。在經濟戰略上，爲了經濟目的追求審美，比如廣告的設計就要遵循吸引人興趣的美學，使商品暢銷；還有比物質層面審美更加深刻的非物質層面，媒體和傳媒技術將我們物質和社會現實的審美化，通過傳媒和技術手段對現實進行重構，不僅是感官上的影響，還有對審美構建能力的影響和培養，媒體構建的現實反作用於審美意識，影響和決定了大眾普遍接受的審美意識。威爾什指出，當代社會中還有倫理道德審美化，以審美的態度塑造主體形式，在某種意義上，

美學和品味可以彌補道德的缺失。最後，還有認識論的審美化。

這種審美泛化和美學生活化，就是生活藝術哲學最基本的形式，意味著哲學以美學的方式深入地介入到生活之中，哲學可以以指導審美、指導藝術營造的方式介入生活，為生活服務。哲學可以提升人的品位，品位不是以貨幣來衡量的，提高消費品位，提倡節制的消費哲學，這是哲學教育的任務。

當代美學家舒斯特曼（Richard Shusterman）的身體美學（Somaesthetics）也是審美泛化的一個嘗試。舒斯特曼更加重視個體自身的修煉，通過身體的修煉達到美學目的，比如向外的修煉有體育運動、化妝、流行裝飾與服飾、整容等；向內的修煉有冥想、亞歷山大氣術、水療、瑜伽、氣功。這些話題都可以被安置到身體美學和生活藝術哲學之下。

此外，近年來，生活藝術哲學也在心理學、心理治療學和心理分析中得到展現。比如伯梅（Gernot Böhme）在德國達姆施塔特（Darmstadt）開設的哲學實踐學院，開展「哲學治療」。哲學治療已經逐漸成為一種流行的心理疏導方式，為個體生活中的心理迷失、精神壓力提供幫助。

總的來看，當代生活藝術哲學的目標是要指導形塑現代人的基本生活理想，塑造完美的個體生活，指導和定位長期的自我發展，達致生理保健、心理健康。這一方面是一種實踐取向的身體哲學或實踐美學、修煉技術，另一方面則是以認識論為取向的知識和自我知識的獲取，進而對世界做整體性解釋和理解。

生活藝術哲學將為現代人特別是城市中產階級（Wolfgang Welsch的「美學人」（homo aestheticus）概念），克服刻板規律的生活空虛感和虛無主義，提供一條出路：無論是消費、健身、自我包裝、日常消遣、藝術追求都不是無根基的跟風行為，而是基於自我完善的哲學理念之上，是通往和諧人生的道路，這將提升個體的生活自信。

貳、尼采與生活藝術哲學

尼采的哲學在眾多層面上都被視爲「生活藝術」哲學在當代的重要思想資源之一。除了美學時代的構想之外，尼采哲學中對於「藝術」和「藝術作品」概念的擴大化，對於人的存在和生命（Leben／生活）的重視，通過重估價值形塑個體生存、抗拒虛無主義，對於人生修煉（Übung）的要求，都成爲「生活藝術」哲學中關鍵的概念。

「Leben」（生活／生命）」是尼采最爲關心的話題，他把「Leben」稱爲「我們最熟悉的存在形式」[1]。在他看來，「存在」本身只不過是「對『生命／生活（呼吸）』、『生氣勃勃地存在』、『意願、作用』、『生成』概念的一個概括[2]。「『存在』——除『生命／生活』外，我們沒有別的關於『存在』的觀念。某種死亡的東西又怎麼能『存在』呢？」[3]

人類「生命／生活」最鮮明特點在於其有窮性和有限性，這種有窮性造成人之終結。其實，尼采真正要思考的並不是死了的上帝，而是具有有限性的人。如福柯所言：「今天又是尼采遙指出那個轉折點，但是並不是屢次被提及的上帝的缺失或者上帝之死，而是人的終結（那種微弱之物，那種不可覺知的推延，那種向著同一性形式的衰退，這一切從人的有窮性出發造成了人的終結。）」[4]這個終結使人克服和超越自身現實，尋求另外一種新的、更好的個體生活形式成爲可能。

---

1   Nietzsche, Friedrich. *Der Wille zur Macht*, ed. Peter Gast, Elisabeth Förster-Nietzsche, 13. Aufl. (Stuttgart: Alfred Kröner 1996), p. 689.（本文中所有引文漢譯如無特指出，均出自本文作者。）

2   Nietzsche, Friedrich. *Der Wille zur Macht*, p. 581.

3   Nietzsche, Friedrich. *Der Wille zur Macht*, p. 582.

4   Schmid, Wilhelm. *Auf der Suche nach einer neuen Lebenskunst*, (Frankfurt a. M. 2000), p.192.

　　尼采熟知荷爾德林（Hölderlin）的詩劇《恩培多克勒》（Empe-
dokles），1870年到1871年，他自己也在構想一部恩培多克勒的戲劇，其
中緊隨著神（Panthea）之死的就是人的消失。最終他放棄了這個寫作計
畫，取而代之的是《悲劇的誕生》。荷爾德林在他的詩劇中構建了「純然
淡泊的」（Aorgische）和「通過教養的力量趨向凝練」（Organische）二
者的對立[5]，與之相似，尼采在《悲劇的誕生》中也將戴奧尼索斯與阿波
羅對立起來，並且將這個對立的思想保持一生。戴奧尼索斯代表著無根基
的深淵（Abgrund），在其中根據律（因果性）被取消，所有個體性的形
式被取消，這與代表著個體化原則的阿波羅精神針鋒相對。古代戴奧尼索
斯儀式便具有如下意義，使個體存在跨越有限性的邊界，使個體與他者和
群體融為一體。在這個過程中人成為「藝術品」，人與「世界最內在的根
基」融為一體。[6]

　　然而，如施密德（Wilhelm Schmid）所指出的，《悲劇的誕生》絕
非如人們一貫所認為的，僅僅是戴奧尼索斯的宣言，同時也是一部倫理
的──阿波羅精神之書。[7]阿波羅作為「倫理化的神祇」，有一個克己節
制的形象，是一幅個體自我構建的圖景，而這個個體在生存化的戴奧尼索
斯根基中則變了一副樣子。悲劇這一藝術形式服務於生活藝術，它的功能
在於將主體的有限性引入根底上的戴奧尼索斯經驗之中，重新構形自我。
真正的悲劇給予我們的形而上學慰籍在於：人生「位於萬物的根基之中，
無論現象如何轉換，人生都是不可抗拒地充滿力量、充滿意味。」[8]因此

5　Hölderlin, Friedrich. *Der Tod des Empedokles*, ed. Friedrich Beißner, (Stuttgart, 2006).

6　Nietzsche, Friedrich. *Die Geburt der Tragödie*, Abschnitte 1 und 2, *Sämtliche Werke*, Kritische Studien-
　　ausgabe (KSA), ed. Giorgio Colli und Mazzino Montinari, vol. 1, 2. Edition, (München, 1999).

7　Schmid, Wilhelm. *Auf der Suche nach einer neuen Lebenskunst*, p.190.

8　Nietzsche, Friedrich. *Die Geburt der Tragödie*, Abschnitt 7, *Sämtliche Werke*, Kritische Studienausgabe
　　(KSA), vol.1, 2. Edition, (München, 1999).

悲劇的沒落導致的是對於人之有限性的懷疑和遺忘，人們樂觀地信仰人的永生，源自古希臘那種美學的、悲劇化的對於人生和世界的關注方式，逐漸被科學的、理論化的關注方式所取代；對於根基的追問，此前是一種意志的形式，現在成了知識的形式，對於事物可奠基性的信仰轉化成了因果性的線索。尼采主張理想的生存方式應當是戴奧尼索斯和阿波羅精神的結合，而非偏於酒神一隅。當現代化教育目前只關注理論化人類的理想時，1886年尼采在《悲劇的誕生》的新序言中寫道，在未來的悲劇文化中必須要考慮理論化和美學主體的結合，以塑造理想的個體生存形式。

尼采討論道德的譜系和強力意志最終也是要塑造一種新的個體存在形式，塑造「具有自身獨立的長久意志的人」[9]。尼采把規範化的道德與個體的自我構建對立起來，他認為，只有在個體的自我構建中，一種生存美學概念才能夠被把握。

尼采總被認為是傳統道德和價值的解構者，但本質上他也是一個倫理思想者。尼采發展出了一種「自我的倫理學」，一種引導生活的倫理學和自由的實踐取代了傳統道德的位置，給予個體的自我一個方向，要求人學會生活。在他的倫理學構想中，他談論更多的是個體意志下的嘗試和責任，而不是基督教道德中的罪或者義務。

《快樂的科學》談的就是一種嶄新的生活藝術，可以說就是尼采的生活藝術之書。在1886年為該書新版寫的前言中，尼采進一步加強了對於「生活藝術」的強調，他如此評論希臘人：「他們精通生活。」因為精通生活，所以他們「有勇氣保持在表層、深層和外殼之上」[10]。他們要建構

9　Nietzsche, Friedrich. *Zur Genealogie der Moral*, II, 2, KSA 5: 2. Edition, (München, 1999).

10　Nietzsche, Friedrich. *Die fröhliche Wissenschaft*, "Vorrede zur zweiten Ausgabe", Ab. 4, KSA 3: 2. Edition, (München, 1999).

人的生存（Dasein）、賦予他形式，人的存在建構並不是來自於一個最終的根據（比如確定的規範、道德或者義務），或者以某個一次性的決定為基礎，人應當成為藝術家，賦予生存各種形式。尼采認為，藝術家的存在是最易透視的生活方式，而生活／生命是我們最熟悉的存在形式，存在最內在的本質就是強力意志，因此在藝術家的存在中，我們最容易掌握透視強力意志的方式，最容易揭示存在者之存在。在這方面，關於藝術的沉思和實踐具有決定性的優先地位。所以人應當致力成為生活藝術家。

《快樂的科學》一方面要談趨向於知識的強力意志，同時要宣揚這種嶄新的生活藝術。「科學」是對藝術和生活藝術的補充，尤為重要的是，「對於科學思想來說，還要尋找藝術的力量和關於生活的實踐智慧。」[11] 尼采由此構建了一門關於人之生存的倫理——美學：對於自我的構建乃是一個美學現象，將藝術擴展培育為一種生活藝術，「對我們來說，人的存在作為美學現象始終是應當承受的，藉由這種藝術我們擁有了眼睛和雙手，首要的是擁有了善的良知，通過它們我們能夠從自身出發，造就這樣一個美學的現象」[12]。

在這裡，尼采擴大了「藝術」和「藝術作品」（Kunstwerk）的範圍，不僅是狹義的藝術家和藝術創造，不僅是「今天已經被狹隘化了的概念——……僅被用於在作品中把美生產出來的『美的藝術』」，而是「擴大到一切生產能力和每一個本質性的被生產者那裡」[13]，他說：

> 藝術作品，在沒有藝術家情況下出現的藝術作品，譬如作為肉體、作

---

[11] Nietzsche. *Die fröhliche Wissenschaft*, Drittes Buch, 113, KSA 3.

[12] Nietzsche. *Die fröhliche Wissenschaft*, Zweites Buch, p. 107, KSA 3.

[13] 海德格爾，《尼采》上卷，孫周興譯，（北京：商務印書館，2010），頁81。

爲組織（普魯士軍團、耶穌教團）等。⋯⋯世界乃是一件自我生殖的藝術作品。[14]

這無異於當代生活化美學中「審美泛化」此一命題的表達。對尼采而言，世界是藝術作品，人的生存（Dasein）也是藝術作品，而不是一個道德的範疇。人的生存需要一種無所限定的生活藝術：人的生活藝術總是在進行中，並且對人而言，道路就是目標。

「人的生存作爲藝術作品」這個信念也被尼采貫徹到自己的人生之中，他在古代的意義上把生活藝術看作一種治療的技藝，他要成爲自己人生的醫生：「⋯⋯人們應當同意我的看法，我是一個好的醫生，並且不是只對我個人而言。」[15]

尼采是生活藝術哲學的思想者，他反思和實踐著這個理念：「藝術是生活的眞正使命，藝術是生活的形而上學活動」[16]。因此他致力於構建主體的技藝、安置自身與他者的關係、個體抉擇的角色、與眞理之關係的功能、持久修煉的要求、對個體生活進行構建的必要性。他並非只是考慮這些表面的形式，而是深入到根基性的權力和強力之中。生活藝術乃是生活所精通的藝術之物，也就是「爲自身辯護」[17]。尼采引入了一個「藝術－哲學家」的類型：藝術－哲學家就是生存的「自我建構者」。[18]哲學家作爲藝術家，哲學作爲生活形式，由此就會產生「那種想法：生活可以是認

---

[14] Nietzsche. *Der Wille zur Macht*, ed. Peter Gast, Elisabeth Förster-Nietzsche, (Stuttgart, 1996), p.796.

[15] 1881年7月9日從Sils-Maria寫給Franziska Nietzsche和Elisabeth Nietzsche，轉引自Wilhelm Schmid. *Auf der Suche nach einer neuen Lebenskunst*, 192。由本文作者翻譯。

[16] Nietzsche. *Der Wille zur Macht*, ed. Peter Gast, Elisabeth Förster- Nietzsche, (Stuttgart, 1996), p.853.

[17] Nietzsche. *Zur Genealogie der Moral*, II, 7, KSA 5, 2. Edition, (München, 1999).

[18] Nietzsche. *Nachlaß 1885-1887*. KSA 12, 1999, 2(66) v. Herbst 1885-Herbst 1886, 2. Edition, (München, 1999). 亦可參看Jean-Noël Vuarnet, *Der Künstler-Philosoph*, (Berlin, 1986).

知者的實驗」[19]，這種哲學家的實驗性生存包含了如下要求：要檢驗一個思想的眞理就要去看，人們能否通過這個思想生活。哲學並不是知識獲取知識的意志，而是一種生活形式，在其中最終就是對於此問題的回答：「今天對我們來說，以哲學的方式生活意味著什麼？」[20]當然尼采所關心的絕不僅僅是哲學家的生存，而是所有自由個體的自我教育、從道德中解放出來的主體的自我形塑。

當尼采試圖「重估一切價值」時，他實際上是想將價值與人的存在、生活重新連接起來。他反對達爾文的生物學和生命學說，反對生命的本質在於「自我保存」或者「自我競爭」，而是在生命超出自身的提高可能性中洞見到了生命的本質。價值承擔、促進和激發了生命的提高，它是生命的條件；「在提高中，生命把它自己的更高可能性拋向自身面前，並且把自身預先引入一個尚未達到的、首先還要去達到的東西之中」[21]。重估價值，意味著爲人的生活開啓一個超出自身的新空間，意味著重新發現新的生命／生活形式。

因此尼采試圖構想一種新的方式去生活，「超人」（Übermensch）就是人類自我超越的模式，超出自身，去尋找一個新的開始，一個不同的存在，一個不同的思想，因爲人「對於最大的可能性而言尚未窮盡」[22]。對於「超人」，海德格爾如此評價：

「超人」（Übermensch）這個名稱中的「超」（über）包含著一種否定：它意味著對以往平庸的人及其生活方式的「超」離和「超」出。這

---

[19] Nietzsche. *Die fröhliche Wissenschaft*, Viertes Buch, KSA Vol. 3, 2. Edition, (München, 1999), p. 324.

[20] Nietzsche. *Nachlaß 1884-1885*, KSA 11, 35(24) v. Mai-Juli 1885, 2. Edition, (München, 1999).

[21] 海德格爾，《尼采》上卷，孫周興譯，（北京：商務印書館，2010），頁513。

[22] Nietzsche. *Jenseits von Gut und Böse*, V, 203. KSA 5, 2. Edition, (München, 1999).

種否定中的「否」（Nein）是無條件的，因為它來自強力意志的「肯定」（Ja），……這種否定性的肯定決定著人類歷史走向一種新的歷史。[23]

通過對個體生命形式的思考，將人的存在視為一件藝術作品，人的生活被尼采看作真正的藝術。在這裡，寬泛的「藝術」乃是一種新的生活方式，既反對一切教條化，也反對時代的虛無主義：

藝術是反對一切要否定生命（／生活）的意志的唯一優越對抗力量，藝術是反基督的、反佛教的，尤其是反虛無主義的。[24]

正是在這一點上，尼采被稱為生活藝術家，我們在當下生活中對於虛無主義的對抗和個體人生的安置都可從中獲益良多。

參、結論

當代哲學的「實踐轉向」的基本趨向之一就是將哲思的目光凝聚到了個體生存問題上。以當代現象學和生活化美學為切入口，當代的哲學被看作一種「生活藝術」，哲學指導個體在技術時代優雅地生活、保持健全的人性以及建立與自然的和諧關係，實現理想的生活狀態。哲學家應當通過哲學的實踐（Praxis der Philosophie）為個體的心理迷失、精神壓力提供幫助；應當為商品社會和高尚藝術的協調提供指導；應當為城市中產階級提升生活品位、完善自我修養提供捷徑；應當為教育和培養現代社會

23　海德格爾，《尼采》下卷，孫周興譯，（北京：商務印書館，2010），頁983。

24　Nietzsche: *Der Wille zur Macht*, ed. Peter Gast, Elisabeth Förster-Nietzsche, (Stuttgart, 1996), p.853.

下的完善個體提供理論依據。Wolfgang Welsch、Wilhelm Schmid、Peter Sloterdijk、Gernot Böhme，甚至還有Odo Marquard，都從不同的方向為「作為生活藝術的哲學」和「哲學的實踐」作出了貢獻。

　　作為「生活藝術」的哲學這個理念最早來自於古希臘，但是當代的生活藝術哲學家們在現代哲學資源裡也找到了豐富的支持，其中尼采就是其中極為重要的部分。尼采的「美學」泛化概念，對於人之生存和生活／生命的關注，對於虛無主義和平庸的生活的克服，都為當代生活藝術哲學提供了直接的思想動機。經由尼采，古希臘的生活藝術資源才被傳承給了海德格爾和福柯，然後在當代文化生活中重現光芒。因此無論是施密德（Wilhelm Schmid）還是施洛德戴克（Peter Sloterdijk）都在他們關於生活藝術哲學的著作中對生活藝術哲學家尼采表現出了極大的關注。

參考文獻

海德格爾，《尼采》上下卷，孫周興譯，（北京：商務印書館，2010）。

Hölderlin, Friedrich. *Der Tod des Empedokles*, ed. Friedrich Beißner, (Stuttgart, 2006).

Nietzsche, Friedrich. *Der Wille zur Macht*, ed. Peter Gast, Elisabeth Förster-Nietzsche, 13. Edition, (Stuttgart: Alfred Kröner, 1996).

Nietzsche, Friedrich. *Die Geburt der Tragödie aus dem Geiste der Musik*. Kritische Studienausgabe, ed. Giorgio Colli und Mazzino Montinari, Bd. 1, 2. Edition, (München, 1999).

Nietzsche, Friedrich. *Die Fröhliche Wissenschaft*. ("la gaya scienza"), Kritische Studienausgabe, ed. Giorgio Colli und Mazzino Montinari, Bd. 3, 2. Edition, (München, 1999).

Nietzsche, Friedrich. *Jenseits von Gut und Böse. Vorspiel einer Philosophie der Zukunft*, Kritische Studienausgabe. Ed. by Giorgio Colli und Mazzino Montinari, Bd. 5, 2. Edition, (München, 1999).

Nietzsche, Friedrich. *Die Genealogie der Moral. Eine Streitschrift.* Kritische Studienaus-gabe, ed. Giorgio Colli und Mazzino Montinari, Bd. 5, 2. Edition, (München, 1999).

Schmid, Wilhelm. *Auf der Suche nach einer neuen Lebenskunst*, (Frankfurt a. M., 2000).

Shusterman, Richard. *Pragmatist Aesthetics: Living Beauty, Rethinking Art*, (Oxford: Blackwell, 1992).

Welsch, Wolfgang. *Mensch und Welt-Philosophie in evolutionärer Perspektive*, (München, 2012).

虛無主義與現代性批判：
尼采與馬克思

張文濤

　　尼采與馬克思在生存時代、哲學觀念、思想氣質等方面，均有很強的可比性，而且在他們與西方現代性的批判性關係上面，尤其如此。早在百餘年前，尼采便已明確提出「現代性批判」的概念，而近年來國內學界也已越來越注重從「現代性」這一重大理論視域切入對馬克思思想的深入研究。本文擬從(一)現代性與虛無主義，(二)資本、商業與虛無，(三)大眾、階級與平等，(四)超人、工人與現代性的未來等幾個具體方面，展開對二人現代性批判思想的審視和比較。

　　尼采與馬克思在生存時代、哲學觀念、思想氣質等方面，均有很強的可比性。這種可比性，尤其見於他們與西方現代性的批判性關係。尼采是時代意識極強的哲學家，現代性話語現今非常流行，但早在百餘年前，尼采已明確提出了「現代性批判」的概念。[1]二十世紀著名政治哲學家施特勞斯在其〈現代性的三次浪潮〉一文中，亦將馬克思和尼采分別視爲西方現代性第二、三次浪潮的代表人物之一。近年來，國內學界也已愈來愈注重從「現代性」這一重大理論視域切入對馬克思的深入研究，馬克思思想的「現代性批判」性質或「反現代性立場」得到愈來愈清晰的梳理和呈現。[2]因此，同作爲現代性批判的哲學大師，尼采與馬克思對西方現代性的自我審理值得做對比性的審視。

壹、尼采論現代性與虛無主義

　　尼采的現代性批判最著名之處是對「虛無主義」的論述和批判。不過，在尼采這裡，虛無主義概念的含義較爲複雜，遠非一目了然。尼采說，對眼下的歐洲而言，「虛無主義站在門口了」。[3]什麼是虛無主義呢？它指的是「沒有目標，沒有對『爲何之故？』的回答。虛無主義意味著什麼？——最高價值的自行貶黜」。[4]也就是說，虛無主義意味著歐洲生活中曾經有過的最高價值、神聖價值都坍塌了，生活失去了目的或

1　尼采，《偶像的黃昏》，（上海：華東師範大學出版社，2007），頁161。
2　參羅騫，《論馬克思的現代性批判及其當代意義》，（上海：上海人民出版社，2007）；張盾，《馬克思的六個經典問題》，（北京：中國社會科學出版社，2009）。
3　尼采，《權力意志》，（北京：商務印書館，2007），頁148。
4　尼采，《權力意志》，頁400。

方向，沒有了意義，從而「沒有什麼是真的，一切都是允許的了」。[5]總之，用尼采最有名的一句話說便是，「上帝死了」，虛無主義即上帝之死導致的後果。因此，虛無主義首先被尼采當作一個描述性概念，用以揭示現代西方的歷史處境，即由基督教的「上帝」所代表的那種最高價值、神聖價值的失效或缺失。

值得注意的是，在尼采看來，基督教的道德價值觀並非來自自身，而是來自更古老的柏拉圖主義，基督教不過是「民眾的柏拉圖主義」而已。因此，基督教所體現的神聖價值也就是超驗價值、超感性價值，即由西方形而上學傳統所塑造的那些價值，其源頭便是蘇格拉底的「理性」哲學或柏拉圖主義。所以，上帝之死同時意味著從蘇格拉底以來便統治著西方思想的形而上學也失效了：

　　〔虛無主義〕本身包含著對一個形而上學世界的不信⋯⋯當人們明白了，無論用「目的」概念，還是用「統一性」概念，或者「真理」概念，都不能解釋此在的總體特徵，這時候，人們就獲得了無價值狀態的感覺。用上述概念得不到什麼，達不到什麼，事件的多樣性中沒有普全的統一性：此在的特徵不是「真實」，而是「虛假」⋯⋯[6]

上帝死了也意味著，上帝曾經活過。換句話說，在基督教——柏拉圖主義的神聖、超驗價值尚為人信仰時，虛無主義問題是不存在的。是否如此呢？尼采的看法分為兩面。一方面，那個時候生活確實是有目的、有方向、有意義的，所以當然不會是虛無；但另一方面，尼采說，那個時候虛

5　尼采，《論道德的譜系・善惡之彼岸》，（南寧：灕江出版社，2000），頁121。
6　尼采，《重估一切價值》（下），（上海：華東師範大學出版社，2013），頁722。

無主義也存在，只不過它還隱藏著。正是在此，我們碰到了「虛無主義」在尼采這裡更進一步，亦更特別的含義——尼采說，基督教—柏拉圖主義本身就是虛無主義！

尼采認為，蘇格拉底發明的理性主義哲學和後來的基督教一樣，都是一種謊言，它們否定這個塵世、這個大地生活的眞實性，發明或虛構了一個在肉體死亡後才可到達的彼岸、天國或「善的理念」的最高世界，並視之爲「眞實」的世界。基督教柏拉圖主義發明這一眞實世界的原因，是要屈從或迎合民眾的軟弱本性，因爲後者懼怕、逃避這個不斷生成流變、不斷產生痛苦、苦難無盡的大地生活。爲了「不致毀滅」，爲了「自保」，爲了獲得安全、安穩的生活，民眾需要這樣一個虛假性、謊言性的世界來獲得安慰，將自己的生命及其痛苦納入一種信仰道德框架之中，從而讓自己的生活在靈魂不死、善惡賞罰等信念中得到解釋和希望，由此得以維持和繼續。[7] 由於基督教—柏拉圖主義的這個「眞實」世界是虛構的、虛假的，所以它本身就是一種虛無主義；而且，形而上學—神學的世界觀帶來了「禁欲主義」的道德理念，其實質是否定感官、身體及此岸世界的眞實性，認爲它們只具有虛幻、消極的價值。由此，這種禁欲主義道德理念將人的此世生命、肉體生命虛無化了，將作爲本能的生命意志虛無化了，將人的高貴精神低矮化了。

不過，我們都知道，啓蒙哲學用「理性」和科學殺死上帝之後，現代性其實並未處於價值眞空之中。實際上，啓蒙運動創造出了一系列現代性道德價值，其中最重要、最核心者莫過於體現著理性、人性之崇高和尊嚴的自由、平等、博愛、寬容、人道、同情、權利、公正等價值。這些價值是現代人的驕傲，但在尼采看來，它們是有問題的。它們並非眞正的「創

7　尼采，《權力意志》，頁404。

造性」價值，實質上仍然是舊價值、基督教道德價值的翻版，而創造這些道德價值的盧梭、康德、孔德、穆勒等現代哲人，都不過是基督教精神的子嗣而已：

> 人們嘗試一種塵世的解決辦法，但同樣地也是在真理、愛、公正的最後勝利意義上……人們同樣地試圖抓住道德理想……人們甚至試圖抓住「彼岸」，儘管那不過是一個反邏輯的未知的X，但人們立即加以鋪墊，說可以從中引出一種老式的形而上學慰藉。人們努力從發生事物中解讀出老式的神性指導，具有酬報、懲罰、教育、引人向善的作用的事物秩序，人們像從前一樣相信善惡。[8]
>
> 請注意基督教道德理想的狂熱崇拜的更隱蔽形式。……盧梭的自然概念根本上是基督教道德的狂熱崇拜。……在孔德和斯圖亞特·穆勒那裡，陰性的和怯懦的「人」的概念又是基督教道德的狂熱崇拜。……甚至整個社會主義理想，無非就是一種對基督教道德理想的愚蠢誤解。[9]

所以，上帝雖死，但死而不僵：「我們的時代靠過去時代的道德苟延殘喘」[10]，「在『自然』、『進步』、『完美化』、『達爾文主義』的公式的影響下，在關於幸福與道德、不幸與罪責的某種一體性關係的迷信影響下，基督教的預設和闡釋還一直香火不斷」。[11]一句話，現代道德不過是「基督教道德的最後回聲」。[12]

---

[8] 尼采，《重估一切價值》（下），（上海：華東師範大學出版社，2013），頁748。

[9] 尼采，《重估一切價值》（下），頁642。

[10] 尼采，《重估一切價值》（下），頁581。

[11] 尼采，《重估一切價值》（下），頁523。

[12] 尼采，《朝霞》，（上海：華東師範大學出版社，2007），頁176。

尼采對現代性最為特殊的理解在於，現代性與基督教實乃一脈相承。我們看到的近五百年以來的現代歷史與基督教時代之間的斷裂性，在尼采看來完全不存在。反之，他在其中看到的是一種明顯的「連續性」[13]，而其共同源頭則可一直上溯至柏拉圖主義或蘇格拉底的理性主義樂觀哲學。

現在，尼采虛無主義的兩種含義可以說合而為一了。現代性雖然有其「目的」，但在尼采看來，自我保存（以及相互保存）[14]、追求安穩舒適這一低矮的目的與基督教的目的如出一轍，仍然是一個偽目的；現代性看似「創造」了一個「新」目標，但這其實是一個虛假、虛偽的新目標，它本質上仍然屬於基督教的目標，從而依舊是一種虛無主義。如此，現代性、現代自由民主社會在根本上仍然缺乏一個真實、高貴的目的，缺乏一種真實、高貴的價值。作為基督教這一虛無主義之「陰影」的現代性，仍然是一種虛無主義。總之，兩種虛無主義含義的合一，最終可歸結為這樣一個尼采對於現代性的等價判斷：現代性＝虛無主義。

貳、資本、商業與虛無：馬克思與尼采的共同批判

馬克思雖然不像尼采那樣使用過「現代性」概念，但他對「現代」有明確論述。我們知道，在黑格爾那裡，現代性已完全確立起理性精神的本質規定性，在現代市民社會中，理性意味著的是主體及其自由權利：「主體的特殊性求獲自我滿足的這種權利，或者這樣說也一樣，主體的自由權利，是劃分古代和現代的轉捩點和中心點」。[15]不過，在馬克思看來，

---

[13] 皮平，《作為哲學問題的現代主義》，（北京：商務印書館，2007），頁128。

[14] 參尼采，《重估一切價值》（下），頁1223。

[15] 黑格爾，《法哲學原理》，（北京：商務印書館，1996），頁126。

實際情形中，啓蒙以來一直到黑格爾的現代歷史所許諾的理性主體及其自由並未眞正實現，並未眞正構成現代社會的本質。眞正構成現代市民社會之本質的，乃是資本主義及其生產方式——「『現代社會』就是存在於一切文明國度中的資本主義社會」[16]，而資本主義社會的根本要素便是「資本」——資本是馬克思理解現代社會、實施現代性批判的核心範疇。

資本「是一定的、社會的、屬於一定歷史社會形態的生產關係，它體現在一個物上，並賦予這個物特有的社會性質。」[17]資本主義社會的特質便是，社會中物與物之間、人與物之間、人與人之間的關係都通過「資本」體現出來，資本成了整個社會的存在方式。由於在馬克思看來，經濟活動中的資本原則成了現代社會的基本原則，所以他對資本主義經濟活動的批判也就等於是對整個現代社會、現代性的批判。

資本成爲整個資產階級社會的存在方式，意味著現代社會中的一切都被資本化、物化了——包括道德價值在內的一切事物都被置換爲商品、標上價格，可以購買和交換，資本、商品、貨幣成了衡量一切的尺規：哪怕「我是一個邪惡的、不誠實的、沒有良心的、沒有頭腦的人，可貨幣是受尊敬的，因此，它的持有者也受尊敬。貨幣是最高的善，因此，它的持有者也是善的。」[18]貨幣更是一種顛倒黑白的力量，「它把堅貞變成背叛，把愛變成恨，把恨變成愛，把德行變成惡行，把惡行變成德行，把奴隸變成主人，把主人變成奴隸……（貨幣）把一切事物都混淆和替換了。」[19]總之，貨幣「把人的尊嚴變成『交換價值』，用一種沒有良心的『貿易自

---

16 馬克思，《馬克思恩格斯選集》（第二版）第3卷，（北京：人民出版社，1995），頁314。

17 馬克思，《馬克思恩格斯選集》（第二版）第2卷，（北京：人民出版社，1995），頁577。

18 馬克思，《馬克思恩格斯全集》第42卷，（北京：人民出版社，1979），頁153。

19 馬克思，《馬克思恩格斯全集》第42卷，頁155。

由』代替了無數特許的和自力掙得的自由。」[20]

　　進一步看，資本所主導的社會其實是一個沒有目的的盲目社會。爲了追逐更大的利潤，資本的創造物必須不停地過時、貶值、毀滅，爲的是進一步擴張——「擴張破壞進一步擴張更大的破壞，如此一種充滿內在悖論的惡性循環構成資本特有的存在和運動方式」[21]，那麼，最終的確定終點、穩固目的在哪裡呢？因而，資本的邏輯必然導致最終目的、終極價值的缺失。正是在這個意義上，我們可以理解馬克思在《共產黨宣言》中的那個著名論斷：

　　　生產的不斷變革，一切社會狀況不停地動盪，永遠的不安定和變動，這就是資產階級時代不同於過去一切時代的地方……一切等級的和固定的東西都煙消雲散了，一切神聖的東西都被褻瀆了。[22]

　　馬克思由此看到，資本主義社會裡一切道德價值的資本化、商品化、貨幣化、交換化、相對化，最終導致了神聖、崇高價值的消失，人性尊嚴的喪失、人性本質的空虛化，以及人的鄙俗化：

　　　沒有任何絕對的價值，對貨幣來說……沒有任何東西是高尚的、神聖的等等，因爲一切東西都可以通過貨幣占有。[23]

　　古代的觀點和現代世界相比，就顯得崇高得多，根據古代的觀點，人……總是表現爲生產的目的，在現代世界，生產表現爲人的目的，而財

---

[20] 馬克思，《馬克思恩格斯選集》第1卷，（北京：人民出版社，1972），頁253。

[21] 賀來，〈馬克思的哲學變革與價值虛無主義課題〉，《復旦大學學報》，6（2004），頁12-19。

[22] 馬克思，《馬克思恩格斯選集》（第二版）第1卷，（北京：人民出版社，1995），頁275。

[23] 馬克思，《馬克思恩格斯全集》（第二版）第31卷，（北京：人民出版社，1998），頁252。

富則表現爲生產的目的……在資產階級及與之相適應的生產時代中，人的內在本質這種充分發揮，表現爲完全的空虛化；這種普遍的物件化過程，表現爲全面的異化……凡是現代表現爲自我滿足的地方，它就是鄙俗的。[24]

　　資本成了社會的中心或最高者，甚至可以說，成了「上帝」──在資本主義社會中，舊宗教雖然倒塌了，但一種新宗教產生出來，這就是馬克思在《資本論》中所描述的「資本拜物教」或「商品拜物教」、「貨幣拜物教」。成爲上帝的資本不僅擺脫人的控制，而且反過來控制人，在資本的統治下，「這個曾經仿佛用法術創造了如此龐大的生產資料和交換手段的現代資產階級社會，現在像一個魔法師一樣不能再支配自己用法術呼喚出來的魔鬼了。」[25]那麼，這個基督教的上帝死後到來的新上帝，究竟是上帝還是魔鬼呢？無論如何，可以說，作爲新上帝的資本或貨幣，終究不過是一個虛幻、虛無的上帝。

　　總之，馬克思看到，啓蒙以來的現代歷史所做的理性承諾，其實是虛幻的，「通過對資本邏輯的追尋，馬克思發現，資本勢必陷入虛無主義」。[26]與「現代性」概念的情形類似，馬克思雖然沒有用過「虛無主義」這個概念，但他對資本之本性和邏輯的分析，對資本導致現代社會終極目的缺乏、神聖和崇高價值消解、人之內在本質的空虛化的揭示，毫無疑問可視爲他對現代社會之虛無主義本質的揭露和批判。

　　尼采雖然不使用「資本主義」這個概念，但是，尼采對現代民主制下

24　馬克思，《馬克思恩格斯全集》（第二版）第30卷，（北京：人民出版社，1995），頁479-480。
25　馬克思，《馬克思恩格斯選集》第1卷，（北京：人民出版社，1972），頁257。
26　劉森林，《物與無：物化邏輯與虛無主義》，（南京：江蘇人民出版社，2013），頁184。

人們勤勞的經濟活動或「商業文化」的虛無主義本性，做過與馬克思極為類似的觀察和批判。

尼采看到，「商業」是現代文化的「靈魂」，尼采對「商業文化的基本觀念」的揭示，與馬克思的資本批判如出一轍：

今天，我們可以看到，一種社會文化正在形成，商業是這種文化的靈魂，正如個人競賽是古希臘文化的靈魂，戰爭、勝利和法律是羅馬文化的靈魂。商人並不生產，卻善於為一切事物定價……「什麼人和多少人會來消費這個東西？」這永遠是他的頭等問題……對於出現在他面前的一切事物，他都不斷通過這種方式加以衡量，無論它們是藝術和科學的產品，還是思想家、學者、藝術家、政治家、民族、黨派乃至一個時代的成就。一切創造出來的事物，在他那裡都只具有供應和需求的關係，他探討這種關係，以便使自己能夠決定它們的價值。這就是我們這個時代的文化精神。[27]

與馬克思對資本——商品拜物教的揭示一樣，尼采也看到，在現代自由民主社會中，金錢成了上帝，商業如同魔鬼：「金錢之神。……在對金錢的這種急躁和熱愛中，我們看到權力欲重新燃燒了……過去我們為了上帝的緣故而做的，現在我們為了金錢而做。」[28]「就其本質來看，商業具有魔鬼般的兇惡。……對商人來說，誠實本身就是一種旨在盈利的投機。商業是邪惡的，因為它是自私的形式之一。」[29]

27　尼采，《朝霞》，（上海：華東師範大學出版社，2007），頁218-219。

28　尼采，《朝霞》，頁250-251。

29　尼采，《重估一切價值》（下），（上海：華東師範大學出版社，2013），頁770。

　　整個現代商業社會就是一個鬧哄哄的大市場，人們匆忙地活動著，聲嘶力竭地叫喊著，爲了增殖財富和賺錢——我們的時代是「一切時代中最勤勞的時代」[30]，人們普遍抱著一種經濟學的樂觀主義態度，即相信勤勞的工作一定意味著福祉的增長。顯然，認爲經濟可以解決一切問題的經濟學樂觀主義，與蘇格拉底那認爲理性可以解決一切問題的理性樂觀主義一脈相承。對此樂觀主義，尼采自然持反對意見：

　　「我所反抗的乃是一種經濟學樂觀主義：仿佛隨著所有人不斷增長的開支，所有人的利益也必然會增長。然而在我看來情形恰恰相反，所有人的開支將累計成一種總體損失，人將變得渺小——結果是人們再也不知道這個巨大的進程到底是爲何服務的。一個爲何？一個新的『目的』嗎？——這正是人類所必需的。」[31]

　　這便是現代性的悖論。人們勤勞工作但並不知道生活的終究目的是什麼，「除了愈來愈多的金錢和愈來愈多的勤勞以外，就不知道拿它的如許勤勞和金錢做什麼好了，以至於散去要比積聚更需要天才。」[32]馬克思說，資本邏輯導致神聖、崇高價值的消解，與此相似，在尼采看來，這個科學、商業、中產階級發達繁榮的現代世界，其危機在於最終目的的缺失，精神的低矮化、縮小化，「平庸」的繁榮：

　　手工業、商業、農業、科學、大部分藝術——這一切都只能立足

---

[30]　尼采，《快樂的知識》，（北京：中央編譯出版社，2001），頁27。

[31]　尼采，《重估一切價值》（下），頁530。

[32]　尼采，《快樂的知識》，頁27。

於……一種堅強而健康地得到鞏固的平庸性上。……科學本身就屬於一種中等人……然後，這種中等權力就會通過商業，特別是金融業來維持：金融巨頭的本能反對一切極端事物……眾所周知，表示「平庸」的光榮字眼是「自由」。[33]

今天在歐洲習慣於當作「人道」、「道德」、「人性」、「同情」、「公正」來尊重的一切東西，雖然作為對某些危險而強大的基本本能的弱化和緩和，可能具有某種突出的價值，但長遠看卻無異於對「人」這整個類型的縮小……對這整個類型最終的平庸化……人借助於他們不斷增長的道德，以全部的清白和純真，誤以為自己從動物層面上升到了「諸神」檔次和超凡的規定性層面，但實際上卻是下降了。[34]

正如馬克思看到啟蒙理想在資本主義社會裡「異化」了一樣，尼采同樣看到了現代性自身的悖論。人本欲抬升自己的地位，最後卻成就了低矮的目標——這正可謂現代世界人性之上升與下降的「啟蒙辯證法」。自馬基維利和霍布斯以來，現代性理念將肉體生命的自保和物質生活的舒適安穩設為生活的目標；在尼采看來，這種追求自我保存及相互保存，追求安全、舒適、享樂乃至奢侈的生活目標，太過低矮。我們知道，尼采將追求這一生活目標的人稱為「末人」，將這種缺乏遠大目標的精神狀態稱為「頹廢」。一個人或一些人頹廢關係不大，但如果整個時代、整個社會、國家、歐洲（乃至地球）的生活全都如此設定，那就是真正的危機了——如前所述，這正是所尼采所看到的歐洲精神的虛無主義危機。

---

33 尼采，《重估一切價值》（下），頁1107。
34 尼采，《重估一切價值》（下），頁82。

參、大眾、階級與平等：虛無主義的政治面相

尼采看到，與現代精神文化品質的平庸特性對應的，正是現代自由民主制度的「平等」理念。如果說現代性的精神、文化領域的危機在於平庸、軟弱、頹廢，那麼，現代性的政治領域的危機便是平等主義——平等理念及制度實踐可謂現代性之虛無主義的政治面相。

現代平等主義出於以自我保存為目的的現代契約民主，其提出者是洛克、盧梭等現代啟蒙哲人。但尼采看得很清楚，現代平等理念的根源顯然在基督教。基督教的道德價值觀有兩個要點，一是否定生命的禁欲理念，二是否定等級的平等理念。在基督教「上帝面前靈魂平等」的概念中，「已經蘊含了有關平等權利的所有理論原型」。[35]十七、十八世紀的啟蒙哲人提出的平等理念，在十九世紀的功利主義、實證主義、社會主義和無政府主義理念中，被進一步激化了。同樣，在尼采看來，從功利主義到社會主義、無政府主義，無不體現著基督教的虛無主義理念：

> 社會主義者、無政府主義者和虛無主義者，由於他們認為自己的此在應該由某人承擔罪責，所以始終還是基督教的近親。基督徒也認為，如果他找到了對此承擔責任的某人，那他就能更好地忍受失意和失敗了。復仇和怨恨的本能在兩種情形下都表現為承受失敗的工具，表現為自我保存的本能。[36]

保護軟弱人性的禁欲理念將精神低矮化，而平等理念則將這種低矮化

35　尼采，《重估一切價值》（下），頁1171。

36　尼采，《重估一切價值》（下），頁951。

普遍化了，「把所有人都降到同一個水準上」[37]──價值的等級秩序、高等價值和高貴精神被普遍否定。由此，現代民主制對平等理念的實踐，導致了虛無主義的全面盛行。尼采看到，現代民主號稱自由民主，可是，基於平等主義的民主恰恰讓真正的自由──只有少數高貴靈魂才能擁有的精神自由──變得不可能。

踐行平等主義的現代民主社會，也就是「大眾」的社會，大眾是體現和推動現代虛無主義的政治力量──「虛無主義的原因：低等種類『群氓』、『大眾』、『社會』荒疏了謙恭的態度……這就把整個此在庸俗化了，因為只要大眾占了上風，他們就會對特立獨行者實行暴政，使之喪失自信而成為虛無主義者」。[38]大眾＝群氓＝賤民＝畜群＝奴隸＝末人（＝經濟人），這是尼采筆下隨處可見的貶斥性等式。不過，說尼采蔑視、仇恨大眾其實並不準確，尼采真正反對、仇視的與其說是大眾階層，不如說是鼓吹大眾階層之平等權利的現代知識分子或啓蒙哲人。從尼采的立場看，馬克思當然屬於這種啓蒙哲人之列。

在尼采看到「大眾」的地方，馬克思看到的是「階級」。對尼采來說，現代自由民主社會的問題在於低等級的「大眾」令傳統等級社會的貴族制價值觀念面臨危機，尼采並不在意「大眾」社會內部的細微區分。馬克思不同，他所看到的則是所謂的自由民主社會，實質是資本主義社會內部的分化和對立：資產階級與無產階級之間的不平等。

馬克思看到，資本主義生產中經濟活動的不平等造成了政治上的不平等，現代資本主義制度由此不僅僅是一種經濟制度，更是一種政治制度，一種新形式的奴隸制度──「現代奴役的實現形式不是主人對奴隸人身的

---

[37] 尼采，《重估一切價值》（下），頁849。

[38] 尼采，《重估一切價值》（下），頁408。

統治，而是資產階級的財產權對勞動者的壓制，也就是資本以私有產權資格索取剩餘價值而造成的經濟上的統治和不平等。這就是『經濟的政治性』問題。」[39]所以馬克思對資本主義經濟活動的批判絕非僅僅具有經濟的意義，而更具有政治的意義。

經濟活動導致民主內部重新出現不平等的根本原因在於，在資本主義的經濟制度下，勞動成了「異化」勞動，工人勞動的異化使得「工人階級」這個群體處於被資本家、資產階級的剝削壓榨之下。通過異化理論和階級分析，馬克思由此揭示了現代民主平等制度中實際上的不民主和不平等。啓蒙主義許諾的理性王國或普遍的民主、平等、自由，如今被異化爲特定的民主、平等和自由，用恩格斯的話說：

> 這個理性的王國不過是「資產階級」理想化的王國；永恆的正義在「資產階級」司法中得到實現；平等歸結爲法律面前的「資產階級」平等；被宣布爲最主要的人權之一的是「資產階級」的所有權；而理性的國家、盧梭的社會契約在實踐中表現爲而且也只能表現爲「資產階級」的民主共和國。[40]

馬克思看到，工人爲現代社會創造的無數財富最終都淪爲資本家的私有財產，在工人階級方面，現代的自由、平等、正義理念並未眞正實現。尼采認爲現代自由民主制的錯誤在於追求平等，而在馬克思看來，其錯誤恰恰在於實質上的不平等。資本主義社會鼓吹平等，但其實是在阻礙眞正平等的實現；資本主義生產使人性的崇高價值遭到否定；資產階級對無產

39　張盾，《馬克思的六個經典問題》，（北京：中國社會科學出版社，2009），頁300。
40　馬克思，《馬克思恩格斯選集》第3卷，（北京：人民出版社，1972），頁405。

階級的壓迫，是對人性（在無產階級方面）得到全面發展、崇高價值得到
真正實現的否定或剝奪。資產階級民主同樣導致價值虛無主義，同樣是虛
無主義的政治面相。

尼采說，現代民主制度其實是一種奴隸制度——「民主的歐洲不過是
導致了一種對奴隸制的高雅培養」[41]，如前所述，馬克思也是這樣看的。
雖然「奴役」的含義在兩人那裡並不相同，不過，對於現代（資產階級）
自由民主制度的虛無主義本性，兩人都給予了無情的揭露和批判。

肆、超人、工人與現代性的未來：尼采與馬克思的分途

對於現代性的虛無主義危機，尼采和馬克思都看得非常清楚。既然危
機在於真實目標、終極價值的缺乏，那麼，克服虛無主義的途徑就在於創
造新價值和相應的新制度。

尼采提出的新價值是權力意志和永恆複返，其核心是對充滿痛苦的大
地生活的全面肯定，新價值的善惡觀來自對生命意志力的衡量，古希臘悲
劇是這種熱愛命運的強健精神的最好體現。這是一種強大、「高貴」而非
頹廢、軟弱、平庸的精神，它將成為替代基督教的一種新宗教、酒神宗教
的基本信念。與之相應的政治制度，便是否定平等理念的等級貴族制——
「更高形式的貴族制度就是未來的形式」。[42]

馬克思提出的新價值則是人的全面自由。在馬克思看來，人本性上就
是「自由自覺」的存在，但由於啟蒙主義期許的理性王國異化為資本主義
社會，人的自由本性並未真正實現。所以，既然精神物化、勞動異化使人

---

[41] 尼采，《重估一切價值》（下），頁183。
[42] 尼采，《重估一切價值》（下），頁530。

失去了自由自覺的本性，那麼，新價值的創造就意味著克服資本對人的奴役和勞動異化，實現「勞動的解放」，最終創造出「具有人的本質的這種全部豐富性的人，具有豐富的、全面而深刻的感覺的人」[43]，亦即重獲人性之「崇高」和「尊嚴」、「個體」與「共同體」融洽無間的全面自由的人。實現這一目標的政治建制，便是克服了資本主義私有制、不再有階級對立、平等理念真正實現、人性在其中得到全面發展的社會主義或共產主義社會這一「自由王國」、「自由人的聯合體」。

尼采對新價值和新制度的設想與啓蒙理念可謂背道而馳，但馬克思是現代價值的堅定信奉者。對馬克思來說，現代性的問題不在於其自由、平等、博愛、寬容、人道、同情、權利、公正這些價值理想是錯誤的，而在於它們並未真正實現。所以，如果說尼采的方案可稱為一種「激進的貴族制」[44]，馬克思的共產主義則可謂一種「激進的民主制」。馬克思意欲完成啓蒙運動的未竟事業，完成現代性這一未完成的方案。但尼采對前述現代性價值嗤之以鼻。在他看來，自由不過是新的奴役，權利、公正實現了又怎樣呢？不過是在維護一種低矮的自我保存以至奢侈享樂的頹廢的物質生活，至於平等、博愛、寬容、人道、同情，不過都是些把人全部拉到同一低矮水準上的道德手段而已。

馬克思試圖恢復人性的尊嚴和「崇高」，尼采也呼求「高貴」精神的重現，不過，由於激進貴族制與激進民主制的尖銳對立，尼采的「高貴」與馬克思的「崇高」，其含義可以說是南轅北轍。

在尼采這裡，創造新價值的擔綱者，是「超人」。未來貴族制度的

43　馬克思，《馬克思恩格斯全集》第42卷，頁126。

44　Love, Nancy S., p.43, in: "Class or Mass: Marx, Nietzsche, and Liberal Democracy", *Studies in Soviet Thought*, 33(1987), p.43-64.

實現，有賴於首先在超人的培育下出現一個高等階層。超人是歷史中的新人、新的個體，超人及其培育的新階層都只是少數人。在未來的貴族政治中，這個高等階層將擔當起教牧低等階層的任務──「高等種類的使命在於對低等種類的引導」，低等種類應該視高等種類爲其安身立命的基礎。[45]對馬克思來說，資產階級的人性已經敗壞，創造新價值的擔綱者是體現著人性之全部美好未來的無產階級、工人階級。解放了的無產階級也是歷史中的新人、新個體，但他們將不是少數，而是多數甚或全部，是全部「自由人的完全聯合」。而未來共產主義社會的實現，正有賴於工人階級領導下的階級鬥爭和社會革命。

馬克思對工人的人性極爲樂觀，尼采當然不以爲然。實際上，對於當時已轟轟烈烈展開的工人運動、社會革命及其訴求，尼采顯然不乏感受，清楚這是「以『權利平等』爲目標的等級鬥爭和階級鬥爭」。[46]不過，對於工人這個群體，尼采時常予以微詞，視工人階級爲一個「不可能的階級」[47]，認爲工人或社會主義者並沒有馬克思所說的那種人性上的優越，沒有「道德的優先權」：

> 如像屬於被統治階級的社會主義者所做的那樣要求平等權利，這絕對不是正義的結果，而是貪婪的結果。……不公正的思想意識也隱藏在無產者的心靈中，他們並不比有產者更好，他們沒有道德優先權。……我們需要的是循序漸進的意識改造，而不是強制性的新的財產分配。[48]

---

[45] 尼采，《重估一切價值》（下），頁408。

[46] 尼采，《重估一切價值》（下），頁564。

[47] 尼采，《朝霞》，頁254。

[48] 尼采，《人性的，太人性的》，（北京：中國人民大學出版社，2005），頁241。

　　有證據表明，尼采早年是讀過馬克思的，所以下面這些批評就更像是在直接針對馬克思了：

　　社會主義者所夢想的一切瘋狂的東西，都落後於實際現實——沒有宗教，沒有私有財產，甚至不再有革命，在政治制度中也不會顯示出普遍的墮落（只有普遍的進步）。[49]

　　不能忘記社會主義共產主義的腐敗（那是基督教腐敗的一個結果），社會主義的最高社會構想乃是社會等級制中最低級的。[50]

　　尼采不像馬克思那樣，認為工人—資本家的對立是截然的，在他看來，工人所追求的目標不過就是資本家已然達到的目標而已。從價值類型的角度看，「工人—資本家」的對立其實是虛假的，他們都屬於同一種價值類型，因而其實是平等的。這種平等，導致了對真正不同價值類型的人的壓制——精神真正高貴的少數人。質言之，對尼采而言，馬克思的工人不啻為末人。

　　馬克思不僅對工人的人性樂觀，對工人階級領導的社會革命也很樂觀，未來對馬克思而言只有一個方向。尼采沒有這樣的樂觀，對尼采來說，歐洲的未來命運具有「模稜兩可的特徵」。[51]如今，人是「連接在動物與超人之間的一根繩索，懸於深淵的上方」[52]——人在未來是繼續墮落還是上升，很難說。引領未來的超人至今都還未出現，尚需期待或培育，所以，尼采遠未像馬克思那樣去思考革命的事情，更何況，對於法國大革

49　尼采，《重估一切價值》（下），頁778。
50　尼采，《重估一切價值》（下），頁937。
51　尼采，《重估一切價值》（下），頁536。
52　尼采，《扎拉圖斯特拉如是說》，（上海：華東師範大學出版社，2009），頁38。

命那種群眾運動，尼采本能地充滿蔑視和敵意。[53]

　　或者可以說，對於未來尼采是很悲觀的。他預言，虛無主義仍然會是「今後兩個世紀的歷史」[54]。甚至，「上帝死了，依照人的本性，人們會構築許多洞穴來展示上帝的陰影，說不定要綿延數千年呢。而我們，我們必須戰勝上帝的陰影。」[55]

參考文獻

一、期刊論文

賀來，〈馬克思的哲學變革與價值虛無主義課題〉，《復旦大學學報》，6(2004)：12-19。

Love, Nancy S. "Class or Mass: Marx, Nietzsche, and Liberal Democracy", *Studies in Soviet Thought*, 33(1987), p. 43-64.

二、專書

尼采，《論道德的譜系‧善惡之彼岸》，宋祖良、劉桂換譯，（南寧：灕江出版社，2000）。

尼采，《快樂的知識》，黃明嘉譯，（北京：中央編譯出版社，2000）。

尼采，《人性的，太人性的》，楊恆達譯，（北京：中國人民大學出版社，2005）。

尼采，《偶像的黃昏》，衛茂平譯，（上海：華東師範大學出版社，2007）。

尼采，《權力意志》，孫周興譯，（北京：商務印書館，2007）。

尼采，《朝霞》，田立年譯，（上海：華東師範大學出版社，2007）。

尼采，《扎拉圖斯特拉如是說》，黃明嘉、婁林譯，（上海：華東師範大學出版

53　尼采，《重估一切價值》（下），頁462、1139。

54　尼采，《重估一切價值》（下），頁732。

55　尼采，《快樂的知識》，（北京：中央編譯出版社，2001），頁111。

社，2009）。

尼采，《重估一切價值》（下），林笳譯，（上海：華東師範大學出版社，2013）。

皮平，《作爲哲學問題的現代主義》，閻嘉譯，（北京：商務印書館，2007）。

馬克思，《馬克思恩格斯選集》第1卷，中共中央馬恩列斯著作編譯局編譯，（北京：人民出版社，1972）。

馬克思，《馬克思恩格斯選集》第3卷，中共中央馬恩列斯著作編譯局編譯，（北京：人民出版社，1972）。

馬克思，《馬克思恩格斯全集》第42卷，中共中央馬恩列斯著作編譯局編譯，（北京：人民出版社，1979）。

馬克思，《馬克思恩格斯選集》（第二版）第3卷，中共中央馬恩列斯著作編譯局編譯，（北京：人民出版社，1995）。

馬克思，《馬克思恩格斯選集》（第二版）第2卷，中共中央馬恩列斯著作編譯局編譯，（北京：人民出版社，1995）。

馬克思，《馬克思恩格斯選集》（第二版）第1卷，中共中央馬恩列斯著作編譯局編譯，（北京：人民出版社，1995）。

馬克思，《馬克思恩格斯全集》（第二版）第31卷，中共中央馬恩列斯著作編譯局編譯，（北京：人民出版社，1995）。

馬克思，《馬克思恩格斯全集》（第二版）第30卷，中共中央馬恩列斯著作編譯局編譯，（北京：人民出版社，1995）。

張盾，《馬克思的六個經典問題》，（北京：中國社會科學出版社，2009）。

黑格爾，《法哲學原理》，范揚、張企泰譯，（北京：商務印書館，1996）。

劉森林，《物與無：物化邏輯與虛無主義》，（南京：江蘇人民出版社，2013）。

羅騫，《論馬克思的現代性批判及其當代意義》，（上海：上海人民出版社，2007）。

尼采與胡塞爾論理念的建構——系譜學與現象學的一些交錯點

吳俊業

現象學傳統不乏對於尼采思想的關注，但我們往往會基於實際的歷史效應，而以存在哲學的思想家——例如：謝勒、雅斯培、海德格爾等——為首要的切入點。本文試圖顯示，雖然在哲學關懷、思想課題與論述風格上，尼采與現象學奠基者胡塞爾幾乎是南轅北轍，但他們的思路卻並非毫無交接之處。在面對現代性的問題上，尼采與胡塞爾有著共通的關注。他們皆著眼於理念的創建、演化與傳承的問題，並以此為診斷現代性危機，構想解決之道的參照點。我們將針對理念化的議題，揭示尼采的系譜學與胡塞爾現象學可能匯通交錯之處，並比較闡釋他們思路的同異。

壹

　　尼采與胡塞爾奠立的現象學雖然皆自許爲西方傳統形上學之徹底批
判者乃至終結者[1]，但乍看之下，二者無論在哲學關懷、議題選取與論述
風格上都有著巨大的差異：胡塞爾現象學以貫徹笛卡兒計畫、實現嚴格科
學理想自任，其思索焦點如意識、意向性、超越主體性與傳統哲學多有重
疊；其論述方式則恪守一般學院哲學論文的規格，精思細慮，謹愼精微，
並在在充滿著方法論的自覺與反思。反之，尼采所思如流變、肉身、力
量、超人等，往往並非傳統習見之議題，其言辭方式游走於哲學與文學的
畛域之間，爲文不拘一格，箴言、絮語、喻言、直陳、反諷，紛陳而出；
其思想飛揚起舞於此中，若隱若現，幽微難測。

　　我們知道，繼胡塞爾之後而受現象學洗禮的哲學家中，不乏對尼采
投注濃厚興趣者。在德國傳統內，席勒（Max Scheler）早年對「怨恨」
（Ressentiment）的現象學研究便已顯示出尼采思想的影響；[2]到了雅斯培
（Karl Jaspers），尼采更與齊克果並列爲後康德時代兩位最重要的思想

1　當然，無論尼采或胡塞爾都難以用簡單標籤來概括：後世詮釋尼采時不乏將之當作形上學傳統
　　之一員，海德格爾即稱之爲「最後的形上學家」（der letzte Metaphysiker）（參Martin Heidegger,
　　Nietzsche. Zweiter Band. Martin Heidegger Gesamtausgabe, Bd. 6.2.ed. Brigitte Schillbach, (Frankfurt
　　a. M.: Vittorio Klostermann, 1997, p.79)）。胡塞爾則一方面標舉「現象學是反形上學的（anti-
　　metaphysisch）」（參Edmund Husserl, *Phänomenologische Psychologie. Husserliana*, Bd. IX, ed.
　　Walter Biemel, (Den Haag: Martinus Nijhoff, 1968), p. 253），但另一方面卻把「一種新意義的形上
　　學（Metaphysik in einem neuen Sinn）」（參Edmund Husserl, *Erste Philosophie (1923/24). Erster
　　Teil. Husserliana*, Bd. VII, ed. Rudolf Boehm, (Den Haag: Martinus Nijhoff, 1956), p. 188, 底注）納入
　　其思想計畫之規劃當中。

2　參Max Scheler, *Das Ressentiment im Aufbau der Moralen*, ed. Manfred S. Frings, 2. Aufl., (Frankfurt a.
　　M.: Klostermann, 2004)。此書出版於1912年，屬於席勒的早期論著，其哲學水準與較成熟的*Wesen
　　und Formen der Sympathie* (1923)或*Der Formalismus in der Ethik und die materiale Wertethik* (1924)皆
　　有相當的距離，與尼采的思想深度更難以相提並論。

家³，而在其煌煌兩巨冊的《尼采》中，海德格爾甚至將尼采視作完成西方形上學傳統的殿軍，推舉之爲任何旨在克服形上學的思想所不可迴避的辯爭（Auseinandersetzen）對手。⁴然而，尼采與現象學之可能交織點，並非有待於存在哲學（Existenzphilosophie）後，方才浮現。筆者認爲，奠基者胡塞爾的思想內部已隱含一些可與尼采思想交錯之處，而對應言之，尼采思想也包括一些可與胡塞爾關懷相呼應、使之爲「潛在的現象學」的元素。本文旨在追溯與闡釋存在於兩家思想中一組連結議題，即：尼采的系譜學（Genealogie）思維與胡塞爾針對歷史性問題的演生現象學（genetische Phänomenologie）。⁵

在談論尼采的思想時，「系譜學」是一個常見的標籤。雖然尼采本人並未以系譜學統稱其思想工作，實際上，他似乎也只有在《論道德系譜學》（*Zur Genealogie der Moral*）一書中，旗幟鮮明標舉出所謂系譜學的研究。⁶更且，他明確提及這個標籤的地方，也只有散落在該書的寥寥數處。⁷然而，尼采卻曾以《論道德系譜學》一書當作標示其本人思想特徵的試金石，甚至暗示他自《人性的，太人性的》（*Menschliches, Allzu-*

3　參雅斯培在1935年於荷蘭Groningen大學的講演「Die geschichtliche Bedeutung Kierkegaards und Nietzsches」，收錄於Karl Jaspers, *Vernunft und Existenz. Fünf Vorlesungen*, (München: Piper, 1960)。

4　參Martin Heidegger, *Nietzsche. Erster Band. Martin Heidegger Gesamtausgabe*, Bd. 6.1., ed. Brigitte Schillbach, (Frankfurt a. M.: Vittorio Klostermann, 1996), p. 3 ff。

5　通行的尼采漢譯多以「系譜學」翻譯「Genealogie」一詞，而對於「genetische Phänomenologie」，華語現象學學界常譯為「發生現象學」。本文從衆將「Genealogie」譯作「系譜學」，「genetische Phänomenologie」則譯作「演生現象學」，以兼顧演變、發生二義。本文譯詞沒有反映兩個德語術語原來在字源上的親密關係。

6　參Friedrich Nietzsche, *Zur Genealogie der Moral,* in: *Kritische Studienausgabe*, Bd. 5, ed. Giorgio Colli & Mazzino Montinari, (Berlin/ New York: De Gruyter, 1999)。（以下徵引此書時，將簡稱為GM。本文援引尼采著作時會按現時一般研究慣例標示節數，並附上*Kritische Studienausgabe*卷數及頁碼，以便對照。例如「GM II: 6/ KSA 5: 300」意指《道德系譜學》第二篇第六節，即*Kritische Studienausgabe*第五卷，頁300。）

7　參GM Vorrede: 4, 7/ KSA 5: 251, 254；GM: 2, 4/ KSA: 260, 262。

menschliches）起的全部著作，皆具有系譜學的特性。[8]故此，我們可以呼應傅柯等現代詮釋者之觀點，將系譜學視作尼采思想的焦點。

至於所謂「演生現象學」，則是胡塞爾中後期發展出現象學研究進路。胡塞爾爲其現象學分析劃分出「靜態現象學」（statische Phänomenologie）與「演生現象學」兩大進路。[9]按照一般的詮釋，「靜態現象學」旨在分析意義本質結構，特別針對單一意義層中能思（Noesis）與所思（Noema）的意向性對應關係以及諸意義層之間邏輯奠基關係，而「演生現象學」則旨在闡明意義以及相關的建構性結構——包括主體自我自身——的創建、生成與演變，牽涉到時間與歷史的維度，其始點在於分析知覺意向性與初階的自我如何源自感覺場域的被動綜合而誕生，而終點則在於闡明理念、歷史性及相應的普遍理性之建構。[10]

---

[8] 參GM Vorrede: 4/ KSA 5: 250-251。事實上，《不合時宜的考察》（*Unzeitgemäße Betrachtungen*）的卷二〈論歷史學對生命的用處與害處〉（"Vom Nutzen und Nachteil der Historie für das Leben"）（KSA 1: 245-334）已帶有系譜學的色彩，而《人性的，太人性的》卷一的第二章〈道德感的歷史〉（"Zur Geschichte der moralischen Empfindungen"）（KSA 2: 57-106）更有不少系譜學式的考察，甚至是對於系譜學的方法學反思。此外，與系譜學思想關係較密切的篇章還有：《歡愉的科學》（*Die fröhliche Wissenschaft*）的「前言」，其卷一第7節、卷四第335、卷五345節（KSA 3: 345-352, 378-80, 560-64, 577-79），以及《善惡的彼岸》（*Jenseits von Gut und Böse*）的第一章〈論哲學家的成見〉（"Von den Vorurteilen der Philosophen"）與第五章〈論道德的自然歷史〉（"Zur Naturgeschichte der Moral"）（KSA 5: 15-39, 105-128。以下徵引此書時，將簡稱為JGB）。

[9] 據Rudolf Bernet的研究，「演生現象學」的發展可追溯至胡塞爾於1917/18研究時間議題的「貝爾瑙手稿」（Bernauer Manuskript）（參Rudolf Bernet, "Die neue Phänomenologie des Zeitbewußtseins in Husserls Bernauer Manuskripten", in: *Die erscheinende Welt. Festschrift für Klaus Held*, ed. Heinrich Hüni und Peter Trawny, (Berlin: Duncker & Humblot, 2002, p.553).）。至於對演生研究進路的明確表述，可參考收錄於《被動綜合分析》的補充文獻〈靜態與演生現象學方法〉：Edmund Husserl, "Statische und genetische Phänomenologie", in: Edmund Husserl, *Analysen zur passiven Synthesis (1918-1926). Husserliana*, Bd. XI, ed. Margot Fleischer, (Den Haag: Martinus Nijhoff, 1966), pp. 336-345。

[10] 關於胡塞爾這兩個進路的區分，可參考Steinbock的簡明導論：Anthony Steinbock, "Husserl's static and genetic phenomenology: Translator's introduction to two essays", in: *Continental Philosophy Review* 31, 1998, pp. 127-134。

　　我們嘗試闡明歷史性演生現象學與系譜學之間的親緣性，標定並勾勒胡塞爾與尼采思想的交錯點。藉此地誌式的描繪，現象學與尼采思路的重疊與分歧處，應會更爲明朗。這種親緣性與交錯點可從幾方面來闡釋：首先，從議題層面上，胡塞爾與尼采皆關注構成現代西方理性之諸種理念（Ideal）之意義建構（Konstitution），或者說，其歷史性之創建（Stiftung）。無論最終採取立場如何對立，胡塞爾與尼采二人皆同樣從「理念化」（Idealisierung）角度來詮釋西方理性傳統基礎，以及理解西方文化發展的主軸。西方理性傳統之爲西方理性傳統，乃在於其指向於某種純粹化、絕對化與超越相對脈絡的眞理、知識、道德等觀念。然而，這類理性理念之出現、確立並擴展爲普遍有效，卻並非一件自明的事實。於是，闡明這些理性理念的含意、揭示其對應之主體心智運作與身體實踐、追溯引發其興起的文化土壤與原始意向、追蹤其於源流變革，等等，由此成了胡塞爾與尼采不約而同的哲學任務。當然，胡塞爾的焦點是放在支撐西方現代科學傳統的理論性理念之上，包括「純粹的眞理」、「絕對的知識」、各種理念化的對象與事態（空間形體、性質、關係、規律等），並以幾何學的確立爲典範，闡釋理念的建構與創建。反之，尼采除了論及知識領域的理念外，還特別關注指引當代實踐生活的種種價值理念，尤其是「基督教道德理念」（christliches Ideal）或所謂「禁欲主義的理念」（asketisches Ideal）。

　　其次，針對理性理念，尼采與胡塞爾的思索皆旨在於闡明其意義，揭示其根源，而不在於單純的哲學奠基。胡塞爾雖然自忖爲笛卡兒的繼承者，然而他分析幾何學理念的建構與創建，卻並未以樹立笛卡兒式的隱固知識體系爲目的，而是要闡明構成任何理論體系無論此體系屬於哪一學科，也不論其是否爲眞的概念元素之建構。而如眾所周知，尼采也同樣未將道德理念的眞僞問題放於首位，並專注於理念的構成與其內容的闡

釋。[11]若以現象學術語統稱之，則胡塞爾與尼采皆在闡釋理念內容及其建構，而二者之分歧似乎只是互補性：他們一者專注於理論和科學知識領域，一者則專注於實踐領域。

最後，在理念建構之共同議題下，尼采與胡塞爾皆同樣於哲學旨趣以外，抱有某種批判性的文化關懷。他們二人皆認為西方文明在當代面臨重大危機，而哲學轉向歷史性反思——轉向演生現象學及系譜學——，與理解及克服此危機有莫大關係。[12]在具體思路上，這種具文化批判性的哲學反思包含幾個基本環節，可初步突顯二人思想取向的分歧之處。假如我們借用一些醫療學上的區分，將他們的論述策略拆解為「病症診斷」、「病理闡釋」與「處方治療」三個環節的話，那麼：

(1)在尼采的診斷下，現代性的疾病為虛無主義（Nihilismus）。若就其一般的文化含意來理解，所謂「虛無主義」便是指當代生活中價值判斷整體瓦解，即「最高價值失去價值」或相對地說是信奉「絕對無價值性」（absolute Wertlosigkeit）、「絕對無意義性」（absolute Sinnlosigkeit）的信念之當道。[13]與之呼應，胡塞爾在理論理性領域也作出類似，但相對節制的診斷。據之，現代性的毛病在於科學自身的「失去生命意義的危機」（Verlust der Lebensbedeutsamkeit）。[14]科學本為西方理性的核心表現，然而現代科學盲目崇尚客觀主義（Objektivismus），甚至因為效用的

11　《道德系譜學》的第三卷〈什麼是禁欲理念？〉即以闡釋「asketische Ideale」的含義為標題。

12　胡塞爾晚期的歷史性演生現象學研究的代表作即為《歐洲科學的危機與超越論的現象學》。參 Edmund Husserl, *Die Krisis der europäischen Wissenschaften und die transzendentale Phänomenologie. Husserliana, Bd. VI*, ed. Walter Biemel, (Den Haag: Martinus Nijhoff, 1976), 2. Ausgabe.；尼采則於《瞧這個人！》內將其分水嶺著作《人性的，太人性的》表示為危機的紀念碑（Denkmal einer Krisis）。參Friedrich Nietzsche, *Ecce homo* 論《人性的，太人性的》中的第1節。

13　參KSA 12: 350, 313。.

14　Edmund Husserl, *Die Krisis der europäischen Wissenschaften und die transzendentale Phänomenologie*, § 2, pp. 3 ff.

迷思，以至放棄科學實質的眞理追求，而沉溺於無根的、遠離直觀的符號操作（anschauungsferne Symbolik），以及純粹只是實用技術的掌握。

(2)當代西方文明爲何會陷入這種意義淪喪甚至虛無主義的危機呢？關於這點，尼采與胡塞爾所提出的病理闡釋在型態上相當類似：現代文明危機之所以產生，原因是在於西方理性長期以來對於感性的、具體生命領域之悖離。在胡塞爾，現代西方文明的危機表徵於現代科學的危機，而後者則源自對於客觀主義的盲目追求。但客觀主義的迷思正在於將科學對象爲自爾而有的實在，而忽視科學活動及其對象之有效性皆已預設某個先行給予的、前理論的感性經驗領域，胡塞爾稱之爲直觀生活世界（Lebenswelt）。生活世界是與主體相對之世界，對此生活世界之遺忘，由此使得當代科學掛空其對主體生命應有之意義，淪爲單純的理論構作。同樣地，在尼采，虛無主義之病理亦是涉及感性生命價值之扭曲。虛無主義是因爲現代世界的形而上價值基礎之破滅而引發，而後者之所以發生，乃因我們爲將價值的根源投射於某個虛擬的、超越的而抽離於具體感性生命的理念之上。價值之樹立，本應有利於具體感性生命的壯大與福祉，然而虛構的、超越的價值理念卻反過來要求我們漠視感性生命的需求與欲望。所謂禁欲主義，即是在具體實踐功夫的層面，表徵著西方實踐理性對於感性生命自身之漠視或壓抑。而一旦我們對於虛構理念（柏拉圖的理相或基督教的上帝）的信仰瓦解，我們長期以來奉行的扭曲生命的價值體系與實踐模式便會迅即崩壞。

(3)既然當代文化危機源自我們對其感性基礎之遺忘與悖離，則相應的處方治療之道自然便於重建感性具體生命之價值。胡塞爾對於生活世界的「回逆思索」（Nachdenken），以及尼采爲匡正虛無主義而提出的「重新評價」（Umwertung），皆可視爲平行的治療手段，以求扭轉傳統偏失，恢復感性應有地位。

　　總括而言，關注於理性理念的意義建構與歷史性創建，回溯理念根源的感性具體生命，恢復後者應有之地位與價值，重構理念生成與建立有效性的歷程，並藉以挽救當代的文化危機——此為尼采的系譜學與胡塞爾的演生現象學多少重疊共享的思想課題。以此共同課題為始點，系譜學與演生現象便須面臨與解決同類的理論問題：理性的理念如何建構，基於什麼樣的機制，它可以在前理論的感性生命之基礎上，興起與演生呢？又是基於什麼樣的機制，至使其發展迄今，竟引發嚴峻的文化危機？針對尼采與胡塞爾如何解答這組問題之詳細闡釋，將讓我們清晰掌握二人思路切近與分歧之處。為便於論述，以下先闡釋胡塞爾的相關論述，再以其為參照框架，疏釋尼采的系譜學的相應特點。

貳

　　如前所述，胡塞爾對於理念的歷史性演生現象學分析，是以幾何學理念的建構為典範。胡塞爾關於這組問題的論述，主要集中於其晚期著作《歐洲科學的危機與超越現象學》（*Krisis der europäischen Wissen-schaften und die transzendentale Phänomenologie*）所編收的第三號附錄中，即於1936年寫成，並曾由芬克（Eugen Fink）在1939年整理發表、一般被簡稱為〈幾何學的本源〉（*Ursprung der Geometrie*）的手稿。[15]以下以此著名的附錄為基礎，首先扼要勾勒出胡塞爾的理論要點。

　　在〈幾何學的本源〉這篇晚期手稿中，胡塞爾的表面課題是幾何學對象（例如：絕對的圓形、平面、乃至畢達哥拉斯定理等）作為理念性對

---

[15]　Edmund Husserl, *Die Krisis der europäischen Wissenschaften und die transzendentale Phänomenologie*, Beilage III.（以下徵引此文時將簡稱之為UG。）

象或理念性客體（idealer Gegenstand, ideale Objektivität）的範例之歷史建
構問題。然而，依據胡塞爾本人的提示，他的分析可以擴延到各種不同類
型的理念客體之建構問題上。不但科學與科學的歷史涉及理念性的對象，
各層次的共同人性、各種文化傳統「從最低的需求文化到最高的文化（科
學、國家、教會、經濟組織等）」[16]之所以可能，皆以理念性客體之創制
與傳承爲條件。換言之，在胡塞爾的設想下，他的分析也籠罩了尼采所論
說道德理念的傳承乃至道德歷史與系譜的可能性。

德希達（Derrida）在疏釋胡塞爾的理論時，曾針對一般演生研究與
歷史性研究這兩個進路的現象學理論焦點，作了一個明確的概念區分：在
歷史性的現象學中，我們所關注的不再是通過追溯邏輯意義如何從多重的
基層經驗逐步建立，以說明理念性客體之有效性。理論焦點反而是放在，
所謂本源意義之創建，並揭示其如何通過歷史性的重覆，沉積和傳承而
得以完成。[17]於是，談論幾何學理念之歷史建構，便意謂考察兩個基本論
題：一爲幾何學理念的本源（Ursprung），也就說，探討其如何在歷史上
首次被創制；另一爲幾何學理念的傳統（Tradition），此則涉及到幾何學
理念和眞理之持續和傳承。[18]

幾何學理念之形成是以生活世界的傳統實踐爲基礎的，在此基礎上，
原始幾何學家透過某種理論實踐而創設幾何學理念及其研究之傳統。此理
論實踐統稱爲「理念化」（Idealisierung）。狹義的理念化涉及理念如何
被構思形成，它的主要運作是對於前幾何學的生活世界之技術實踐之理想

---

[16]　UG: 379.

[17]　參Jacques Derrida, *Edmund Husserl's Origin of Geometry: An Introduction*, tr. John P. Leavey, Jr., (Lincoln: University of Nebraska Press, 1989), pp. 28-31。

[18]　關於「本源」與「傳統」之平行對舉，參Jacques Derrida, *Edmund Husserl's Origin of Geometry: An Introduction*, pp. 52-53。

化。在幾何學誕生以前，生活世界中對於許多空間型態，當然已有一定的認識與技術性的掌握。對於種種類別的圖形、形體，我們可以藉由自然的知覺分辨之、認識之，並可藉由各種工藝技術創造之。我們可以看見方、圓，按形狀辨識出不同種類的樹葉，感受到路面的平與不平，也可藉由手工技術，製造出型體不同的器皿等等。然而，在這個層次，我們所掌握的圖形與型體都是相對而模糊，例如，若涉及「圓形」，我們只是辨識出及作出或多或少合格的圓形；若涉及「平面」與「直線」，也是相對特定用處，而涉及或多或少合格的「平面」與「直線」。但因爲生活世界之實用需要，我們對於某些空間性質、關係與形狀抱有較一般更強烈的興趣，例如：因爲建築所需而關注於垂直與水平、因爲運輸之便利而關注於平面與圓形等。我們因而針對這些對象，持續改進相關的辨識與創造的技術，致使我們對之有愈來愈精良的掌握。垂直的棟樑可以樹立得更爲垂直、平滑的斜臺可以打磨得更爲平滑、圓的輪子可以斷雕得更加混圓。雖然現實上我們只能步步改良，而且有著各種技術與實際上的侷限，但在理想上，上述的技術精進似乎是可以永無止境的，並且在思想上，我們甚至可以一舉先行跨過這個永無止境的精進過程，而馬上掌握它所指向的極限目標。也就是說，即使在現實實踐上不能達致完美，我們也可在思想上針對各種相關空間性質、關係、形狀與形體，構想其完美型態，例如：絕對圓形、絕對平面、絕對直線等。此理想化可被視爲狹義的或初階的理念化，藉之，幾何學研究對象得以初步確立。

上述的初階理念化讓幾何學理念得以誕生，但此時理念化只是指某個特定的創始幾何學家的個人心智運作，而其成就也只是侷限爲存在於此創始幾何學家個人心靈內部的理智構成物。這個理智構成物（例如：絕對圓）如何擺脫對個人心靈依附，乃至擺脫對整個實然感性存在領域的限制，並成爲完全客觀化的純粹理念性存在，則需依賴進一步的進階理念

化。在胡塞爾的闡釋下，這個進階的理念化不單涉及創始幾何學家個人進一步的心智運作，例如：回憶、表述等，還涉及所屬科學社群的集體語言與文化實踐，包括口語溝通交流、書寫紀錄，以及為著保證理念之同一性的語言純粹化的實踐。

關於這個理念化，亦即幾何學理念客體之歷史建構，胡塞爾具體拆解為四個階段：[19]

(1)首先，基於前幾何學的實踐脈絡所引導（即上述論及事物形狀的分類傳統，關乎事物形狀的製作改進的科技、測量學的傳統等等），創始幾何學家突然在靈光爆破下首次制作出幾何學的理念性對象，例如：絕對的點、線、面，各種絕對的圖形等。這個首次創制（erste Erzeugung）在一種原初明見性（Evidenz）中發生，而就明見性，即對事物自身親在有所把握的意識來說，首次創制所產生出的理念便已擁有某種「客觀」份位。它不是構成意識並內含於後者當中的某種實項（reell），而是意識所面對的客觀對象。然而，在這個階段，理念對象的客體性尚是有限的，它只是相對於某個意識當下而論的客體性，一旦這個「當下」意識成為過去（例如：當創始幾何學家停止其幾何學思索），則初步創制出的理念對象也會隨著「當下」的消失而滑入「過去」，汨沒於意識的流湧之中。

(2)幾何學對象如何能夠進一步獲得超越當下意識的「客體性」呢？胡塞爾所訴諸的是意識之時間性結構。據之，滑入過去的當下並不是與全新湧現的當下完全斷絕關係的，意識曾經經歷的，並不會消失得無影無蹤，而是以不斷更變模態——隨著嶄新「當下」之湧現而變得愈加遙遠的「曾經」——的方式中，保留於後續湧現的當下之中，胡塞爾稱之為意識的「滯留」（Retention）作用。如胡塞爾所言，每個當下的意識都跟著一

---

[19] 參UG: 370 ff.。

條由重重的滯留意識所組成的「彗星尾巴」，這條滯留的尾巴所構成的就是當下意識的過去界域。正是由於當下皆帶著累積迄今的過去界域，故此主體在原則上總能通過回憶，喚醒任何一個埋藏在過去界域中的「曾經經歷」，並在這個當下重活這個經歷。針對幾何學理念的創制來說，情況是同樣的。理念的首次創制雖然會消失，但原則上幾何學家可在後續的任何一個當下中，對之重新回憶。此回憶涉及再一次的幾何學創制，也即再次重新思考幾何學理念的歷程，並在這種重新創制中，明見現時創制與先前創制的完全同一性。

因此，當主體進行幾何學創制時，他便連帶奠立或設定了某種心智能力（Vermöglichkeit），原則上可以在同一性的明見意識下，隨意一再重新思考他原初創制的幾何學對象。對應於這種「總可一而再」（immer wieder）的意識，幾何學對象便獲得了一種進階的「客體地位」：它不再只是創始幾何學家在某個當下的對象而已，而是跨越其不同的當下意識、可一再向之顯現爲完全同一的精神創制物。

(3)然而，這種橫越不同當下的客體性依然沒有超出創始幾何學家的個人主體性；它依然只是上述那種個人心智能力的關聯項。通過什麼途徑，幾何學的創制物才能躍出成爲超乎個別的主體性的客體呢？胡塞爾的答案是通過語言。首先，創始幾何學家有其共同的語言社群，他自然可以與他人說話交流，並由此讓他創制的幾何學理念爲他人所理解。而且，這種理解不必只是被動的訊息接收。他人可以用「主動的」（aktiv）方式理解交流的內容，也就是說，他人可以仿照上述提及的幾何學家個人回憶那樣，在思考中親自重制談及的幾何學對象，並在說話交流的印證中，明見到他們的重新創制與首位幾何學家的原初創制是完全同一的。通過語言主體間的說話交流，幾何學創制物於是獲取了第一層次的主體間際（intersubjektiv）的客體性。但直到這裡，幾何學創制的理念客體性的建構依

舊尚未完成。它現在雖然踰越個別幾何學家的意識，成爲流通在多個主體的思想間的客觀存在，然而其客體性只是相對於整個現實的說話社群的。一旦主體間的說話交流事實上完全中斷，甚至整個說話的幾何學家社群事實上不再存在，幾何學創造物便會隨即消失。

(4)胡塞爾指出，幾何學對象的理念客體性要達致完全的建構，並創建其歷史性，便必須訴諸第二層次的語言化。除說話表述外，它必須爲文字所刻記。文字記載使得思想溝通脫離實然存在的人的限制，而以一種「虛擬的方式」（virtuell）出現，即使說話者或作者並不在場，甚至業已離世，理念原則上也可以被傳達和理解。思想的交流之所以能夠在一個超人格層次出現，乃因爲文字能夠記載意義，讓意義脫離意識後沉積（sedimentieren）於一些實質存在的記號當中，胡塞爾將此過程比喻爲一種意義的肉身化（Verleiblichung）。[20]藉由語言肉身的獲得，理念便能脫離思想者的意識而可自足地存在，宛如具備有獨立的生命一般。

當然，這種獨立性並不是神祕擬人化的投射，而是在於文字記號的物質性和主動表達意義的能力。一方面，文字遠比語音的驟生驟滅來得恆定穩固，它的刻記讓理念成爲準物質性的存在。但另一方面，物質性的刻記卻隨時可以以其字面意義觸動讀者，爲讀者被動地接收。在這裡，閱讀的情況是與上述的個人記憶和主體間的說話交流相若，對於文字的被動理解可以被閱讀者轉化爲一種主動的理解，他可以親身再次履行幾何學對象之創制，並在明見性中意識到這當下創制物與文字所指涉者是完全同一的。若順著胡塞爾將語言或文字視爲意義的「語言肉身」（Sprachleib），那麼，重活（Reaktivierung）作爲主動、積極的閱讀，實際上便是對物化的語言身體之活化（Beleben）過程；隨著讀者一行接一行的閱讀審視，原

---

[20]　UG: 369.

來死氣沉沉的文字形體便相繼被喚醒，成為足以承載某個理念意義的肉身表述。

　　簡而言之，胡塞爾將幾何學理念回溯於理念化的實踐，而理念化則是感性具體的生活世界原有的技術實踐之無限化延伸。原始幾何學家首先在個人心靈中掌握此無限化的理論可能性，由此形成初階理念，進而透過多重的心智與語言溝通的運作，步步提升此初階理念的絕對客觀性，最後透過書寫刻記，建立流通可能的交互主體之間的有效性，藉以完全客觀化，並完成其理念存在之地位。

參

　　胡塞爾的理論模型可以映照出尼采系譜學的哪些特點呢？我們先前已標示出胡塞爾與尼采思路之間的一些交錯點，按照一般印象，我們或許會將系譜學與演生現象學的關係弱化為單純互相補足的關係。換句話說，胡塞爾與尼采雖然皆論及理念的建構與歷史性創建，但他們一者是專注理論知識的領域，一者則是專注於道德實踐的領域，故此是在進行平行而互不相干的研究。然而下列幾點的考量卻顯示出更為複雜的圖像：

　　如前所述，對於胡塞爾來說，理論知識是人的理性實踐的頂峰，而理念的建構與傳承則是一切理性傳統的預設，故胡塞爾分析雖以幾何學為典範，但其有效力卻普及其他型態的理性實踐，包括道德與政治實踐。

　　反過來說，尼采的系譜學也不僅關注於道德價值的生成演變而已。無論是早期的〈論道德含意以外的真理與謊言〉（Über Wahrheit und Lüge im außermoralischen Sinne）（1873）、中期的《愉悅的科學》（*Die fröhliche Wissenschaft*）（1882），還是晚期的《善惡的彼岸》（*Jenseits*

von Gut und Böse）（1886），尼采皆致力於探究理論知識以及科學的起
源問題，而純粹真理的理念及以之爲目標的意志如何興起，何以當作絕對
價值，更是貫徹尼采前後期思路的核心論題。

更且，即使侷限於《道德系譜學》，科學理念與真理意志的起源也是
占有相當份量的議題。在書中第三篇探討禁欲理念的意義的一章裡，尼采
便試圖將哲學家和科學家的無條件的求真意志，視作禁欲主義的一種當代
變型，它依然是一種對於形上價值的信仰，只是將「真理自身」取代了原
來基督教中的上帝而已。[21]

由此，我們理應可以更爲直接將尼采系譜學與胡塞爾的演生現象學
作平行對照。在此對比下，尼采與胡塞爾的差異並不在於領域的互補，而
是在於理性理念至於其誕生的具體感性生命土壤之關係。總括而言，尼采
比胡塞爾更強調理性與生命的截然對立與斷裂。胡塞爾視理念建構爲既存
於生活世界的知識與實踐意向之提煉及無限延伸，反之，尼采則視之爲自
然生命與感性世界之扭曲及壓抑。在早期遺稿〈論道德含意以外的真理與
謊言〉中，尼采即對於概念世界及真理意志之演生，提出了別異於胡塞爾
現象學而可與之競爭的描述。尼采認爲，現代文明以理性知識自傲，但人
的理智本以維持其自然生命爲目的。人類體格既非壯碩，又無尖牙利爪，
他之於大自然中存活，甚至能與其他動物競爭，皆需依賴他天賦的聰明智
巧。然而，人的自然生命對理智機能之利用，主要在於說謊、蒙騙、僞
裝、誤導、隱藏等等技巧，與純粹真理與知識之追求本無直接關係。

追求真理的欲求（Trieb zur Wahrheit）如何在此自然生命的基礎上興
起？尼采以爲首要在於語言的制定。人的群居與和平共存是以共同語言爲
條件，它要求我們「發明一套一般有效且有約束力的事物指稱，而此語言

---

[21] 參GM III: 24/ KSA 5: 401。

立法亦給出了首項眞理法則：因爲這裡首次出現眞理與謊言的對比」。[22]
由此，眞僞之分首先是在於正確還是扭曲語言使用的分別。眞實、眞理的
首要意義在於眞誠，而其反面則爲虛假、說謊；所謂說謊者，即是以語言
技巧顚倒黑白，讓不實的東西顯得實在的人。在這個階段，人們也會對
眞理與虛假有價値上下褒貶，然而對於虛假，人們所厭惡的並不是錯誤或
謊言本身，而是因受騙而蒙受的損失和災害；同樣，對於眞理，人們所喜
愛及認定有價値者也不是眞理自身，而是它所帶來有利於生命維護的價
値。對於所謂純粹知識，此階段的人是漠不關心的，假若眞理竟會帶來傷
害與毀滅的話（如在伊底帕斯悲劇的情況），他甚至會有對之產生敵意。

此時，忠誠、說眞話之價値可說皆是相對的，在這個基礎上，純粹眞
理何以會被推崇？指向純粹眞理的意志爲何會出現？尼采的答案是由於人
的「健忘」。這種建構眞理意志與理念的遺忘從兩方面來說：一方面，人
們因爲習以爲常而忘記了語言與眞理原來利用厚生的目的。他們將眞誠使
用語言及眞理要求內化爲一種自明的要求，甚至成爲一種道德的義務。

緣於感到有義務將一件事物稱作「紅」，另一件事物稱作「冷」，第
二件事物稱作「無聲」，便喚醒了某種關聯於眞理的道德衝動。[23]

另一方面，人們同時也遺忘了語言與現實的距離，以爲我們的語言就
是世界如實的反應，於是正確命名事物、正確使用語言便似乎與正確認識
事物重疊起來。

正面來說，尼采提出了一套可稱爲「比喩主義語言觀」的理論。據

之，語言是以神經刺激（nerve stimulus）爲始點的兩重比喻結構：首先，神經刺激被形構爲心靈影像，這是第一層的比喻，而聲音進一步模仿這些影像，這是第二層比喻。至於超乎語言以及神經刺激外的實在，則尼采認爲只能設定其爲某個神祕的X。這個實在超出我們可說可知的範圍，假如我們僭越以爲可認識這個X，則尼采說我們的表現就像聾人以爲憑借觀看聲紋圖，便能認識何謂聲音一樣。因爲語言之於實在只是比喻，於是原初語言總是直觀和創造性的、涉及詩意般的剪裁選取，但人有著將原初的比喻發展成用以表達眞理的概念語言的能力。「一切使得人別異於動物者，皆在於他有能力，將直觀的比喻揮發爲圖式（Schema），亦即將影像消解於概念之中」，這種概念化使得原來在知覺比喻中參差不齊的內容齊同爲一，並將原來流動變化者固定下來。藉此齊一與固化，人便能夠將其面對的世界整頓爲一個理性秩序──創造出一個「依據類別與程度的金字塔秩序〔……〕一個法則、優先權利、從屬關係、涇渭分明的新世界」[24]。尼采認爲，這種理性秩序是建立在我們對原始的比喻關係之遺忘之上的，但亦正是這遺忘，才能將原始湧動不息、紛亂駁雜的幻想、比喻及影像整合爲一個具穩定性和安全感，可讓人棲居安息的世界。

我們可以說，正於胡塞爾積極闡釋分析理念化的意向性之處，早期尼采以「遺忘」斬斷前概念的感性世界與理念領域連繫。所謂眞理，只是我們遺忘其爲假象的假象，它是一些因爲反覆使用而磨損了的比喻：

什麼是眞理？一群流動眾多的比喻、轉喻、擬人化；簡而言之，一堆人類關係之總和，這些關係經過詩化與修辭之增強，被轉嫁並被美化，而經歷漫長的使用過程後，它對某個民族便顯得宛如固定、標準化和具有約

---

[24] KSA 1: 881.

束力：眞理就是假象，人們卻忘記了它們是假象；它們是比喻，只是業已使用耗損而變得在感性上無力；它們是失去圖飾的錢幣，於是不再被當作錢幣，而只被當作一片金屬看待。[25]

　　我們可以看到，這組在早期遺稿的論述雖然未使用系譜學的名相，但實質上已觸及了理念在感性生命土壤上之興起，概念之建構與傳承之問題。然而，這組早期論述理論上砂石仍多，有待尼采後來思想發展之修正與補正。例如，尼采成就時期的「視角主義」理論便明顯揚棄了設定實在爲某種不可知的X，而系譜學雖然延續理性與生命對立與斷裂，但卻不再單純訴諸「遺忘」來說明理念的建構與理性實踐歷史之創建，而是深入剖析驅動理念產生之生命動機與意向。只是在尼采對道德的系譜學敘述下，理性理念之興起從一開始便不只是自然生活的實踐意向性之無限延伸，而是不同的生命型態之彼此角力纏鬥下的產物。貫串這纏鬥而讓理念得以建構者並非以解蔽的、眞實的理想爲目標之意向性，而是某種在隱蔽中綿長彌漫的怨恨以及在幽暗裡堅持著的復仇意念。這使得道德理念的演生變成充滿曲折的歷程。我們以下轉向尼采於《道德系譜學》，並透過對於先前闡釋的胡塞爾現象學理論模型，勾勒尼采論點的特色。

肆

　　尼采針對道德理念的興起與傳承的系譜學涉及多個階段之論述。在最初階段，尼采主要是就所謂「高貴」（vornehm）者或貴族的生命之成

---

[25]　KSA 1: 880-881.

長立論。在此時期，道德首先是興起於克服實際困難之所需，繼而漸漸變成社會特定階級之優點，最後透過懲罰與暴力擴展爲普遍的層階秩序。在第一個時期，因爲「與本質地相同而不利的諸種條件長期鬥爭，某類別（Art）產生，某類型（Typus）固定下來並變得強大」。[26]尼采使用「品種培育」（Züchtung）來指稱這類所謂「類別」與「類型」的產生、固定與強化。「品種培育」這概念後因納粹的挪用以至惡名昭彰，然而在尼采的原初闡釋下，它首先是帶有社會文化含意的概念，涉及社群之締結、傳承，以及種種與此相關的社會建制之發展，如習俗、刑法、教育等等，而不能等同於種族主義的生物學乃至狹義國族優生學。[27]在這個時期，有利於社群類別克服其不利條件之長項與優點，即自然被該社群類別所推崇，成爲所謂美德，例如：體格健碩，勇敢等。然而，隨著社群之壯大，內憂外患漸漸解除，這些美德便漸漸脫離其直接的功能脈絡，變得純粹是貴族階層彰顯自己優異、勝過其他階層的方式。[28]美德變成是某種社會優越性的特徵，而其基礎也由簡單的實利考量，轉化成貴族內在的心理態度，它起於貴族針對非貴族的某種「距離的激情」（das Pathos der Vornehmheit und Distanz）。[29]但在這個第二階段，所謂距離的激情不過是主觀的感受——尼采所謂的單方面的「自我頌揚」（Selbstverherrlichung）。[30]高貴者自主自發地肯定相關的價值，而尼采顯然推崇這種價值上的自我肯定的生命，視之爲所謂貴族道德有別於並優於奴隸道德之處。但就其爲心理態

---

[26] JGB: 262/ KSA 5: 214.

[27] Gerd Schank替尼采的「品種培育」如何有別於納粹的優生概念，作出強力的辯解。據之，「品種培育」這個文化概念，正指歐洲人如何擺脫國族的框架，發展出超國族的歐洲認同。詳參Gerd Schank, *"Rasse" und "Züchtung" bei Nietzsche*, (Berlin: De Gruyter, 2000), pp. 335-357。

[28] 參JGB: 260, 287/ KSA 5: 208-212, 232-233。

[29] GM I: 2/ KSA 5: 259.

[30] JGB: 260/ KSA 5: 209.

度而言，這種自主肯定最初卻也只是主觀地承認。於是，在道德理念演生的第三個階段，這些價值需透過權力（Macht）的實質運用而擴展成普遍的即某程度共認的道德秩序。

對於胡塞爾來說，一旦理念建立了絕對客體性，則演生現象學的積極論述便可說終止。後繼的故事都不過原初理念及相應的科學理性實踐之墮落過程，亦即關於近代思想如何因為離開根源的科學主義與盲目的客觀主義，致使科學理性實踐遺忘其原初意向與生活世界的源頭，淪為形式主義、技術主義或歷史的相對主義的故事。與之相較，尼采的道德系譜學則並未滿足於闡明貴族道德價值的初步客觀化。有趣的是，外在的困境和挑戰、單純主觀的自我肯定以及暴力的施行皆不足確立貴族道德價值的完全普遍有效性：如同胡塞爾指出幾何學理念在創建後需要進一步純化，在尼采的論述下，近代道德價值之確立也有待某種後續精神化。然而，尼采的系譜學敘述獨特之處在於，這個後續的建構並不是原初創建的貴族價值之延續，而是起源於相反的、受其殘暴壓迫的一方。套用傳統現象學的術語去描述，則近代道德價值的樹立所依賴的，是價值建構性的動機和意向結構，乃至位於根源的存活型態（mode of existence）之更替以及翻轉。

在所謂後現代的尼采詮釋中，系譜學往往與斷裂性的歷史觀掛鉤，如傅柯在〈尼采、系譜學、歷史〉中所言，系譜學所揭示的效應歷史或歷史意義是對應某種注視的銳利性，此注視「分辨、分離及分散，即能釋放出偏離與邊緣因素它是那類分開連繫的觀點，此觀點能分解自身，能動搖人的存在的統一性……」。[31]但是，在《道德系譜學》所勾勒者，亦非完全互不相干、僅僅偶然接續的思想轉變而已。按尼采敘述，貴族道德至奴隸

31　Michel Foucault, "Nietzsche, Genealogy, History," in: *The Foucault Reader*, ed. Paul Rabinow, (New York: Pantheon Books, 1984), p.87.

道德之發展具有內在的、類似辯證法的邏輯。前者的確立是純粹的自發、自主的肯定性，而後者則是以前者為前提，其積極規定僅僅是通過否定前者而產生。當貴族出於自身的肯定而推崇生命的充沛、精神之開放與直接表露、意志的強盛，奴隸的道德則是出於對其壓迫者即貴族之道德的否定。推動這種否定者是奴隸至於貴族的怨恨。

　　沉浸於怨恨當中，奴隸雖然無法實質上抵抗貴族的暴力，但卻能運用其想像力，將貴族引以自豪的種種優點，構想為不可取的道德缺點。他們面對同樣的事實，但卻「染上另一種色彩、以另外方式詮釋、以另外方式被察看」。[32]奴隸在實質上無法行動，卻創造出「想像的復仇」。重要的是，這個「想像的復仇」是在兩個意義上虛擬的：首先，它不是真實的復仇，而只是想像；其次，它也不是認同貴族的道德價值，假想自己變得如對方那樣生命充沛，而是構想出某種虛擬想像的、擺脫與生命現實之利害相連的價值觀，並以此否定貴族的存在方式，將自己悲慘命運變成德性磨練。平行於原初幾何學家在心智創造中掌握幾何學理念，一些所謂「祭師」（Priest）創造出相關的概念機制，以支持某種「祭師式的價值判斷」，並顯示貴族的性格優點理應被指責。用尼采自己的話來說：「奴隸的道德革命始於當怨恨自身變得有創造性，並產生出價值」。[33]

　　然而，就如幾何學理念必須越出原創者的意識生命，並在交互主體共享中完成理念存在，受壓迫者的道德價值最終也指向一種跨社群的有效性。用尼采的術語來說，這才是奴隸復仇之完成：「他們真正達致其復仇的最終、最細微、最崇高的勝利〔……〕當他們成功將其自身的悲慘、將

---

[32]　GM I: 11/ KSA 5: 274.

[33]　GM I: 10/ KSA 5: 270.

所有的悲慘置放於幸運者的良知當中。」[34]道德理念之完成，乃在於當它們能夠離開創建它們的生命形式（奴隸的自然生命），並在不同的社群中發揮規範效力。貴族的道德理念之所以不能確立，因為貴族之存在模態是非反思、天真，甚至可說是愚笨的；他們甚至「不能充分為其行動提供理據」。[35]他們與他人的社群關係只有表露無遺的力量的強大。反之，祭師卻是反思性的，並且能以其怨恨意向性，將所創造的理念貫徹至未來及其他同代的社群。援引尼采的說法，貴族的道德權威為祭師所取代，乃意味以「狡猾」、「智巧」取代「暴力」。

但是，奴隸道德之革命成功卻並非尼采系譜學敘述的最後結局。尼采認為，怨恨在這個階段，發生了近代人的「病態靈魂歷史的最重要事件」[36]，即「自責良知」（schlechtes Gewissen）的發明。這裡可以說尼采鋪陳他對於近代道德價值之批判。奴隸道德是否定性，它的力量是透過怨恨與復仇為推動力而確立的，而一旦其革命貫徹成功，讓貴族也接受其道德價值理念，則其道德實踐便頓時失去明確可針對的焦點。當貴族接納了奴隸的道德理念後，施諸於奴隸身上的壓迫與暴力自然會放緩，然而弔詭的是，依奴隸道德價值觀，這並不會讓原來受壓迫者的生命變得更好。「邪惡」的缺乏使得否定性「美善」也無法確立。由是，尼采認為，當復仇的利牙無處可施時，它們便反身自噬。自責良知原來是貴族內化弱者否定性道德理念之效應，現成為弱者回頭審視自己的不幸時，伴隨產生的惡果：「『我受苦：那麼必有某人有罪。』每頭患病的羊都如此想。但他的牧者，那位禁欲的祭師，卻對他說：『我的羊啊，理當如此！必有某

---

34 GM III: 14/ KSA 5: 370.

35 JGB, 191/ KSA 5: 112.

36 GM III: 20/ KSA 5: 389.

人有罪：但你自己就是那位某人，單是你自己對此有罪責，只有你自己是對你有罪責！』……何其膽大妄為，何其錯誤：但至少藉此便達致了一點〔……〕怨恨的方向因而轉變了。」[37]

　　尼采指出，自責良知是一個有強大創造力的道德心理。它最終會形塑當代道德生活中主導的理念：禁欲主義。在當代，任何有意義的道德現象通通都是奠基在某類反身的控管、抑制和禁止之上，而施行的對象不但包括自己的自然生命、欲望、情感，也包括語言，甚至自己的思想。

伍

　　在他們對於理念的衍生敘述中，尼采與胡塞爾皆著力揭示讓理念失去效力的文化危機，並將此危機的內在成因歸咎於理性對於感性生命之悖離，以及對於生活世界土壤的遺忘之上。然而正是在這點上，兩人思想之分歧點變得顯著。對於胡塞爾來說，理念的形成是對於生活世界中既有的理性動機與意向性之提煉，使之向無限性延伸。此建立理性主義傳統的理念化本身是人性光輝而有價值的表現。今天西方理性主義文化陷入危機，雖然形勢危峻，但卻不過是偶然而有待克服的困境。克服的方式在於重新啟動理念化，並在現象學反思的帶領下，意識到人的具體生命為理念化之土壤，而理念化乃至理性則反過來對具體生命有提升的功能。於是，在對治當代科學乃至文化危機上，回歸生活世界的口號便顯得只是個始點；它只提供引線，以重振西方固有理性主義傳統。在尼采，應對現代性危機的策略反之在於紮根於生命之上，透過創造出新的價值理念，以取代如今已

---

[37] GM III:15/ KAS 5: 375.

日薄西山的傳統價值觀。我們必須先重新回到生命，聆聽其訴求，審視利
害關要，再創造出有力量的道德理念。

我們要採取尼采還是胡塞爾的策略，多少取決於我們如何看待西方迄
今理性主義的傳統與感性生活世界之關係。傳統的理性理念是否完全爲外
部強加於自然的東西，只是以規律性窒息原來流動變化的生命，掩埋其活
生生脈動的「羅馬骨灰龕」（römisches Kolumbarium）？[38]還是理性其實
早已萌芽於生活世界中，致使在二元對立確立以前，肉身生命與存活總已
由著自身的運動分泌結構與意義之雛型？致使我們可以仿效梅洛龐蒂，在
這裡堅持某種原初的含混性，而拒絕爲自然生命的終點和理性理念的始點
劃下明確的分界線？顯然，要進一步檢討胡塞爾與尼采的立場，我們還得
再深入探究與對比二人對傳統理性及形而上學之批判，但這將踰越本文的
範圍而須交託於後續的思索研究。

參考文獻

一、尼采著作

本文引用尼采著作時，所使用的是Giorgio Colli與Mazzino Montinari編的Kri-
tische Studienausgabe版本，一般簡稱KSA版。出版資料與本文援引原典所屬卷數列
明如下：

Friedrich Nietzsche, *Sämtliche Werke. Kritische Studienausgabe in 15 Bänden*, ed. Gior-
gio Colli & Mazzino Montinari, (Berlin/ New York: De Gruyter, Neuausgabe, 1999).

Friedrich Nietzsche, "Vom Nutzen und Nachteil der Historie für das Leben", *Unzeit-
gemäße Betrachtungen II*. KSA 1: 243-334.

Friedrich Nietzsche, "Ueber Wahrheit und Lüge im aussermoralischen Sinne", *Unzeit-

---

[38]　KSA 1: 882.

gemäße Betrachtungen II. KSA 1: 873-890.

Friedrich Nietzsche, "Zur Geschichte der moralischen Empfindungen", *Menschliches, Allzumenschliches I.* KSA 2: 57-106.

Friedrich Nietzsche, *Die fröhliche Wissenschaft*, KSA 3: 369-664.

Friedrich Nietzsche, *Jenseits von Gut und Böse*, KSA 5: 9-244.

Friedrich Nietzsche, *Zur Genealogie der Moral*, KSA 5: 245-412.

Friedrich Nietzsche, *Ecce homo*, KSA 6: 255-274.

Friedrich Nietzsche, *Nachlaß 1885-1887*, KSA 12.

二、其他著作

Bernet, Rudolf. "Die neue Phänomenologie des Zeitbewußtseins in Husserls Bernauer Manuskripten.", in: *Die erscheinende Welt. Festschrift für Klaus Held*, ed. Heinrich Hüni & Peter Trawny (Berlin: Duncker & Humblot, 2002), pp. 539-555.

Derrida, Jacques. *Edmund Husserl's Origin of Geometry: An Introduction*, tr. John P. Leavey, Jr. (Lincoln: University of Nebraska Press, 1989).

Foucault, Michel. "Nietzsche, Genealogy, History", in: *The Foucault Reader*, ed. Paul Rabinow, (New York: Pantheon Books, 1984), pp. 76-100.

Heidegger, Martin. *Nietzsche. Erster Band. Martin Heidegger Gesamtausgabe*, Bd. 6.1, ed. Brigitte Schillbach, (Frankfurt a. M.: Vittorio Klostermann, 1996).

Heidegger, Martin. *Nietzsche. Zweiter Band. Martin Heidegger Gesamtausgabe*, Bd. 6.2, ed. Brigitte Schillbach, (Frankfurt a. M.: Vittorio Klostermann, 1997).

Husserl, Edmund. *Erste Philosophie (1923/24).* Erster Teil. *Husserliana*, Bd. VII, ed. Rudolf Boehm, (Den Haag: Martinus Nijhoff, 1956).

Husserl, Edmund. *Analysen zur passiven Synthesis (1918-1926). Husserliana*, Bd. XI, ed. Margot Fleischer, (Den Haag: Martinus Nijhoff, 1966).

Husserl, Edmund. *Phänomenologische Psychologie. Husserliana, Bd.* IX, ed. Walter Biemel, (Den Haag: Martinus Nijhoff, 1968).

Husserl, Edmund. *Die Krisis der europäischen Wissenschaften und die transzendentale Phänomenologie. Husserliana*, Bd. VI, ed. Walter Biemel, (Den Haag: Martinus Nijhoff, 2. Aufl., 1976).

Jaspers, Karl. *Vernunft und Existenz. Fünf Vorlesungen*, (München: Piper, 1960).

Schank, Gerd. *"Rasse" und "Züchtung" bei Nietzsche*, (Berlin: De Gruyter, 2000).

Scheler, Max. *Das Ressentiment im Aufbau der Moralen*, ed. Manfred Frings, (Frankfurt a. M.: Vittorio Klostermann, 2. Aufl,, 2004).

Steinbock, Anthony. "Husserl's static and genetic phenomenology: Translator's introduction to two essays", in: *Continental Philosophy Review 31*, 1998, pp. 127-134.

尼采的意志概念與
海德格爾的解釋

梁家榮

海德格爾在1936至1937年的冬季學期，講授了他第一個以尼采思想為主題的課程，題為「尼采：作為藝術的強力意志」，後來修改收入1961年出版的《尼采》一書中。何謂「意志」？哲學史上如何規定這個概念？尼采所謂「意志」指的又是什麼？海德格爾在書中透過與其他概念的對比，以及哲學史的疏理，來突顯尼采的意志概念，並將之納入自己的哲學概念系統之中。本文的目的在於展述尼采的意志概念，並評論海德格爾的解釋。

Augustine: Nam quaero abs te, sitne aliqua nobis voluntas.

Evodius: Nescio.

Augustine: Visne hoc scire?

Evodius: Et hoc nescio.

Augustine: Nihil ergo deinceps me interroges.

Evodius: Quare?

Augustine: Quia roganti tibi respondere non debeo nisi volenti scire quod rogas. Deinde nisi velis ad sapientiam pervenire, sermo tecum de huiuscemodi rebus non est habendus. Postremo amicus meus esse non poteris nisi velis ut bene sit mihi. Iam vero de te tu ipse videris, utrum tibi voluntas nulla sit beatae vitae tuae.

Evodius: Fateor, negari non potest habere nos voluntatem. Perge, iam videamus quid hinc conficias.

Augustine of Hippo, *De libero arbitrio*, 1.12.25

奧古斯丁：那我問你，我們有意志嗎？

埃沃迪：我不知道。

奧古斯丁：你想知道嗎？

埃沃迪：這我也不知道哦。

奧古斯丁：那麼接下來你就什麼也別問我了。

埃沃迪：為什麼呢？

奧古斯丁：因為，除非你想知道你問的東西，否則我沒必要回答提問的你。此外，除非你想達致智慧，否則就不應該跟你有對這類事情的討論。最後，除非你想我好，否則你就不能是我的朋友。現在，你看看你自己，看看你有沒有幸福生活之意志。

埃沃迪：我承認了，不可能否認我們有意志。來吧，現在讓我們看看從這裡出發你會完成些什麼吧。

壹

強力意志（Wille zu Macht）毫無疑問是尼采後期思想的中心概念。[1]尼采在世時所出版的著作中，「強力意志」最先見於《查拉圖斯特拉如是說》（*Also Sprach Zarathustra*），尼采在此書中說：「只是有生命處，那裡也有意志：但不是生存意志（Wille zum Leben），而是——我這樣教導你吧——強力意志。對有生者來說，很多東西都比生命本身有更高的估值；而從估值本身出來說話的——強力意志。」[2]在其後出版的《善與惡之彼岸》（*Jenseits von Gut und Böse*）中，尼采不單承續《查拉圖斯特拉如是說》的說法，以爲：「生命自身就是強力意志——自身保存只是它間接的和最經常的後果之一。」[3]而且還讓這個原則「被推到它最遠的邊界」，以至「這個世界，從內部來看，從它的『可智思特徵』來規定和

---

[1]　Heidegger (GA5: 233): "Der Titel »Wille zur Macht« nennt ein Grundwort der endgültigen Philosophie Nietzsches."; Kaufmann, Walter. Nietzsche: *Philosopher, Psychologist, Antichrist*, fourth edition, (Princeton: Princeton University Press, 1974), p.178:"The basic difference between Nietzsche's earlier and later theories is that his final philosophy is based on the assumption of a single basic principle, while the philosophy of his youth was marked by a cleft which all but broke it in two." 〔Kaufmann於此所謂的「唯一的一個基本原則」（a single basic principle）就是指強力意志。〕

[2]　Z: 149。漢語譯文參考了尼采，《查拉圖斯特拉如是說》，孫周興譯，（北京：商務印書館，2014）。

[3]　JGB: §13, Cf. GM, II §12: "...das Wesen des Lebens... sein Wille zur Macht..."; KSA 12: 2[190]: "Aber was ist Leben? Hier thut also eine neue bestimmtere Fassung des Begriffs 'Leben' noth: meine Formel dafür lautet: Leben ist Wille zur Macht." 〔本文對*Jenseits von Gut und Böse*引文的漢語翻譯，參考了趙千帆翻譯，將由北京商務印書館出版，收於《尼采著作全集》的《善惡的彼岸》，部分譯文直接引用，在此感謝千帆惠賜譯稿。〕

標示的話——它就是『強力意志』，而非別的東西。」⁴在一則出於1885年，後來收於《強力意志》（*Der Wille zur Macht*）一書的筆記中，尼采更乾脆地說：「而且你也知道對我來說『世界』是什麼嗎？我要不要在我的鏡子中給你顯示？……這個世界就是強力意志——而非別的東西！你自己也就是這強力意志——而非別的東西！」⁵

簡單來說，對尼采而言，所有東西都是強力意志。「世界」（Welt）就是所有東西的別名。更嚴格來說，對尼采而言，所有發生的事情，都可以用強力意志來解釋。尼采在1885年所寫的筆記中，曾經以「一種重新闡釋所有發生之嘗試」（Versuch einer neuen Auslegung alles Geschehens）來作爲《強力意志》的副題。⁶尼采不認爲有絕對的、自足的東西，不認爲有傳統意義下的「實體」（Substanz），不認爲有「物自身」（Ding an sich）。對他來說，一切都是發生、生成（Werden），或者過程（Prozeß）。世界就是發生、就是生成、就是流變。⁷而一切發生或變化，都可以用強力意志來解釋。所以尼采說，他在強力意志中，認識到「一切變化之最終根據和特徵」。⁸

對於尼采上述的基本看法，海德格爾有如下的概括：「在尼采看來，

4　JGB: §36.

5　KSA 11: 38[12]；WP: §1067.

6　KSA 11: 39[1], 40[2]; KSA 12: 1[35], KSA 11: 40[50]: "Unter dem nicht ungefährlichen Titel 'der Wille zur Macht', soll hiermit eine neue Philosophie, oder, deutlicher geredet, der Versuch einer neuen Auslegung alles Geschehens, zu Worte kommen." Cf . GM, II §12: "Theorie eines in allem Geschehn sich abspielenden Macht-Willens".

7　KSA 12: 2[108]: "Die Welt, die uns etwas angeht, ist falsch d. h. ist kein Thatbestand...; sie ist 'im Flusse', als etwas Werdendes, als eine sich immer neu verschiebende Falschheit, die sich niemals der Wahrheit nähert."

8　KSA 13: 14 [123]，對KSA 12和KSA 13兩卷引文的漢語翻譯，參考了尼采，《權力意志》，孫周興譯，（北京：商務印書館，2007），有所改動。由於中譯本的編排跟德語本的一樣，所以不再一一注明頁碼。

一切實是（Sein）都是某種生成。而生成具有意求（Wollen）行動（Aktion）和活動之特徵。」。[9]在適當的了解下，海德格爾的這個說法固然不能說不對，但也有讓人誤解的可能性，[10]特別是在脫離論述脈絡的情況下。首先，「實是」在哲學史上經常是與「生成」相對使用的，用來專指不變的東西。尼采很多時候都是如此使用此詞的，[11]這個意義下的實是他認為是沒有的，[12]只是虛構：「『實是』乃是受生成之苦者的虛構」。[13]海德格爾顯然不是在這個意義下使用「實是」，所以他才說：「由此我們首先可以得出一點：在『實是是生成』和『生成是實是』兩個句子之間，不必然有矛盾。」[14]為避免誤解，尼采的想法其實可以更簡單地表達為：一切都是生成（Alles ist Werden）。只不過這樣海德格爾就不能直接將之與他自己的哲學主題——實是——拉上關係了。

其次，說到「行動」或「活動」的時候，我們通常同時會聯想到行動者，例如：意求活動一般是指一種心理活動，而我們就是這種活動底行動者，或這種活動底「主體」（Subjekt）。然而，尼采雖然不時說到「行動」或「做事」（Thun），但他卻認為沒有在行動後面的行動者或主體。尼采說：

---

[9] NI: 15，對此書引文的漢語翻譯，參考了海德格爾，《尼采》上卷，孫周興譯，（北京：商務印書館，2002），有所改動。「Sein」一般翻譯為「存在」，本文翻譯為「實是」，對中譯本的引用都有此改動，下文不贅。

[10] 這裡我們不是說海德格爾本人沒有意識到這種可能性。

[11] 例如："Die Lehre vom Sein, vom Ding, von lauter festen Einheiten ist hundert Mal leichter als die Lehre vom Werden, von der Entwicklung." (KSA 13: 18[13])。

[12] " 'Sein' unbeweisbar, weil es kein 'Sein' giebt. Aus dem Gegensatz zum 'Nichts' ist der Begriff Sein gebildet." (KSA 11: 25[185])

[13] KSA 12: 2[110], Cf. "Aber damit wird Heraklit ewig Recht behalten, dass das Sein eine leere Fiktion ist. Die 'scheinbare' Welt ist die einzige: die 'wahre Welt' ist nur hinzugelogen ..." (GD III.2)

[14] NI: 30.

沒有在做事、作用、生成後面的「實是」；「做事者」單純是杜撰加到做事上面的，──做事就是一切。[15]

生成作爲虛構（Erfinden）、意求（Wollen）、自我否定（Selbst-verneinen）、自我克服（Sich-selbst-Überwinden）：[16]沒有主體，而是某種做事、設定、創造性的，沒有「原因與效果」。[17]

尼采將把「做事」分離於「做事者」底看法稱爲「古老神話」：

把「做事」分離於「做事者」，把發生分離於某個造成發生的（東西），把過程分離於某個東西，這個東西不是過程而是延續的、是實體、事物、物體、靈魂等等，──試圖把發生掌握爲「實是者」（Seien-dem）、留存者之某種推移和位置變換：自這個古老神話在語〈言〉文〈法〉功能中找到一個固定形式後，它就確立了對「原因和效果」的信仰了。──[18]

海德格爾說，在尼采看來，生成「具有意求行動和活動之特徵」。我們一般認爲意求活動是我們的心理活動，我們是這種活動的主體。但現在尼采明白指出「做事者」是杜撰的，只是「神話」。那麼他所謂「意求」，應該就不是我們一般所謂「意求」。但如果不是，那麼尼采所謂「意志」或「意求」又是指什麼呢？這就是本文的主題。

---

[15] GM: I.13，本文對*Zur Genealogie der Moral*引文的漢語翻譯，參考了趙千帆翻譯，將由商務印書館出版，收於《尼采著作全集》的《論道德的譜系》，部分譯文直接引用，在此感謝千帆惠賜譯稿。

[16] 注意這些都是動名詞，表示某種活動，相當於指：虛構活動、意求活動、自我否定活動、自我克服活動。

[17] KSA 12: 7[54].

[18] KSA 12: 2[139].

貳

　　尼采所謂「意志」，難以掌握，原因是多方面的。首先，「意志」（Wille）這個術語在西方哲學語境下一般到底指什麼東西？這就不是一個可以簡單回答的問題。西方學界，尤其是古典學界，其主流意見認爲，古希臘人並沒有英語「will」或德語「Wille」所意指的概念：「我們習慣把意志看作爲行動的主要源頭。但意志——任何時間都磨拳擦掌、迫不及待的——卻是對希臘人來說陌生的一個概念；他們對之甚至沒有一個字詞。」[19]「無論在哲學的還是非哲學的希臘語中，都沒有對應於意志概念的字詞。」[20]當然，我們必須先知道「意志」現在到底指什麼，才能夠判斷古希臘人有沒有對應的概念。但某程度上來說這也不是一個可以簡單回答的問題，例如：卡恩（Charles H. Kahn）就說：「在現代的用法中，沒有單一的概念是由『意志』所指稱的。」[21]他因此區分了有關意志概念的「四個不同視角」。一、由奧古斯丁（Augustine of Hippo）開始的「神學意志概念」；二、由笛卡兒（Descartes）開始的意志概念，以之指「一內在的心智事件（mental event），或內在的意識行爲，它是任何外在行動，也就是說任何身體之自願運動之原因、伴隨者、必要條件。」；三、從康德開始的傳統，以意志「爲自我立法，以及因此爲我們從中意識到我們自己是智思界的（noumenal）、非經驗的實是者之維度」，卡恩認爲尼采的強力意志概念也屬於這個傳統；四、自由意志vs.決定論的論題。[22]這

---

[19]　Snell, Bruno. *The Discovery of the Mind*, tr. T. G. Rosenmeyer, (New York: Dover, 1982), p. 182.

[20]　Dihle, Albrecht. *The Theory of Will in Classical Antiquity*, (Berkeley/Los Angeles/London: University of California Press, 1982), pp. 18, 143.

[21]　Kahn, Charles H. "Discovering the Will", p. 235, in: John M. Dillon & A. A. Long eds. *The Question of "Eclecticism"*, (Berkeley/Los Angeles/London: University of California, 1988), pp.234-269.

[22]　Kahn, Charles H. "Discovering the Will", pp. 235-236.

四個視角當然不是各自獨立沒有關聯的，第二跟第一有關，第三又跟第一和第二有關，而第四個視角則不是指一個特殊的意志概念，而是一個有關意志概念或——更嚴格而言——自願性概念的論題，跟前面「所有三個傳統」都有關。

其二，有些哲學家甚至完全否定有對應於「意志」的東西，而尼采也是其中一員。當代的心理學習慣把人的心理行為分為「知、情、意」（Thought, Feeling, and Will）三種模式，對應於三種心理機能。賴爾（Gilbert Ryle）認為這一「傳統教條」不但並非自明的，而且還充滿「混亂和假推論」。他在《心智概念》（*The Concept of Mind*）中題為〈意志〉的一章，就試圖「駁倒那個學說，它認為存在一個機能、非物質性的器官或部門，對應於該理論所描述的『意志』，並且認為有那些過程或操作，對應於該理論所描述的『意求活動』（volitions）」[23]。賴爾所反對的理論，其特徵在於把意求活動設想為「『在心智中』之特殊行為或操作，借此心智把它的觀念轉化為事實。」[24]簡單來說，這理論把意志視為「行動的主要源頭」，視為我們身體活動的原因。在這個意義下，尼采同樣認為沒有意志這樣的東西：

「實在性」、「實是」概念取自我們的「主體」感受。

「主體」：出自我們的解釋，以至我被視為主體，被視為所有做事的原因，被視為做事者。

對實體、偶性（Accidens）、屬性（Attribut）等信仰、邏輯兼形而上學的假設，其說服力在於那種習慣：我們習慣於把我們的一切做事都視

---

[23] Ryle, Gilbert. *The Concept of Mind*, (Chicago: The University of Chicago Press, 2002), p.62-63.

[24] Ryle, Gilbert. *The Concept of Mind*, p.63.

爲我們的意志之結果，以至於我作爲實體是沒有進入變化的多樣性中。
——然而並沒有意志。[25]

　　尼采一方面認爲一切都是強力意志，或一切都能以強力意志來解釋，
另一方面又認爲沒有意志。我們如何解釋這個情況呢？這是否只是尼采諸
多自相矛盾之一例？抑或尼采所謂「強力意志」中的「意志」，根本並不
是他所否定存在的意志，不是我們看來熟悉的、「至今的心理學」所謂的
「意志」[26]，不是作爲一種心理機能、作爲我們外在行爲底原因之意志？
研究者一般很少提出這樣的問題，仿佛「意志」是一個自明的概念，不需
要任何解釋；仿佛尼采所謂「意志」與一般用法相同，不需要特別仔細區
別。在這方面，海德格爾是一個例外，他花了相當多的篇幅來分析尼采的
意志概念。海德格爾的分析是下文討論的重點。現在先讓我們再說另一個
困難。

　　第三，這是漢語討論的特殊困難，抑且不單就尼采而言，而是就討論
「意志」一般而言。如果古希臘語也沒有對應西方現代「意志」概念的字
詞，我們似乎也應該考慮一下，漢語是否有意義對應的用語。當然我們首
先要認識西方的意志概念，才能做判斷。學者一般認爲，西方的意志概念
開始於奧古斯丁。[27]簡單來說的話，奧古斯丁的意志（*voluntas*）概念可
以用三點來概括：[28]一、它是一個獨立的心智機能，「先於以及獨立於理

25　KSA 12: 9[98].

26　KSA 13: 14[121].

27　Dihle, Albrecht. *The Theory of Will in Classical Antiquity*, p. 123: "It is generally accepted in the study
of the history of philosophy that the notion of will... was invented by St. Augustine." Arendt, Hannah.
The Life of the Mind, (San Diego/New York/London: Harcourt, 1978), Book 2, p. 84.（將奧古斯丁稱爲
「the first philosopher of the Will」。）

28　奧古斯丁的意志理論非常複雜，這裡做的只是一個必要的簡單概括。

智的認知行為，而又根本上不同於感性的和非理性的情感」[29]；二、它是我們行為的最終動力因（causa efficiens）；[30]三、人的選擇自由，被化約為意志自由[31]。而且意志的選擇或決定權並不限於身體行動，我們的感知判斷、情緒反應，以至回憶，都要得到意志的同意（assent）。[32]漢語裡是否有字詞同樣帶有這些含義？「意志」是否就是這樣一個字詞？本文不可能詳細討論這些問題，而只能做幾個簡略的語言觀察：

一、「志」和「意」兩字基本上同義，《說文》用兩字互訓：「志，意也。」「意，志也」。除了有「意念」的意思，「志」也有「志願，志向」的意思，而「意」則亦有「意向，願望」的意思[33]，都是指心智中的某種想法，其內容為希望達成的某些事情，以英語來說大致可以翻譯為「intention」。這一含義是相當籠統的，並不專指某種特殊的心智機能，更不必說獨立於欲望。[34]合為「意志」一詞，基本上也是一樣。[35]

---

29 Dihle, Albrecht. *The Theory of Will in Classical Antiquity*. p. 127; Kahn, Charles H. "Discovering the Will", pp. 236-7, in: John M. Dillon & A. A. Long eds. *The Question of "Eclecticism"*, pp.234-269.

30 例如：*De civitate Dei*, 12.6: "Ac per hoc mala voluntas efficiens est operis mali, malae autem voluntatis efficiens nihil est." 另參看O'Daly (1987: 6): "... the impulse (nutus) or will (voluntas) of the soul, which thus becomes a type of unmoved mover within the person." 〔對奧古斯丁意志概念的漢語研究，參看吳天嶽，《意願與自由》，（北京：北京大學出版社，2010）。〕

31 Dihle, Albrecht. *The Theory of Will in Classical Antiquity*, p. 128.

32 O'Daly, Gerard. *Augustine's Theory of Mind*, (Berkeley and Los Angeles: University of California Press, 1987), pp. 6, 52-3, 89, 133; Chadwick, Henry. *Augustine*. (Oxford: Oxford University Press, 1986), p. 66. （其理論源頭是斯多亞學派，參看Kahn, Charles H. "Discovering the Will", in: John M. Dillon & A. A. Long eds. *The Question of "Eclecticism"*, p.245-7。）

33 參看《漢語大字典》「志」字條和「意」字條。

34 這種籠統性其實不是漢語所特有，古希伯來語也是這樣。Dihle, Albrecht. *The Theory of Will in Classical Antiquity*, p. 17: "It is worth noting that the language of the Old Testament provides no possibility of distinguishing, by means of terminology and without information given by the particular context, between human intention resulting from intellectual activity and intention originating from instinct or emotion."

35 「意志」連詞相當早就有，例如：《商君書·定分》：「夫微妙意志之言，上知之所難也。」另外，《荀子》常用倒過來的「志意」連詞。

二、利瑪竇在《天主實義》中，把人的意志翻譯為「意」。[36]嫻熟基督教義而又熟讀中國古書的利瑪竇，似乎也找不到一個專門的對應名詞，來翻譯拉丁語的「*voluntas*」。

三、即使今天在「意志」已經是「will」的慣用翻譯後，漢語「意志」的使用範圍還是相當狹窄的，日常只有幾種用法，例如：「意志力」、「意志消沉」，以及「意志薄弱」等，並不能完全覆蓋「will」的用法。至於原因則很可能跟下面兩點有關。

四、以「意志」來翻譯「will」，一個嚴重缺陷是它沒有動詞用法。這個缺陷在本文開始所引用奧古斯丁的一段話中就表現得很明顯了。這段話出於《論自由決斷》（*De libero arbitro*），一般以為是奧古斯丁對意志的自明性之論證。[37]這個論證的說服力很大程度得自於拉丁語中動詞「*volo*」與名詞「*voluntas*」之關聯。如果我們要在翻譯中維持原文的日常對話風格[38]，就像我上面的翻譯所意圖做的那樣，那麼就很難在翻譯中保持這種關聯。「*Volo*」的意義是很籠統的[39]，英語此處翻譯為「want」[40]，漢語意義最接近的詞大概是「想要」。在我的譯文裡所有「想」字都是對此詞的翻譯。「*Voluntas*」是這個動詞的名詞形式，一般翻譯為「意志」，它的意義其實以「想要」一詞更能表達：「強力意

36　他把上帝的意志翻譯為「聖旨」，例如：利瑪竇著，梅謙立注，《天主實義今注》，（北京：商務印書館，2014），頁169：「凡行善者有正意三狀：⋯⋯上曰，因翕順天主聖旨之意也。」

37　Harrison, Simon. *Augustine's Way into the Will*, (Oxford: Oxford University Press, 2006), p.69ff.

38　Harrison, Simon. *Augustine's Way into the Will*, p. 115: "Augustine's argument here is couched in ordinary language. This is significant for two reasons."

39　Dihle, Albrecht. *The Theory of Will in Classical Antiquity*, p.133: "But the indiscriminate use of velle and voluntas for various kinds of impulse and intention undeniably contributed to the voluntaristic potential in Roman thought." 另參看Harrison, Simon. *Augustine's Way into the Will*, (Oxford: Oxford University Press, 2006), p. 115。

40　Augustine of Hippo. *On the Free Choice of the Will, On Grace and Free Choice, and Other Writings*, ed. and tr. Peter King, (Cambridge: Cambridge University Press, 2010), pp. 20-21.

志」其實就是指想要強力[41]，「自由意志」其實就是指對於想要做什麼，你是有自由的。遺憾的是「想要」在漢語又不好用作爲名詞。奧古斯丁一開始問埃沃迪：「我們有意志〔想要〕嗎？」，埃沃迪說不知道。奧古斯丁又再問：「你想〔要〕知道嗎？」，因爲一旦埃沃迪說：「我想〔要〕……」，那就表示他是有意志〔想要〕的了。但漢語中「想」或「想要」跟「意志」之關係，遠不如拉丁語原文，因此原文論證的說服力很大程度就消失了。[42]

　　五、漢語「意志」只有決心的意思，而沒有或幾乎沒有「*voluntas*」或「Wille」所具有的欲求的意思，這是一個很嚴重的缺陷。[43]不少學者在翻譯「Wille zur Macht」的時候，常翻譯爲「求權力的意志」[44]，就清楚表現了這個缺陷。因爲「意志」沒有欲求的意思，所以譯者才會覺得有必要補上這個「求」字。但這做法嚴格來說其實是翻譯重複了，雖然也是不得已。因爲，「Wille zur Macht」原來的意思就是求權力或求強力，如果用「求」字來翻譯就沒必要再加「意志」了。當然「求」的意義可能太過籠統。或許我們可以用「意求」來翻譯，改爲「意求強力」。我個人覺得「自由意求」可能就比「自由意志」更符合該概念的意義。而且「意求」也可以用作動詞。在古代漢語，我想要做什麼，可用「求」或「欲」來表

41　范壽康在1920年所寫的〈最近哲學之趨勢〉一文中，將「Wille zur Macht」翻譯爲「要想獲取力量的意志」，參見郜元寶編，《尼采在中國》，（上海：上海三聯，2001），頁118。

42　爲了在翻譯中保持這種關聯，吳天嶽把「*volo*」翻譯爲「願意」，而把「*voluntas*」翻譯爲「意願」，參見吳天嶽，《意願與自由》，（北京：北京大學出版社，2010），頁164-165。這是一種可行的做法。但「願意」相比「will」來說，意思似乎較弱，詳見下文。

43　吳天嶽看到了這點，所以選擇以「意願」來翻譯奧古斯丁的「*voluntas*」，見吳天嶽，《意願與自由》，頁1。

44　例如：胡適在1922年所寫的《五十年來之世界哲學》便這樣翻譯，見郜元寶編，《尼采在中國》，（上海：上海三聯，2001），頁121。孫周興在尼采的《查拉圖斯特拉如是說》，也是如此翻譯的：「但不是求生命的意志，而是求權力的意志」。見孫周興譯，（北京：商務印書館，2014），頁181。

達。例如：「求仁而得仁，又何怨。」（《論語・述而》）。「欲」字可能比「求」更具有明顯的心理涵義。在古代，「欲」的意義原來就像拉丁語「*volo*」那樣籠統，孔子說：「我欲仁，斯仁至矣。」（《論語・述而》）仁也可以是欲之物件。[45]但現在我們說到「欲」或「意欲」，似乎一般都有負面的涵義。

在下文中，名詞「Wille」，我將仍然跟隨一般的做法，翻譯為「意志」，而其動詞形式「Wollen」，我將翻譯為「意求」。

參

海德格爾的用詞其實是十分講究的，有時甚至比尼采本人還嚴格。他說：「生成具有意求行動和活動之特徵」，而不是說：「生成具有意志之特徵」。於此「意求」所翻譯的是「Wollen」，這是「Wille」的動詞形式。如上所言，尼采認為一切都是行動、做事，而沒有行動者、做事者。作為名詞的「意志」，則很容易會被實體化。尼采自己就說：「『意志』──一種錯誤的物化。」[46]所以，海德格爾不用名詞「意志」（Wille）而用動名詞「意求」（wollen），並不是沒有道理的。

海德格爾之所以要這麼講究，是由於尼采的意志概念顯然不同於「至今的心理學」──包括哲學心理學──所謂的「意志」，後者尼采認為是「幻覺」：「我笑你們的自由意志，也笑你們的非自由意志；在我看來，你們所謂的意志是幻覺，根本沒有意志。」[47]從這段話我們可以很清楚看

---

[45] 其實這句話就是對「自由意志」，即：我們想要做什麼的自由之一個表達。

[46] KSA 12: 1[62].

[47] KSA 10: 13[1]; NI: 48，另參看KSA 10: 24[32]; KSA 11: 26[254]; KSA 11: 27[1]。

到，尼采認為沒有的意志，是「你們所謂的意志」[48]，也就是我們上面說從奧古斯丁開始的意志概念。這個西方傳統的意志概念認為意志是屬於主體的一個心理機能。尼采則認為只有活動而沒有主體，一切活動或生成都是強力意志。所以，對於尼采來說，意志並不屬於主體。相反，主體——即使它只是虛構——屬於意志，是它的一部分。如果我們把尼采所謂的意志，僅僅了解為一種心理行為，就難免誤解其意。[49]尼采說得很清楚：「一切驅動力都是強力意志，此外沒有任何物理的、動力的或者心理的力了。」[50]（強力意志非但不屬於心理層面，抑且也不僅僅屬於有機世界：「去靠近的躁動（Trieb）——以及去排拒某東西的躁動，既是有機世界的紐帶，也是非有機世界的紐帶。整個區分是一個偏見。」[51]從強力意志的角度來看，並沒有非有機的與有機的世界之區別，因為兩者之分別是從強力意志區分出來的，它們的分別之出現要後於強力意志。故此，強力意志不屬於有機世界；相反，有機世界才是屬於強力意志。海德格爾對此掌握得很清楚：「在流行的觀念中，意志被看作為一種心靈機能。意志是什麼，由心靈的本質所規定。……如果對尼采來說，意志規定任何一個實是者的實是，那麼意志就不是心靈性質的東西，相反心靈是意志性質的東西。」[52]

但如果尼采所謂「意志」不同於至今的心理學所謂的「意志」，那麼

---

[48] 尼采有時加上引號來表示，如上文所引的一句話：「『意志』一種錯誤的物化。」

[49] Kaufmann就是這樣理解的，從書名就可以看到，他把尼采看作為心理學家。〔Kaufmann, Walter. *Nietzsche: Philosopher, Psychologist, Antichrist*, fourth edition. (Princeton: Princeton University Press, 1974). p. 204〕："His own conception of the will to power is not 'metaphysical' either in Heidegger's sense or in the positivists'; it is first and foremost the key concept of a psychological hypothesis."

[50] KSA 13: 14[121].

[51] KSA 11: 36[21]，另參看KSA 11: 34[247]: "-daß der Wille zur Macht es ist, der auch die unorganische Welt führt, oder vielmehr, daß es keine unorganische Welt giebt."。

[52] NI: 46.

尼采為什麼偏偏要用「意志」這個名詞來表達他的核心思想呢？這無非是由於，在一般的意志概念之中有某些東西、某些特徵，尼采覺得最能夠表達他對世界整體的看法，最能夠告訴別人，對他來說「世界」是什麼。正如當我們說某人是豺狼的時候，並不是說這個人不是人而是一頭豺狼；我們是覺得在對豺狼的一般觀念中，有某些東西或特徵，很能夠表達我們對這個人的看法。故此，我們就看到海德格爾十分小心地說：「生成具有意求行動和活動之特徵」，而不是簡單地說：「生成是意志」或「生成是意求活動」。

一般的意志概念有什麼特徵呢？其中有什麼特徵是尼采所特別看中的呢？真正想要了解尼采的意志概念，我們就不能不回答這樣的問題，不能把「意志」看作為自明的概念。[53]海德格爾就是這樣著手的：「如果我們以那些仿佛首先闖進來的特性，來嘗試把握意求，那麼我們可能就會說：意求是一種向……那裡、奔……去；意求是一種舉止態度（Verhalten），它瞄向某物。」[54]海德格爾沿用了現象學對意識的意向性分析。根據這個理論，所有心理經驗都有朝向於……之結構[55]。但朝向於……是所有舉止態度都有的結構，它還不是意求的特徵。「瞄向於某物，還不是意求，然而在意求中有這樣的向……那裡。」[56]那麼，意求作為一種朝向於……有什麼額外的特徵呢？意求或想要某物就是想擁有它。海德格爾說：「這種想擁有不是單純的表象（Vorstellen），而是一種對某物的追求（Streben），這種追求具有意願（Wünschen）的特性。」[57]海德格爾於此

---

[53]　*Cf.* JGB, §19: "Die Philosophen pflegen vom Willen zu reden, wie als ob er die bekannteste Sache von der Welt sei."

[54]　NI: 49.

[55]　GA24: 80-1.

[56]　NI: 49-50.

[57]　NI: 50.

用了兩個跟意求意義接近的概念，來彰顯意求的特徵，一個是「追求」，另一個是「意願」。它們跟意求接近，卻不是相同。

首先是意願：「然而意願始終不是意求。最純粹一味意願的人，他恰恰不是意求，而是希望所願的事情無需他插手就發生了。」[58]相當於意願而言，海德格爾說意求是「把自己置於本己的命令下，自我命令的決心（Entschlossenheit），這本身就已經是展開了。」[59]意願與意求的分別在於，意願不一定有所行動，而凡意求則一定已經展開行動了。這就是為什麼叔本華（Schopenhauer）會認為，「物理移動與意求只不過是一個單一的事件的兩個向度。」[60]叔本華把意求行為分為三個階段，首先是意願，這時候意求還沒成形；然後是決定（Entschluß）；但決定要到真正付諸行動以後，才能算是完滿，因為在行動以前它還可能有變。[61]叔本華將決定視為意志的一個必要成分，海德格爾的相應用詞是「決心」，這個成分構成了意願與意求之分別。決心是關聯於選擇而言的，所以海德格爾在《實是與時間》（Sein und Zeit）把決心界定為「對一自我實是之選擇的選擇」（existenzielle Wählen der Wahl eines Selbstseins）[62]。下定決心就是做好選擇，然後展開行動。意求一定包括付諸行動的決心，而意願則沒有。

其次是追求。海德格爾說意求是一種追求，「一種對某物的追求」。[63]由此看來，當他將意求對比於追求時，他應該是將之對比於另一

---

[58] NI: 50.

[59] NI: 50.

[60] Janaway, Christopher. *Self and World in Schopenhauer's Philosophy*, (Oxford: Clarendon, 1989), p.209.

[61] 參看Janaway, ibid., p.218。

[62] SZ: 270.

[63] Cf. NI: 66: "Wollen ist eine Art von Begehren und Streben."

種追求。這種追求海德格爾有時又稱為「單純追求」（bloßes Streben）：
「意志不是意願，並且不是對某物的單純追求」[64]兩者之分別在哪裡呢？
海德格爾說：「有誰不知道他意求什麼，他根本就不是意求，並且根本
不能意求。」[65]意求對所意求的東西有知（Wissen）。對此的另一個說法
是，意志對所意求的東西有表象（Vorstellen）：「然而，意志作為追求
不是盲目的衝動。被欲求和被渴求的東西是如其自身（als solches）被一
起表象、一起被收於眼底、一起被覺知的。」[66]相反來說，單純追求則是
盲目的，對被追求的東西沒有知，沒有表象：「反之，追求可以是不明確
的，無論對被真正渴求的東西，還是對追求者本身。」[67]

　　意求不單對被意求的東西有知，對意求者（der Wollende）自身也有
知。因為，海德格爾認為，意求總是意求意求者本身。[68]換句話說，在意
求中，意求者也是被意求的東西。在意求中，對意求者自身的知，海德
格爾特別稱為「決心」。如上所言，意願與意求之分別在於意求包括付
諸行動的決心。但「決心」這個字詞在海德格爾那裡還同時包含另一個
意義。德語原文「Entschlossenheit」字面上的意義是去掉（Ent-）被閉鎖
的狀態（-schlossenheit），也就是開啟狀態。海德格爾在《實是與時間》
說：「決心是此在開啟狀態（Erschlossenheit）的一種特殊模式。」[69]恰
好「決」字在漢語裡也有打開的意義。《說文》：「決，行流也。」行
流，即開通河道之意。所以，「決心」也可以依字面解為心智的開啟，正

---

[64]　GA5: 234.

[65]　NI: 51.

[66]　NI: 66.

[67]　NI: 51.

[68]　NI, 51: "Das Wollen will den Wollenden als solches."

[69]　SZ: 297.

合海德格爾的用意。在海德格爾那裡，知就是此在的一種開啓狀態。他說：「意志就是對自己自身的決心。」[70]這也就是說，在意求中，意求對自己開啓。意求對自己開啓，因爲意求總是「意求超出自己」（über sich hinaus Wollen）：「對自己的決心——總是：意求超出自己。」[71]相反來說，在單純追求中則沒有這種超出自己：「在對某東西的單純追求中，我們不是眞正被帶到我們自己面前，因此在這裡沒有追求超出自己之可能性，毋寧說我們單純追求，在這樣的追求中一起前行。」[72]

肆

總上所言，海德格爾認爲意志就是對自己的決心，而這也就是意求超出自己。這裡所謂「決心」包括兩個意義，一、即我們一般所謂「決心」，也就是付諸行動的決心；二、指開啓狀態，指對被意求的東西有知。這兩點將意志區分於意願與單純追求，意願不一定包括付諸行動的決心，而單純追求則沒有對被追求者的表象或知識。現在的問題是：這是否符合尼采本人對意志的看法呢？尼采是否認爲以上兩點就是意志的特徵呢？

第一點，就其把意志直接與行動掛鉤甚至等同，這可以說是符合尼采的看法的。意求不單只是某種想法，意求就是做事。但單單說做事還不足以突顯意求的特徵，因爲尼采有時候把一切變化都叫作「做事」。意求的特徵是向著……那裡做事，也就是說，它某種意義上來說是目的

---

[70] NI: 52.

[71] NI: 51，另參看NI: 56, 60, 63。

[72] NI: 51.

性的（teleological）。這個特點讓強力意志作爲「一種重新闡釋所有發生之嘗試」，有別於尼采所反對的機械論。機械論以外力來把握一切運動變化[73]，而尼采則以力本身的內在朝向性來解釋。他認爲「人們必須把一切運動、一切『現象』、一切『律則』都只把握爲某種內在發生的徵狀（Symptome）。」[74]這「內在發生」就是強力意志，尼采說：

我們的物理學家用以創造上帝和世界那個勝果纍纍的「力」概念，仍然需要一個補充：必須賦予它一個內在世界，這個內在世界我稱爲「強力意志」，即對顯示強力永不滿足的要求；或者，強力的應用、施行，作爲創造性的躁動（Trieb）等。[75]

意志傳統上一直被視爲運動的源頭，靈魂中的其他機能由意志所推動，[76]而意志本身就不由其他東西所推動。[77]換句話說，意志的推動力是自發的（spontaneous）。現在尼采雖然不認爲意志是靈魂的一項機能，但他的意志概念仍然保留了傳統的內容，即意志是自發運動的原則。而且很可能恰恰由於傳統的意志概念具有這樣的內容，所以尼采才用了「意志」這個術語，來指稱他用以解釋一切變化的總原則。對尼采而言，意志

---

[73] 古典的機械力學認爲任何東西都要施以外力才會改變運動狀態。

[74] KSA 11: 36 [31]，另參看KSA 12: 1[30]:"die mechanishe Bewegung ist nur ein Ausdrucksmittel eines inneren Geschehens."KSA 12: 7[9]:"Alle Bewegung als Zeichen eines inneren Geschehens."。

[75] KSA 11: 36[31]，另參看KSA 12: 7[9]: "das Leben ist nicht Anpassung innerer Bedingungen in äußere, sondern Wille zur Macht, der von innen her immer mehr 'Äußeres' sich unterwirft und einverleibt."。

[76] 例如：Thomas Aquinas, *Summa Theologiae*, 2a, qu.17, art.1:"Sed ad voluntatem pertinent movere omnes alias vires animae."。

[77] Aquinas, *Summa Theologiae*, 2a, qu.10, art.1: "voluntati, quae est domina sui actus"；奧古斯丁認爲如果意求是由其他東西所推動的，那麼就沒有罪責可言了，參看Augustine, *De libero arbitrio*, 3.17.49。

不單是心理活動的源頭，也不僅是自願行爲的源頭，而是一切運動的源頭。一切生成變化，在尼采看來，都是源自自發的推動力，而這個推動力他便稱爲「強力意志」。

至於第二點，則似乎並不符合尼采對意志的看法。首先，尼采跟叔本華一樣，有時直接就把意志稱爲「追求」，例如：

> 生命，作爲一個個案：由之出發把假設用到此在的總體特徵。
> ：追求一種最大強力感
> ：本質上是一種對強力增多的追求
> ：追求無非是對強力的追求
> ：最底下的和最內在的東西始終是這意志：機械學是對結果的單純符號學。[78]

其次，尼采說到強力意志時，很多時候都是以生命作爲一個統一單元來說的，上面的引文就是一個例子。當強力意志首次出現在《查拉圖斯特拉如是說》的時候，尼采就說：「只是有生命處，那裡也有意志。」生命包括一切有機體，尼采並沒有特別把人與其他動物區別開來，他甚至拿原生質（Protoplasm）這樣簡單的有機體來做例子。[79]尼采明白指出強力意志的理論效力不單包括動物，而且還必須包括「樹木和植物」，也就是一切有生命的東西：

> 在動物身上，從強力意志推導出它的一切躁動是可能的；同樣地，有

---

[78] KSA 13: 14[82].

[79] KSA 12: 9[151].

機生命的一切功能出自這一個泉源。[80]

　　何以心理學的基本信條全部是極惡劣的扭曲和僞造呢？例如，「人追求幸福」——其中有什麼眞實呢？爲了解什麼是生命，生活是何種追求和張力，公式必須既對動物有效，也對樹木和植物有效。[81]

　　所以，我們在探求意志的特徵時，不能專注於明顯只爲人所獨有的特徵，但這卻正是海德格爾在區分意志與單純追求時所做的，他說：

　　一種單純追求和衝動，例如：飢餓，是一種對食物的衝動。在動物那裡，這衝動本身和如其自身沒有特別地把它所衝向的東西看在眼裡，沒有把食物表象爲其自身，沒有把食物當作爲食物來追求。這追求不知它所意求的是什麼，因爲它根本不是意求；不過它是衝著被渴求的東西，但不是以它作爲一個被渴求的東西。[82]

　　於此海德格爾顯然是把自己的看法，套到了尼采身上。海德格爾把人與動物截然分開，兩者之分別在於「動物本身並不處於實是者的敞開性（Offenbarkeit von Seiendem）之中。無論它的所謂環境或者它自身都不作爲實是者敞開。」[83]換句話說，動物不能把某東西覺知或表象爲某東西，無論是它自己或它周圍的東西，例如：它的食物。相反，人則處在這種敞開性之中。以《尼采》一書中的話來說，動物的追求是盲目的，而人

---

[80]　KSA 11: 36[31].

[81]　KSA 13: 11[111].

[82]　NI: 66.

[83]　GA29/30: 361，詳細討論參看梁家榮，《本源與意義：前期海德格爾與現象學研究》，（北京：商務印書館，2014），頁235-253。

的追求則不是盲目的，人對他所意求的東西具有知、具有表象。這是否爲尼采的看法呢？尼采雖然排斥叔本華「盲目意志」的說法，認爲這是自相矛盾的表達[84]，但這只是因爲他認爲意志本質上是目的性的，而不是因爲他認爲意志必然包含表象。表象和知識似乎都預設了意識，但尼采卻明確認爲意識只是生命之手段而不是其本質：

> 確實，在原則上講，動物性的功能比一切美好的狀態和意識高度都重要百萬倍，後者就它不需要是那種動物性功能的工具而言，乃是一種過剩。整個意識生命、精神連同靈魂、心、善、德行：它究竟爲什麼東西服務呢？在於動物性功能之手段（營養手段、提升手段）盡可能完滿化：尤其是提升生命。[85]

原生質很難說具有意識和知識，但這不妨礙尼采以強力意志來解釋它的運動。這就已經充分表明，尼采在意志概念中所看中的特徵，也就是那種他覺得能夠用來解釋一切生成變化的特徵，不可能包括表象能力在內。在尼采看來，意識和表象能力都可以用強力意志來解釋，它們只是爲強力意志服務的工具而已。但如果它們都可以用強力意志來解釋，其特徵就不能包括在強力意志概念裡面。

最後，海德格爾說意志就是「對自己的決心」，不過這裡的「自己」到底是指什麼呢？海德格爾也將之稱爲「意求者」，但如上所言，尼采認爲只有做事、活動，而沒有做事者、活動者的，後者只是「杜撰」出來的。再引尼采相關的一段話：

84　KSA 11: 26[431].

85　KSA 13: 11[83]，另參看KSA 11: 34[46]。

一份量的力（Ein Quantum Kraft）就是恰恰這一份量的衝動、意志、作用——毋寧說，除了恰恰這衝動、意求、作用本身外，就根本沒有其他東西，只是在語言的誘使下，才能夠顯得不是這樣；語言的誘使把一切作用了解和誤解爲以某個作用者、某個「主體」爲條件的。[86]

尼采極力破除對於做事者的「古老神話」，而海德格爾對意志概念的解釋則恰恰朝著相反的方向走，極爲強調「意求者」。海德格爾雖然明確指出尼采的意志跟叔本華的完全不同，[87]但他自己對意志的掌握卻恰恰走了叔本華的老路，而背離尼采的革新。叔本華繼承了康德的想法，認爲我們不能通過表象來認識我們自己，因爲表象所呈現的只是現象界。叔本華進而認爲，唯有通過意志，唯有通過我們對行動——對叔本華來說，行動就是意志的體現——的直接經驗，我們才能認識我們自己。[88]海德格爾對意志和決心的看法，與叔本華如出一轍：

於意志的本質中，在決心中的是：意志對自己開啓（erschließen）自己，因此不是通過某種外加的舉止態度，通過某種對意志過程的觀察和回省，毋寧說意志本身就具有打開的保持開放（eröffnenden Offenhalten）的特徵。從事任何自我觀察和分析，無論多深入，都不能照亮我們、我們的自我，以及其情況。反之，在意求中，我們把自己照亮，而且在不意求中亦如是，並且恰恰通過由意求本身首先所點燃的光亮。[89]

---

[86] GM: I.13.

[87] NI: 44.

[88] Janaway, Christopher. *Self and World in Schopenhauer's Philosophy*, p.190ff.

[89] NI: 63.

海德格爾於此同樣認爲，我們不能通過自我觀察等表象性質的心理行爲來認識我們自己。相反，在意求中，我們直接有對我們自己作爲意求者的知。意求本身就具有打開的特徵，它讓我們的自我對我們自己開啓，而且這時候向我們開啓的自己，才是最本眞的自己：「在意志本身中，我們才在最本己的本質中把捉我們自己。」[90]這其實不是尼采對意志的一般看法，而是海德格爾本人的看法。海德格爾上面的說法跟他在《實是與時間》所表達的想法基本上是一樣的。他所謂的「意求者」其實無非就是此在（Dasein），我們在上面已經指出他對意求和單純追求的區分，實際上就把意求活動僅僅侷限在人類身上。而海德格爾在《實是與時間》中就已經把決心稱爲「本眞的開啓狀態」[91]、「對此在本眞的，因此也是最本源的眞實（Wahrheit）」[92]，這也就是說，唯有在決心中我們才能認識我們眞正的、最本源的自己。這接近叔本華的看法，而不是尼采的看法。

<h1 style="text-align:center">伍</h1>

海德格爾接下來討論了尼采本人用來論述強力意志的三個概念：情感（Affekt）、激情（Leidenschaft）、感受（Gefühl）。我們首先要留意，它們不是三個完全不同的概念。海德格爾注意到「尼采甚至多次把三者互相等同」[93]，以及人們一般把情感與激情都「合拼在『感受』這個類概念之下」[94]。至於Affekt和Leidenschaft，雖然海德格爾明確區分了兩者，但

90　NI: 64.
91　SZ: 296, 335.
92　SZ: 297.
93　NI: 54.
94　NI: 60.

它們原來只是不同語言對同一個概念的表達，兩者都是對希臘語pathos或pathē的翻譯。Affekt出於拉丁語affectus，奧古斯丁就說：「關於那些希臘人稱為pathē的靈魂運動（animi motiones, emotions）——我們當中一些人稱之為perturbationes，就像西塞羅（Cicero），另一些稱為affectiones或affectus，[95]而另一些更顯然依照希臘語的人稱為passiones，就像阿普萊（Apuleius）——哲學家有兩派意見。」[96]而Leidenschaft則是對奧古斯丁在這裡列舉的這些詞的德語翻譯。

海德格爾於此所做的工作，與之前對意志概念的分析類似，就是要從我們所知的情感、激情，和感受中，找出那些可以規定意志的特徵[97]。在這裡，海德格爾把他的解釋進路交待得更清楚：

> 我們必須首先看到，於此相關的不是心理學，也不是以生理學和生物學為基礎的心理學，而是人的此在所處的基本方式，人站住他所立足的「此」（Da）、實是者的開放狀態和遮蔽狀態之方式。[98]

我們在上面已經指出，海德格爾對意求與純粹追求的區分，把人（此在）與其他動物區別開來。其他動物只單純追求，而沒有意求。因此，按照海德格爾的闡釋，強力意志就只能用來解釋人的行為。這明顯與尼采提出強力意志的宗旨不符。現在，海德格爾對情感、激情和感受的分析，也是朝向同樣的方向，朝向把意志看作為人的特徵，把開啟狀態看作為意

---

[95] 例如：Seneca, *De ira*, 1.1.7。

[96] Augustine, *De civitare dei*, 9.4.

[97] NI: 54.

[98] NI: 55.

志概念的核心內容。「此」是海德格爾對開啓狀態的另一個表達[99]，它規定了人之爲人，是「人的此在所處的基本方式」，所以海德格爾把人稱爲「此在」。海德格爾的闡釋把意志與此在的開啓狀態掛鉤，這使得他對尼采的解釋出現了明顯的偏差。

在尼采的強力意志理論中，「情感」的確是一個核心概念，尼采很多時候將「情感」與「意志」相提並論。關於兩者的關係，他有以下說法：

我們習慣於把極爲豐富的形式的展現，視爲與同出一源相容。

強力意志是原始的情感形式（Affekt-Form），一切其他情感只是它的展現。[100]

一切情感都從一個強力意志中派生出來：本質上相同。[101]

我們應該如何闡釋這些似乎不完全相同的說法呢？在本文開始的時候，我們就已經指出，尼采後期思想的總原則是：一切都是強力意志，尤其是一切生命都是強力意志。依此，一切情感當然也都是強力意志。情感與其他東西不同，在於它是強力意志一種特定的展現形式。強力意志的展現形式是「極爲豐富的」，除此以外強力意志還有其他的展現形式。既然情感是強力意志的一種形式，那麼它與強力意志本質上當然是相同的。情感就是強力意志，而不是另一樣東西。所以，當尼采說：「一切情感都從一個強力意志中派生出來」，我們不可以了解爲：情感是從強力意志派生出來，而與強力意志不同的另一樣東西。情感是強力意志作爲一切發生原

---

[99] SZ: 270.

[100] KSA 13: 14[121].

[101] KSA 12: 10[57].

則所產生的東西，但它依舊是強力意志，只是換了一種展現方式。情感作為一種運動（奧古斯丁所謂「靈魂的運動」），推動它的「內在發生」依然是強力意志。這就是尼采說「強力意志是原始的情感形式」的意思。[102]

但尼采對「情感」的使用，顯然不限制在人身上，而是包括其他動物的。或者我們更應該說，就以情感決定行為而言，尼采覺得人與其他動物根本沒有兩樣，人就是動物，他說：

動物跟隨它們的躁動與情感：我們是動物。我們做某些不同的事嗎？當我們跟隨道德的時候，這也許只是一個假象（Schein）？在真實上，我們跟隨我們的躁動，而道德只是我們的躁動的手語？[103]

同樣地，尼采也把「感受」應用在一切有生命的東西之上：

有一個意義重大的說明，它以強力取代每個有生命的東西都應該追求的「幸福」──快感只是達到強力的感受的一個徵狀，一個差異意識────它不追求快感，毋寧說當它達到它所追求的東西時，快感就出來了：快感伴隨，快感不推動……[104]

正如海德格爾所言，尼采沒有清楚回答他所謂的「情感」、「激情」，以及「感受」是什麼[105]。也許尼采所用的就只是一般的意義，所以

---

[102] Cf. NI, 54: "Inwiefern ist der Wille zur Macht die ursprüngliche Affekt-Form, d.h. dasjenige, was das Affektsein überhaupt ausmacht?"

[103] KSA 10: 7[76].

[104] KSA 13: 14[121].

[105] NI: 54.

沒有必要特別說明。根據海德格爾的分析，情感（例如：憤怒）「侵襲我們，襲擊我們」[106]，它是「盲目地讓我們激動的侵襲」[107]。換句話說，情感是一些不由自主而發生在我們身上的東西。這的確是「情感」的一般意義。Affectus以及它的德語表達Leidenschaft，字面上的意義就是：我們所遭受的東西。在漢語裡，我們也說「受苦」、「受氣」。正如海德格爾所說，尼采無疑想以這種侵襲的性質來作爲「意志的本質描繪」[108]。海德格爾認爲因爲它是不由自主的，所以它使得「意求超出自己」成爲可能，於此他強調的仍舊是那個「自己」。但我認爲更重要而海德格爾沒有給予足夠重視的一點是：侵襲我們、讓我們激動的情感迫使我們行動、迫使我們做某些事。海德格爾也指出，我們有一句話叫「情感用事」[109]。「情感用事」的特徵是，我們沒有經過事前仔細考慮，純粹由情感推動我們做某些事，我們很多時候甚至不知道自己爲什麼會做這些事，因此我們也說這時候我們是「盲目的」。尼采強調的其實是這種壓倒性的推動力。我們在上面一段引文中就已經看到，尼采以強力取代幸福作爲有生者所追求的東西，就是因爲他認爲「快感不推動」。他將情感與強力意志相提並論，相反來說就是由於他認爲情感推動，情感壓倒性地推動我們做事。而一切情感把我們推向的，在尼采看來，當然就是增加強力，即使我們自己並不知

---

[106] NI: 56.

[107] NI: 59.

[108] NI: 57.

[109] NI: 56.

道，[110]所以他就說：「強力意志是原始的情感形式」。[111]

　　海德格爾也注意到，「尼采多半把『激情』一詞的意義等同於『情感』」[112]，但他卻又認為尼采知道兩者之分別[113]。但如果尼采多半以相同意義使用這兩個語詞，那麼這是否至少表示尼采多半是沒有區別它們的呢？而且，正如我們在上面所指出，Affekt與Leidenschaft原來只是對同一概念出於兩種語言之不同表達，作為古語言學者的尼采不可能沒有注意到這一點。無論如何，海德格爾本人明確區分了情感與激情。他認為情感是盲目的，而激情則是「明察的」（hellsichtig），它是一種「展伸」（Ausgriff），這種展伸「把我們的本質聚集於它的本質基礎上」，「在這聚集中首次將這基礎打開」[114]。簡單來說，在海德格爾看來，激情是一種打開狀態，把我們自己以及我們周圍的實是者打開。這很難說是「激情」的一般意義，但海德格爾聲稱，這意義下的「激情」解釋了尼采的意志概念。

　　就海德格爾的激情概念只能用於此在而言，它是絕不能幫助我們了解尼采的意志概念的，理由我們在上面已經多次指出。我認為尼采重視激情，原因其實是與他重視情感一樣的，即它壓倒性地推動我們做某

---

[110] *Cf.* KSA 12: 1[61]: "Alles, was in Bewußtsein tritt, ist das letzte Glied einer Kette, ein Abschluß. Daß ein Gedanke unmittelbar Ursache eines anderen Gedankens wäre, ist nur scheinbar. Das eigentlich verknüpfte Geschehen spielt (sich) ab unterhalb unseres Bewußtseins: die auftretenden Reihen und Nacheinander von Gefühlen Gedanken usw. sind Symptome des eigentlichen Geschehens!"

[111] 過去的哲學家，以至一般人都普遍認為，由於情感用事是盲目的，因此對我們是有害的。但最近有不少學者已經提出，從演化生物學的視角來看，它長遠而言往往是對我們有利的，參看Frank, Robert H. *Passions within Reason*, (New York: Norton, 1988)。

[112] NI: 58.

[113] NI: 57.

[114] NI: 59.

些事。[115]畢竟,正如海德格爾也看到,尼采根本沒有明確區分Affekt與
Leidenschaft二詞。關於尼采對「激情」的使用,海德格爾所忽略的東西
可能比他所添加的東西,更能說明問題。海德格爾不知有意還是無意,忽
略了尼采不時把激情與欲求相提並論。[116]如果我們的闡釋是對的,那麼尼
采把兩者相提並論就很容易理解,因為欲求也是強烈推動我們做某些事
的東西。但海德格爾卻相反明確地把激情與欲求區別開來,他說:「激
情與單純欲求沒有任何關係,激情不是神經的事情,不是腦袋發熱和放
縱。」[117]海德格爾不單把激情與欲求分開,而且似乎認為激情與神經刺激
無關。相反來說,尼采不單把激情與欲求相提並論,而且還認為激情就是
大腦對身體狀態的反應,他說:「激情等於我們器官的狀態,以及它們對
大腦的反作用——兼尋求釋放。」[118]對海德格爾來說,他要把激情與欲求
區分,也是很容易理解的。這是因為他要把人與動物分開,激情對他來說
是開啓狀態,只能單單屬於人。但尼采關心的卻不是開啓狀態,而是什麼
推動我們行動。在這方面他認為人與其他動物沒有什麼不同,最終都是強
力意志在推動。激情就是強力意志。[119]

對於「感受」,海德格爾也用打開狀態來解釋:「在感受中,那種
狀態打開和維持開放,在其中我們總是同時對著事物、對著我們自己,以
及對著跟我們一起的人而站住。」[120]說在感受中,我們自己,以及周圍的

---

[115] 例如,在談到悲劇英雄時,尼采就說:「Man fragt sich, was von den Heroen übrigbleiben wärde, wenn sie nicht von dieser Leidenschaft bewegt wären: sicherlich nur wenig... (KSA 13: 11[311])」。

[116] 例如,「Leidenschaften und Begierden (KSA 12: 2[21])」、「Leidenschaften und Begehrungen (KSA 13: 11[310])」、「Begehrungen und Leidenschaften (KSA 13: 14[164])」,另參看KSA 12: 9[139]、KSA 13: 14[157]、KSA 13: 14[163]。

[117] NI: 60.

[118] KSA 10: 4[219].

[119] KSA 10: 9[39]: " 'Wille' ist ein Begriff, um alle unsere Leidenschaften zu vereinigen."

[120] NI: 63.

人與事對我們開啓，這不能說不對，問題是海德格爾認爲這種狀態只單單
屬於人，但尼采不這麼認爲。[121]此外，尼采雖然有時候把強力意志與感受
相提並論，甚至說：「意志，一種壓迫的感受，很適意」[122]，但正如我們
在上面已經指出，尼采認爲「快感伴隨，快感不推動」。海德格爾也看出
了這點，所以他也認爲感受並不規定意志的本質，而只是「指向某些本質
上屬於意志的完滿本質中的東西」[123]。感受所指向的本質性的東西是什麼
呢？對於海德格爾來說，這當然是開啓狀態。但從我們的解釋來看，當
尼采說：「意志，一種壓迫的感受」時，眞正的重點其實是「壓迫的」這
一個規定。意志是不可抑止的內在推動力，對於有感受的東西而言，伴隨
而來的是一種壓迫感。所以，尼采接著說：「它是一切力量流出的伴隨現
象。」當強力達致了，壓迫感暫時釋放，隨之出現的是快感。但對於尼采
而言，感受並不是本質的東西，而只是伴隨的東西；不可抗拒的推動力才
是本質的東西。

陸

　　尼采認爲意求具有命令的特徵，這是他的意志概念另一個重要成分。
海德格爾也沒有忽略這點，他說：「尼采多次強調意志的命令特徵」[124]，
並且認爲尼采所謂的「意求」就是「把自己置於本己的命令下，自我命令
的決心」。關於意志的命令特徵，尼采這樣說：

---

[121] 參看上文引用的KSA 13: 14[121]。
[122] KSA 10: 7[226], NI: 61.
[123] NI: 62.
[124] NI: 51.

「意求」不是「欲求」、追求、要求：它通過命令之情感而與它們區別開來。

沒有「意求」，只有意求某東西（Etwas-wollen）：不可把目標從狀態中釋放出來：就像認識論者所做的那樣。他們所了解的「意求」，與「思想」一樣都不曾出現：是純粹的虛構。

某事情被命令，這屬於意求之內。[125]

這段話其實涉及了關於尼采的意志概念的兩個要點：一、意求以命令之情感為特徵；二、意求總是對某東西的意求。

意志具有命令之特徵，實際上並不是尼采的發明，一般被視為發現了意志的奧古斯丁，就已經有這個看法了，他說：「有多少命令，就有多少意求，而所意求的事情有多少不發生，就有多少不意求，因為命令有這個意志的，就是意志，不是其他東西，而是它自己。因此，不完全的意志來命令，那麼它所命令的事情就不發生。因為如果它是完全的，不用命令它在，它就已經在了。」[126]阿奎那（Thomas Aquinas）在《神學大全》（*Summa theologiae*）中也有一節專門討論「意志所命令的行為」（de actibus imperatis a voluntate）[127]。命令之所以一直被視為意志的特徵，乃是因為意志的本質就是推動，而正如阿奎那所言，「命令就是推動某東西」（movere quoddam）。[128]

當然，尼采對意志的看法與傳統看法並不完全相同。他沒有把意志看作為一個獨立於理性和欲求的心理機能。相反，他認為理性和欲求都是強

---

[125] KSA 13: 11[114].

[126] Augustine, *Confessiones*, 8.9.

[127] Aquinas, *Summa theologiae*, 2a, qu.17.

[128] Aquinas, *Summa theologiae*, 2a, qu.17, art.1.

力意志，都是強力意志的工具。不過，尼朵顯然還保留了以命令爲意志之特徵的傳統看法。「命令之情感」是什麼呢？尼朵在《善與惡之彼岸》中有比較詳細的論說：

　　一個意求的人——，對自身中某個服從的，或者他相信服從的東西下命令。不過現在要注意，在意志中——在這民眾只有一個詞來表達的多樣性事物中，最奇妙的東西在於：在上述情況下，我們同時是命令者和服從者，而作爲服從者我們知悉強迫、壓迫、按壓、抵抗、運動之感受，它們通常馬上開始於意志行爲之後。[129]

　　我們在上面指出，尼朵之所以經常把意志跟情感或激情相提並論，是因爲根據一般的經驗，情感與激情都是讓我們不由自主、壓倒性地推動我們做某些事的力量。於此我們看到相同的特徵再次出現。尼朵認爲在意志中，我們「同時是命令者和服從者」，所以我們馬上會有「強迫、壓迫、按壓、抵抗、運動之感受」。命令就是推動，而且是有壓迫性的推動，甚至是盲目的。我們常常聽到「盲目服從命令」這句話。其實命令之爲命令，其中一個特徵就在於它是強制性的，沒有理由可講的。受命令的人要麼服從，要麼不服從。如果他不服從，就算他有多麼好的理由，原則上他也是不服從命令。如果他了解理由才服從命令，他就已經不是服從命令，而是服從了了解了。所以我們都不喜歡被命令，認爲這是不自由。因此，以命令爲意志之特徵，其實也是表達了它的強制性，這跟把意志掌握爲情感或激情是一樣的。意志就是強制的內在推動力。於此，海德格爾的解釋也跟我們不一樣。他認爲以命令來規定意志，是因爲尼朵認爲命令包含表

---

[129] JGB: §19.

象，包括知識，而「知（Wissen）意謂：對實是打開。」[130]海德格爾的解釋，用他本人在《尼采》的話來說，是一種「觀念論的解釋」（idealistische Deutung）[131]。

柒

上面提到，尼采說：「沒有『意求』，只有意求某東西：不可把目標從狀態中釋放出來。」也就是說，意求與所意求的東西是不可分開的。尼采還有另一段話把這個看法說得更詳細一些：

「強力意志」是「意志」的一個種類，或者與「意志」概念是同一的嗎？它意思相當於欲求嗎？或者命令？

它是叔本華所謂的「意志」，它是那個「事物的自身」嗎？

我的命題是：至今的心理學所謂意志，是沒有理據的一般化，根本就沒有這個意志，人們沒有把握到，一個特定的意志展現於多樣的形式，反而通過減去它的內容、所向（Wohin），而刪去了它的特徵。

這情況在叔本華那裡到了最高程度。

他所謂「意志」單純是一個空洞的語詞。這與「求生意志」更加沒有關係，因為，生命單純是強力意志的個別事例，──斷言一切都追求跨越到強力意志這一種形式中，這完全是武斷的。[132]

---

[130] NI: 70.

[131] NI: 66.

[132] KSA 13: 14[121].

現象學的意向性理論認為，一切意識行為都關係於某個物件，感知總是對某東西的感知，意求也總是對某東西的意求。但尼采的看法與現象學這個對意識行為的一般看法並不一樣。現象學認為意求總是對某東西的意求，但卻不認為一切意求所意求的最終都是同一樣東西，而後者則是尼采的看法。他認為意求與它的「所向」是不可分的，一切意志所追求的最終其實是同一樣東西，即：強力。換句話說，意求總是意求強力，意志總是強力意志。脫離對強力追求的意志是不存在的，尼采認為叔本華所謂「意志」就屬於此類，所以是「一個空洞的語詞」。一般看來，人們所追求的東西是各種各樣的，換句話說，人們有不同的目的或目標。人們於是抽離了這些各種各樣的目標，而談論一個獨立於這些目標的意志本身。人們沒有掌握到，對各種各樣的目標之追求，歸根究柢只是一個特定的意志所展現的不同變化形式。尼采說：

在人們在概念上把做事者從做事抽離出來，並因此掏空了做事以後，人們再次把他納入做事之中；

在人們人工地把做某事、「目標」、「意圖」、「目的」從做事抽離出來，並因此掏空了做事以後，人們再次把它們歸入做事之中；

一切「目的」、「目標」、「意義」都只是那個唯一的、寓於一切生成中的意志，即強力意志的表達方式和變化形態；具有目的、目標、意圖，意求籠統而言，無異即是意求變得更強、意求增長，以及也意求對此的手段；一切做事和意求中最普遍和最底下的本能，之所以一直是最不為人所認識和最隱蔽的，是因為我們在實踐上總是跟隨它的命令，因為我們就是這命令……一切價值評估都只是服務於這唯一意志的結果和狹窄視

角：價值評估本身就只是這強力意志；[133]

在這點上，海德格爾的解釋至少是正確的：

尼采的「強力意志」這個表達所要說的是：人們一般所了解的意志，真正只是強力意志。但在這澄清中仍有可能的誤解。「強力意志」這個表達不是指，與慣常看法一致，意志的確是一種欲求，只不過它是以強力而不是以幸福和快感為目標。……就尼采的意志概念嚴格意義而言，強力永不可以作為目標而事先設立在意志之前，仿佛強力是這樣的東西，它可以首先在意志之外而設立。[134]

但即使在這點上，海德格爾最終也要納入他自己對意志的「打開狀態」解釋，將之關聯於「對自己的決心」：

因為意志是對自己的決心，即作為主宰超出自己（als über sich hinaus Herrsein），因為意志是：意求超出自己，意志就是強化自身以強力的強力性（Mächtigkeit）。[135]

在海德格爾看來，強力意志就是對自己的決心，在這樣的決心中所意求的東西，是對意求者開啟的，意求者對所意求的東西具有表象。但從上面的引文可以看到，尼采認為強力意志「一直是最不為人所認識和最隱

---

[133] KSA 13: 11[96].

[134] NI: 52.

[135] NI: 52.

蔽的（verborgenste）」。「隱蔽的」一詞恰恰也是海德格爾本人所經常使用的，它的意義正好是「開啓」的反面。換句話說，尼采恰好認爲強力意志一般是不對我們開啓的，我們根本就不知道我們自己就是強力意志，「就是這命令」。

參考文獻

一、尼采著作簡稱

GD *Götzen-Dämmerung*, in: KSA 6.

GM *Zur Genealogie der Moral*, in: KSA 5.

JGB *Jenseits von Gut und Böse*, in: KSA 5.

KSA *Sämtliche Werke*, Kritische Studienausgabe in 15 Bänden. Berlin: DTV, 1999.

Z *Also sprach Zarathustra*, in: KSA 4.

WM *Der Wille zur Macht*, ed. Peter Gast und Elisabeth Förster-Nietzsche. (Stuttgart: Kröner, 1996).

二、海德格爾著作簡稱

GA5 *Holzwege*, Gesamtausgabe 5, hrsg. von Friedrich-Wilhelm von Herrmann, 2. Auflage, (Frankfurt/Main: Klostermann, 2003).

GA24 *Die Grundprobleme der Phänomenologie*, Gesamtausgabe Bd. 24, ed. Friedrich-Wilhelm von Herrmann, 3. Auflage, (Frankfurt/Main: Klostermann, 1997).

GA29/30 *Die Grundbegriffe der Metaphysik, Welt-Endlichkeit-Einsamkeit*, Gesamtausgabe Band 29/30, ed. Friedrich-Whilhelm von Herrmann, 2. Auflage, (Frankfurt/Main: Klostermann, 1992).

NI *Nietzsche I*, (Stuttgart: Neske, 1961).

SZ *Sein und Zeit*, 17. Auflage, (Tübingen: Max Niemeyer, 1993).

三、其他參考書目

Arendt, Hannah. *The Life of the Mind*, (San Diego/New York/London: Harcourt, 1978).

Augustine of Hippo. *On the Free Choice of the Will, On Grace and Free Choice, and Other Writings*, ed. and tr. Peter King, (Cambridge: Cambridge University Press, 2010).

Chadwick, Henry. *Augustine*, (Oxford: Oxford University Press, 1986).

Dihle, Albrecht. *The Theory of Will in Classical Antiquity*, (Berkeley/Los Angeles/ London: University of California Press, 1982).

Frank, Robert H. *Passions within Reason*, (New York: Norton, 1988).

Harrison, Simon. *Augustine's Way into the Will*, (Oxford: Oxford University Press, 2006).

Janaway, Christopher. *Self and World in Schopenhauer's Philosophy*, (Oxford: Clarendon, 1989).

Kahn, Charles H. "Discovering the Will", in: John M. Dillon & A. A. Long eds. *The Question of "Eclecticism"*, (Berkeley/Los Angeles/London: University of California, 1988), pp.234-269.

Kaufmann, Walter. *Nietzsche: Philosopher, Psychologist, Antichrist*, fourth edition, (Princeton: Princeton University Press, 1974).

O'Daly, Gerard. *Augustine's Theory of Mind*, (Berkeley and Los Angeles: University of California Press, 1987).

Ryle, Gilbert. *The Concept of Mind*, (Chicago: The University of Chicago Press, 2002).

Snell, Bruno. *The Discovery of the Mind*, tr. T. G. Rosenmeyer, (New York: Dover, 1982).

尼采，《權力意志》，孫周興譯，（北京：商務印書館，2007）。

尼采，《查拉圖斯特拉如是說》，孫周興譯，（北京：商務印書館，2014）。

利瑪竇著，梅謙立注，《天主實義今注》，（北京：商務印書館，2014）。

吳天嶽，《意願與自由》，（北京：北京大學出版社，2010）。

郜元寶編，《尼采在中國》，（上海：上海三聯，2001）。

海德格爾，《尼采》上卷，孫周興譯，（北京：商務印書館，2002）。

梁家榮，《本源與意義：前期海德格爾與現象學研究》，（北京：商務印書館，2014）。

責任與困苦：論尼采與列維納斯的身體倫理學

駱穎佳

在有關主體性的理解上，尼采與列維納斯是兩位思想進路很不同的哲學家。尼采強調主體對自我意志的掌控，從而克服生命的困境，好肯定生命的價值及意義；而列維納斯則強調主體放棄對自我意志的掌控，容讓他者對主體的占有與控訴，從而達致一種為他者而生的倫理生命。換言之，尼采的「主體」是一種「強勢的主體」，而列維納斯的「主體」乃是一種「弱勢的主體」。

但尼采與列維納斯在有關主體的倫理性的討論上，仍有一定的共通點可供對話，例如：兩者都批判僵化的，並壓抑生命及身體的道德教條；兩者對身體作為倫理生命確立的條件亦充分肯定；而某程度上，兩者的倫理學都是從身體感官出發的身體倫理學。因此，本文想就著尼采與列維納斯對身體與倫理的思考作進一的反省，尤集中兩者對痛苦作為生存條件這一命題作比較，從而探索這兩種一強一弱的主體可有彼此修正及豐富的可能？

在有關主體性的理解上，尼采與列維納斯（Emmanuel Levinas）是兩位思想進路很不同的哲學家。尼采強調主體對自我意志的掌控，從而克服生命的困境，肯定生命的價值；而列維納斯則強調主體放棄對自我意志的掌控，容讓他者對主體的占有與控訴，從而達致一種為他者而生的倫理生命。換言之，尼采的「主體」是一種「強勢的主體」，而列維納斯的「主體」乃是一種「弱勢的主體」。

但尼采與列維納斯在有關主體的倫理性的討論上，仍有一定的共通點可供對話，例如：兩者都批判壓抑生命及身體的道德教條，肯定身體作為倫理生命確立的主要條件。某程度上，兩者的倫理學都是一種身體倫理學。因此，本文想就著尼采與列維納斯對身體與倫理作初步的思考，尤其集中兩者對痛苦構成責任主體這命題作比較，為日後對兩人的深入研究提供初步基礎。[1]

壹、尼采論主體之苦：面對「永恆回歸」中的末人

痛苦，一直是尼采關心的主題。在《悲劇的誕生》（*The Birth of Tragedy*），尼采指出，希臘文化的精神就是一種悲劇精神，各類的神話都是在探索生命的痛苦及荒誕。當中，他思考著一個問題，希臘人對痛苦採取一種什麼樣的態度？他們具有哪種感覺能力？這種能力又是否可以延

---

[1] 到目前為止，只有一本英語文集，集西方學者對尼采與列維納斯作多方面的比較，見J. Stauffer & B. Bergo ed. *Nietzsche and Levinas*, (New York: Columbia University Press, 2009)。此外，將兩人的身體理論作比較，則有Diprose, R. *Corporeal Generosity: On Giving With Nietzsche, Merleau-Ponty, and Levinas*, (Albany: State University of New York Press, 2002)。以兩人的倫理主體性完成的博士論文，則有Keki, Basak. *Nietzsche and Levinas on the Ethics of Subjectivity*, Unpublished doctoral dissertation, (Department of Philosophy, University of Sussex, 2014)。中文著作方面，可參臺灣學者賴俊雄，《回應他者：列維納斯再探》，（臺北：書林出版有限公司，2014），頁223-256。

續？何解希臘人甘於被悲劇精神，及其中的可怕性、破壞性所束縛？[2]某種程度上來說，尼采就是要在希臘的悲劇精神裡，尋找及延續這種曾經一度失落的「悲劇智慧」（the tragic wisdom），好面對一個「上帝已死」之後的現代世界。正如芬奇（Eugen Fink）指出，尼采的生命觀，只可以透過他對悲劇的理解而把握，而生命的悲劇性，更被尼采視爲一種存在的「原眞經驗」[3]（a primordial experience of Being）。從這一層面看，尼采也是一個現象學家。[4]

在《查拉圖斯特拉如是說》（*Thus Spoke Zarathustra*）中，尼采透過查拉圖斯特拉的提問，正是思索著上述的問題：上帝死了之後，我們可怎樣面對一個不斷重複的痛苦世界，並肯定當中的意義？沒有了上帝的世界，還有什麼力量（內在的或外在的）能推動一個人有勇氣活下去？在〈夢遊者之歌〉，查拉圖斯特拉說道：「誰能主宰塵世呢？誰能說：你們大大小小的河流呵，你們該這樣流淌。」[5]，人可以主宰如流水般滾動的生命嗎？正如查拉圖斯特拉的感嘆：「每日的工作！每日的工作！誰能主宰塵世呢？」。[6]因此，查拉圖斯特拉在「時鐘嗡嗡作響，心靈依然發出格格聲，木頭裡的蛀蟲，心靈裡的蛀蟲，依然在挖掘」[7]時總結道：「世界是深沉的！」[8]

何解查拉圖斯特拉對著一個深沉的世界會慨歎起來？「深」又有何

2　尼采，《悲劇的誕生》，劉崎譯，（臺北：志文，2014），頁13-14。

3　將胡賽爾（Edmund Husserl）的「primordial」譯作「原眞」是參考倪梁康的譯法，見倪梁康，《胡賽爾現象學概念通釋》，（北京：三聯書店，1999），頁369-370。

4　Fink, E. *Nietzsche's Philosophy*, (London: Continuum, 2003), pp.12-13.

5　尼采，《查拉圖斯特拉如是說》，孫周興譯，（上海：上海人民出版，2010），頁412。

6　尼采，《查拉圖斯特拉如是說》，頁412。

7　尼采，《查拉圖斯特拉如是說》，頁413。

8　尼采，《查拉圖斯特拉如是說》，頁413。

懼？黃國鉅對「深」的意象，有以下的解釋：「深，永恆是深，是一個深淵（Abgrund）……查拉圖斯特拉多次說：『歡愉（Lust）要所有事物的永恆，深的、很深的永恆。』因為每一刻都無限重複，而每一刻都是永恆，所以，這種重複，令每個永恆的當下，都變成深淵，就像一個不斷往下轉的螺旋，深不見底。」[9]查拉圖斯特拉，在木頭裡的蛀蟲、流水以至心靈的蛀蟲等不息的運動中，沒有看見一種流動的生命力，他反而看見，由不息與重複所衍生的無意義的深淵。正如在〈幻覺與謎團〉，查拉圖斯特拉說道，這深淵的精靈，如魔鬼，把他的腳拉向深淵，折磨著，令他疲倦及痛苦。[10]

當上帝作為一個超越的支點，去賦予時間及生命意義的日子結束後，難道時間只剩下一連串無目的性與無盡的瞬間（a sequence of meaningless and infinite moment），以及一連串無目的性與無盡的將來？是的，對尼采來說，現在的事，以前發生過，將來也會重複發生，每個瞬間，每個事件，都是無盡的重複，是一種痛苦。但若人只被動地接受這種永恆回歸（the eternal recurrence），並視為為一種「無目的循環」（the goalless cycle）[11]，及一種命定主義（fatalism）[12]，這就是軟弱的表現。

對查拉圖斯特拉來說，痛苦之加劇，往往從人類而來：「我的嘆息坐落在人類的墳墓上，再也不能站立起來；我的嘆息和疑問盡夜嗚咽、哽噎和哀怨。」[13]究竟人類作了什麼，令查拉圖斯特拉如此哀痛？查拉圖斯

9　黃國鉅，《尼采：從酒神到超人》，（香港：中華書局，2014），頁223。

10　尼采，《查拉圖斯特拉如是說》，頁413。

11　Löwith, K. *Nietzsche's Philosophy of the Eternal Recurrence*, (Berkeley: University of California Press, 1997), p.89.

12　Löwith, K. *Nietzsche's Philosophy of the Eternal Recurrence*, pp.188-189.

13　尼采，《查拉圖斯特拉如是說》，頁281。

特拉的痛，來自旁觀他受大痛苦的人類。[14]他比喻這班人類是一條「粗黑的蛇」[15]，爬進他的喉嚨裡頭，使他窒息。更不幸的是這班「最渺小」的人卻會永恆回歸，令查拉圖斯特拉對於一切的此在感到厭倦。[16]對尼采而言，渺小、怨恨和反動的人類（粗黑的蛇）的永恆回歸不單使永恆回歸令人難以忍受，還將一種令人窒息的反動力量帶進永恆回歸裡去。

因此，永恆回歸的另一種痛苦，是它重複地，將令人厭倦的及反動的他者，帶進主體的生命。尼采特別討厭那些輕蔑超人哲學，拒絕痛苦，只追求退化生命的「末人」（the ultimate man）[17]。正如查拉圖斯特拉說：「於是就我要跟他們說最可輕蔑者：而那就是末人。」[18]末人是超人的「對立面」[19]，他不但未能帶來救贖，幫人克服永恆回歸的深淵，還成為人自我救贖的障礙。汪民安對末人作如下的解釋：末人「……放棄了一切理想和抱負，也放棄了痛苦，他按部就班，得過且過，追求此刻的舒息和滿足，他完全受自我保存的欲望所驅動；所有的潛能、所有的積極性和主動性、所有的超越性都被拋棄了。他們沒有渴望，沒有愛，沒有創造……不再生長，不再勃發……享受著平庸的安逸。」[20]末人不是沒有力量的人，而是一班放棄、否定自身力量，與自身力量分離，並放棄將它們發放出來的奴隸。

但弔詭地，主體的對抗意志，往往因著這類令人厭倦的末人而來。對尼采來說，克服痛苦生命，就得成為克服他者的超人。正如查拉圖斯特

14　尼采，《查拉圖斯特拉如是說》，頁280。

15　尼采，《查拉圖斯特拉如是說》，頁202。

16　尼采，《查拉圖斯特拉如是說》，頁282。

17　尼采，《查拉圖斯特拉如是說》，頁12。

18　尼采，《查拉圖斯特拉如是說》，頁12。

19　尼采，《查拉圖斯特拉如是說》，頁12。

20　汪民安，《尼采與身體》，（北京：北京大學出版社，2008），頁196。

拉說，他要成為人類的控訴者，因此要將這條象徵著「壓抑主體生命的人類」的粗黑的蛇「拉下來」及「咬下來」[21]：「把頭咬下來！咬吧！我就這高喊，我的恐怖、我的仇恨、我的厭棄、我的憐憫、我所有的善和惡，都以一聲大叫喊了出來。」[22]對尼采而言，超人的主體，要透過對他者的戰勝與克服，才能建構起來。汪民安指出，「作為權力意志的生命就必定以這個不可分割的行動過程來表達：競技、戰鬥進而戰勝和征服對方。生命和力量就此獲得了自己的增強和提高。」[23]當中，主體身體的情緒狀態（恐怖、仇恨、厭棄、憐憫）完全被他者（末人）觸發，但主體透過克服這種自身的情緒及戰勝末人，超人主體才能發展一種對抗性的權力意志。這也是德勒茲（Gilles Deleuze）所言：「趨向反動的力有一種令人欽羨的東西，它既令人欽羨又充滿危險。」[24]正因為末人的頹廢與墮落才能激發起超人主體的生命力量。所以一種弱的反動力與一種強的能動力要同時存在於主體的身體裡，並彼此角力，一種權力意志的主體才能生成。

　　這裡我們見到尼采視身體[25]為一種由各種力量（multiplicity of forces）組成的有機體（organism）。身體是不同力量的角力場，而當中的力量角力既有化學性、生物性，亦有社會性與政治性。任何不平等的力在角力，並構成關係，便構成一個身體。德勒茲指出，尼采視身體「是由多元

---

[21] 尼采，《查拉圖斯特拉如是說》，頁202

[22] 尼采，《查拉圖斯特拉如是說》，頁281。

[23] 汪民安，《尼采與身體》，頁130。

[24] 德勒茲，《尼采與哲學》，（北京：社會科學文獻出版社，2008），頁97。

[25] 在尼采晚年一篇名為〈以身體作為准繩〉（Am Leitfaden des Leibes）的文章裡，他對身體的界定，有更仔細的看法。當中尼采用Leib（身體），而不是Fleisch或Körper（肉體），去描述身體，為要強調靈肉統一的整體，而Fleisch（肉體）則只有生理學的層次。當然，尼采用Leib，想更突出身體與理性／靈魂，所構成的對抗性張力，好取代柏拉圖至康德以來的「以理性／靈魂作為準繩」的哲學，見馮學勤，《從審美形而上學到美學譜系學》，（杭州：浙江大學出版社，2011），頁180。

的不可化簡的力構成的，因此它是一種多元的現象，它的統一是多元現象的統一，是一種『支配的統一』。在身體中，高等的支配力被稱為能動力（active force），低等的被支配力被稱為反動力（reactive force）。能動與反動正是表現力與力之間關係的本原性質。」[26]對尼采而言，並非所有力都是一樣的，反動力是一種服從能動力的被支配的力量，是一種機械性和功利性的調和，但這種力不能擴張及不會進攻，它不能構成強大的自我。因此，尼采認為，我們唯有掌握能動力，一種主動追求權力，要占有、支配，和征服反動力的「可塑性的動力」（active plastic force）[27]，才能發現一種強大的主體如何在一種由能動力支配反動力中生成。尼采深信，人能透過身體的能動力，轉化諸種反動力量為一種創造性的權力意志的力量，好叫人勇於面對痛苦，及參與創造，與萬物成為一道，與太陽、大地及蛇一起轉回，並向人類宣告超人哲學。因此，權力意志既是力的起源，也是力的綜合原則。但可惜的是，末人只愛擁抱這種反動的低等力量，甘於為奴，令永恆回歸變得更難以忍受。

當然，尼采不是與所有這種擁抱反動的低等力量的他者為敵。在《查拉圖斯特拉如是說》的序言中，查拉圖斯特拉說，自己是愛人類的[28]，並願意給人一件禮物[29]。他批評逃離人群的「聖徒」，因為他深信要克服生命的痛苦，就要下到深淵[30]，把超人哲學啟發人類，若不，人類就會退化為猿猴，成為痛苦的羞辱、對大地的褻瀆。[31]

---

26 德勒茲，《尼采與哲學》，頁60。
27 德勒茲，《尼采與哲學》，頁63。
28 尼采，《查拉圖斯特拉如是說》，頁5。
29 尼采，《查拉圖斯特拉如是說》，頁5。
30 尼采，《查拉圖斯特拉如是說》，頁3。
31 尼采，《查拉圖斯特拉如是說》，頁7。

　　尼采進一步解釋，他愛那些接受自己是生命的「過渡者」、「願意為大地而犧牲」[32]、「完成自己的德性」[33]、「願意生活」[34]，而且「總是贈予，而不願為自己存留什麼」[35]、「在受傷時他的靈魂也是深的」[36]，以致忘掉了自己，成為一座過渡成超人的「橋樑」[37]。更重要的是，「過渡者」不再輕蔑身體[38]，不再容許靈魂令身體變得瘦弱及惡劣[39]，而是回歸身體及大地（對尼采而言，肯定身體就是肯定大地[40]）。

　　換言之，尼采欣賞那些有待創造的「過渡者」，及敢於犧牲自己，成為超人的他者。他不介意給予他們禮物，但強調，他不是施捨，因為他自己也是貧乏；反之，這是一種願意為他者犧牲自己僅有的「贈予的德性」。[41]尼采也沒有藉此控制自己的門徒，他反而叫他們離開自己，走自己的路[42]，尊重他者的他性（alterity）。正如林麥（Vanessa Lemm）指出，尼采與他者保持的是一種非占有，卻帶著距離的友愛關係。[43]

　　這裡我們看到，尼采的超人，需要強悍的身體力量來面對他者。一方面，在永恆回歸中，超人以身體力量，克服各類對立的他者；另一方面，超人又要犧牲自己，幫助「過渡者」，克服生命的痛苦。上述的行動，都

---

[32] 尼采，《查拉圖斯特拉如是說》，頁10。

[33] 尼采，《查拉圖斯特拉如是說》，頁10。

[34] 尼采，《查拉圖斯特拉如是說》，頁10。

[35] 尼采，《查拉圖斯特拉如是說》，頁11。

[36] 尼采，《查拉圖斯特拉如是說》，頁11。

[37] 尼采，《查拉圖斯特拉如是說》，頁10。

[38] 尼采，《查拉圖斯特拉如是說》，頁7。

[39] 尼采，《查拉圖斯特拉如是說》，頁8。

[40] 尼采，《查拉圖斯特拉如是說》，頁8。

[41] 尼采，《查拉圖斯特拉如是說》，頁94。

[42] 尼采，《查拉圖斯特拉如是說》，頁95。

[43] Lemm, V. *Nietzsche's Animal Philosophy: Culture, Politics, and the Animality of the Human Being*, (New York: Fordham University Press, 2009), p. 80.

需要有強大的身體力量才可完成。事實上，尼采對身體的肯定，基本上是一場衝著柏拉圖而來的造反哲學。對尼采來說，柏拉圖不但否定身體，視身體為精神的牢籠，更否定了古希臘的悲劇傳統視身體為體現各種「倫理的場境」（location of all ethics）[44]。所以尼采宣告，只有身體才是「一座通向超人的橋梁！」[45]。身體主宰著整個人，它可強制、征服、摧毀及統管一個人，而人就是完完全全的身體[46]。身體的理性，比最高智慧的理性，更有創造性，因它創造了痛苦、快樂、價值和意志。身體不是精神的牢籠，反而，它創造了精神，成為精神意志之手，主宰著精神。相反，理性及宗教的規條（祭師理想），總是壓抑著身體，以禁欲主義，否定了生命的創造力。

所以，尼采蔑視那些身體的蔑視者，因他們否定身體，及其對生命的創造價值，亦因此背棄了自我及生命[47]。德勒茲指出，尼采甚至視身體為聖哲，因為「身體的能動力把身體變為自我，並且把自我界定為優越的和驚世駭俗的。」[48]人要克服生命的痛苦，得依靠堅強的超人意志，而超人意志不是一種抽象的及離身的意識或精神，而是從自己的身體激發出來。生命的痛苦，沒有打倒超人，反而在超人感受痛苦的過程中，創造了自我。[49]換言之，尼采視感受痛苦的身體，為一種體現責任倫理的場境（the body as the site of ethics）[50]，是成就一種「超人倫理」的重要條件。

[44] Ahern, D. R. *The Smile of Tragedy: Nietzsche and the Art of Virtue*, (Pennsylvania: The Pennsylvania State University Press., 2012), p.36.

[45] 尼采，《查拉圖斯特拉如是說》，頁35。

[46] 尼采，《查拉圖斯特拉如是說》，頁33。

[47] 尼采，《查拉圖斯特拉如是說》，頁34。

[48] 德勒茲，《尼采與哲學》，頁63。

[49] 尼采，《查拉圖斯特拉如是說》，頁34。

[50] Ahern, D. R. *The Smile of Tragedy: Nietzsche and the Art of Virtue*, p.37.

貳、列維納斯論主體之苦：面對「責難循環」中的他者

法國哲學家列維納斯跟尼采一樣，反對理性主義視身體爲理性的牢籠，認定能感受痛苦的身體，才是成就一種倫理主體的重要條件。[51]他指出，理性主義，或某類強調意識在認知層面上有其優先性的哲學，如胡賽爾（Edmund Husserl）的現象學（phenomenology），長期肯定人的意識在認知世界的層面上，比身體感知（the bodily sensation）有其優先性[52]，最終會衍生一種知性上的暴力。

意識的作用是將散亂的外在世界，藉著概念的框架，穩定下來，並構成知識、本體論，甚至系統。但列維勒斯指出，理性主義之所以暴力，不單由於人的意識，將外部複雜的世界，化約爲一種只關心本性（nature）及本質（essence）的本體論（ontology），供人研究及控制，更在於知性主體，藉著本體論，把他者統攝在各種不同類型的總體化系統（totalizing system）[53]裡，從而將他者分類，並化爲客體[54]。但當主體日漸以概念、理

51　列維納斯對理性主義的批判，跟一些當代同樣關心身體的哲學家，如梅洛—龐蒂（Merleau- Ponty）不同。他不是如後者般從認知層面上，關心身體，並批判離身（disembodied）的理性主義，反之，他是從倫理學的關懷出發。

52　列維納斯指出，這不是說，對胡賽爾而言，身體感官的經驗完全不重要，只是它變得次要，只為意識服務，提供物料，好幫助意識進行對外在世界作概念性掌握。此外，胡賽爾忽略了，身體感受是帶有倫理性，即身體感官的即時性（immediacy），可幫助主體，衍生一種透過感受他者苦痛，而獲得的倫理經驗，參Levinas, E. "Nonintentional Consciousness", in: E. Levinas, *Entre Nous: On Thinking of the Other*, (London: The Athlone Press, 1998), p.126。

53　列維納斯視總體性（totality）為一種概念性及統合性的總體（whole），用以將物件及原素的多元性（the multiplicity of objects and elements）歸為一體，或在雜多的類別裡，尋找相同，參Levinas, E. *Alterity and Transcendence*, (London: The Athlone Press, 1999), p.39。

54　列維納斯更指出，政治權勢，透過本體論，操控及剝奪他者的權利，建立一種主與客的二元論，構成日後納粹對待猶太人的大屠殺邏輯。在《困難的自由》（*Difficult Freedom*）中，列維納斯進一步指出：「政治的極權主義建立在一種本體的極權主義之上（political totalitarianism rests on an ontological totalitarianism）。當中存有就是全體，沒有完結，沒有開始。沒有任何的東西對抗它，也沒有人審議它。它是一個匿名的中性物（an anonymous neuter），非人格化的宇宙、一個沒有語言的宇宙。」（Levinas, E. *Difficult Freedom*. (London: Athlone, 1990), p.206-207）。

論及知識「概念化」他者時，主體便日漸遺忘，他者是一位有血有肉（恐懼、痛苦、無助），且超越及異於主體的獨特個體。

列維納斯指出，更大的問題是，主體以爲可透過內在意識，同一化及內在化，一個異於自己的他者，令他者的他性（alterity）[55]及外在性（exteriority）[56]馴化在自己的知識系統裡。這不但沒有拉近主體與他者的關係，反而令主體更加與他者分離，因爲「他者只是自我的第二複製。[57]因此，主體藉著總體性的思維，操控他者，將他者客體化，活脫脫是一種自我學（egology）[58]的權力欲望的表現，而對列維納斯來說，西方建基在「本體論」的第一哲學基本是一種自我學的權力哲學。[59]

作爲現象學家，列維納斯回到一個很基本的問題：主體與他者的一種難以再化約的原眞關係（a primordial relationship），若不應是一種帶有暴力的知性關係，那又是一種什麼樣的關係？若主體與他者的接觸不是建基在理／知性上，那又應該建基在哪裡？是身體感官？是視覺經驗？若作爲第一哲學的本體論有潛在的暴力性，那麼什麼才是第一哲學？列維納斯認爲，第一哲學應是倫理學（ethics），而不是本體論。

列維納斯指出，知性的主體一直只將他者視作可被概念化的客體，而遺忘了一種先於理論（pre-theoretical），及難以被理論總體化的感官性的

---

[55] 這是指一種他者的徹底的異質性（the radical heterogeneity of the other），見Levinas, E. *Totality and Infinity: An Essay on Exteriority*, (Pittsburgh, Pennsylvania: Duquesne University Press, 2001), p.36。

[56] 列維納斯指出，他性（alterity）與外在性（exteriority）是同義，見Levinas, E. *Totality and Infinity: An Essay on Exteriority*, p. 290。此外，他者作爲存有，是一種外在性（being is exteriority）的存有，是永遠異／外於存有的表象，一種不能被本體論（ontology）同一化及本質化的存有，見Levinas, E. *Otherwise than Being or Beyond Essence*, (Pittsburgh, Pennsylvania: Duquesne University Press, 2002), p.290-291。

[57] Levinas, E. *Totality and Infinity: An Essay on Exteriority*, p. 121.

[58] 列維納斯指出，所有以主體爲中心的哲學、倫理學及形而上學都是「自我學」（egology），見Peperzak, A. *To the Other*, (West Lafayette, Ind.: Purdue University Press, 1993), p. 46。

[59] Levinas, E. *Totality and Infinity: An Essay on Exteriority*, p. 46.

關係，而這種關係更是一種主體與他者「面對面」（face to face）及「肉體對肉體」

（flesh to flesh）的倫理關係。跟尼采相似，列維納斯沒有視倫理為法則或規條，因規條總是壓抑身體。反之，他視倫理為一種藉身體感知（mediated by bodily sensation）作聯繫及促成的倫理關係。當中主體要向他者，在毫無保護下敞開，裸現（to be exposed），甚至犧牲自己的身體及生命[60]，藉著身體感知，呈現對他者的愛與責任。因此，對列維納斯而言，「生命本身是情動性（affectivity）及情緒性（sentiment）」[61]，而非以理性作主導，這點跟尼采的看法極之相似。

當然，主體不是常察覺這種面向他者的倫理關係，因主體總是自我中心（the egoist）的。列維納斯指出，主體在一般情況下都是以找尋肉身快樂（enjoyment）作為生存目標：「生存是為了玩樂……純粹玩樂及享受生活」[62]。因此，主體總先以照顧自身的欲望需要為先，以滿足自己的感官需要（口渴、肚餓、赤身露體）為主，且往往自絕於他者而自得其樂[63]。

但列維納斯指出，主體的自我中心傾向，在他者的打擾（the inter-ruption of the other）後便告瓦解。事實上，在主體的生命裡，他者是無處不在，且來來回回，重複在主體的生命裡出現，一如尼采在永恆回歸的重複時間裡，所遇上的那些重複出現的末人。列維納斯指出，無論主體是否願意，他者早已寄生在主體的生命裡，跟主體構成了一種占有性的

[60] Critchley, S. "Introduction", p.21, in: S. Critchley & R. Bernasconi ed. *The Cambridge Companion to Levinas*, (Cambridge: Cambridge University Press, 2002), p. 1-31.

[61] Levinas, E. *Totality and Infinity: An Essay on Exteriority*, p. 115.

[62] Levinas, E. *Totality and Infinity: An Essay on Exteriority*, p. 134.

[63] Levinas, E. *Totality and Infinity: An Essay on Exteriority*., p. 118.

親近（proximity）關係。在《於存有或超越本質》（*Otherwise than Being or Beyond Essence*）一書中，列維納斯更以「人質」（hostage）類比主體在親近關係裡，猶如被他者綁架，並失去自由的被動形態。在親近的關係裡，他者向主體，持續裸現一己的痛苦、傷痕及軟弱[64]，並命令主體回應他／她的肉身需要[65]，叫主體代他／她受苦（substitution for other's suffering）[66]。

因此，跟尼采那煩厭並冷漠的末人不同，列維納斯的他者，在每一次的出現，總是帶著脆弱及受苦的面容。更重要的是，他者的痛苦面容，是持續地、不斷地，向主體哀求，命令主體向他／她負上永不止息的責任。列維納斯稱之為一種「責難循環」（recurrence of persecution）[67]，它不斷責難主體為他／她作得不夠，隨時呼喚主體為他／她付出生命，令主體成為一種不自主的責任主體。因此，列維納斯指出「主體就是他者的人質」[68]。

跟尼采那種可控制自己意志的主體不同，列維納斯的責任主體不是主動地要將他者克服，才成為一種超人的責任主體；反之，他是要被動地讓他者克服及占有，主體的責任才得以體現。當尼采的責任主體，跟他者，保持一種前者能超越以至克服後者的不對等（asymmetrical）關係之時；列維納斯則認為，主體與他者不單只不是對等的（symmetrical）的關係，而是一種容讓他者帶有優先性的不對等的（asymmetrical）關係。因此，列維納斯的主體總是處於一種被動性（passivity），即主體只被動

---

[64] Levinas, E. *Otherwise than Being or Beyond Essence*, (Pittsburgh, Pennsylvania: Duquesne University Press, 2002), p. 49.

[65] Levinas, E. *Otherwise than Being or Beyond Essence*, pp. 48-49.

[66] Levinas, E. *Otherwise than Being or Beyond Essence*, p. 75.

[67] Levinas, E. *Otherwise than Being or Beyond Essence*, p. 111.

[68] Levinas, E. *Otherwise than Being or Beyond Essence*, p. 49.

地回應他者的訴求,且不能拒絕他者的召喚。

何以主體不能拒絕他者的召喚?列維納斯指出,正是他者以受苦的面容(face)打擾他者,以致主體不能不回應他者的召喚。首先,當主體與他者相遇時,他者獨特的、脆弱的、受苦的面容往往給主體帶來一種永遠過量(excess)的倫理力量。主體還沒來得及以意識抗衡他者「苦痛」的衝擊之前,他者面容的「苦痛」力量,已令主體不得不拒絕他者的哀求。劉文瑾對他者面容作為主體意向性的「溢出」,有很精彩的解說:在列維納斯那裡,「意向性的朝向不是基於一種知識,而是基於被他者激發的注意力,這種注意力中已經包含著某種情感或渴望。但他者既不是傳統哲學中的主容二元結構中的客體,亦不是胡塞爾的意向性結構中的『意向相關項』。他者不『是什麼』,甚至也沒有現象,因為他者完全異質於存在。然而通過作為『蹤跡』的『面容』,通過『面容』在『神顯』中堅持的對其實體性的否認,他者卻可以吸引我的注意力……而在列維勒斯那裡,意向性就是自我無可逃避地呈現於對他者的責任之下,是一種『反向』的意向性,甚至是『非現象』的現象學。」[69]

列維納斯指出,面容不僅只是一張物質性的面容,而是一種「感性的外觀」(sensible appearance)及「神顯」(epiphany)。「面容不是一種被觀看的秩序,也不是一個客體,而是一種保存著外在性(exteriority)的呈現(appearing),一種叫我們負責任的訴求(an appeal)或律令。」[70]因此,他者的「苦痛」是一種「倫理性的打擾」(an ethical interruption),在沒有預先知會主體的情況下,召喚主體,為他者承擔苦痛。

---

[69] 劉文瑾,《列維納斯與「書」的問題:他人的面容與「歌中之歌」》,(北京:三聯書店,2012),頁66。

[70] Robbins, J. ed. *Is it Righteous to be?: Interviews with Emmanuel Levinas*, (Stanford, California: Stanford University Press, 2001), p. 48.

因此，當主體與他者的面容相遇時，主體再不能無動於衷，或冷靜地以知性及概念把握他者，而是被他者面容所顯現的苦感打動，主體在他者的召喚中聽到一位裸著身、苦著面的他者，在哀求主體爲他付上愛及責任。「他者的面容」本身就是一種道德命令（the imperative face），向主體哀求著，「請不要殺我」（you shall not commit murder）[71]的信息，他者對主體的責任永遠是一種無限的要求（the infinite demanding）。[72]

參、尼采與列維納斯：一種不可能的連繫？[73]

雖則尼采與列維納斯對主體性及他者的理解不同。列維納斯亦擔白承認尼采的倫理不是他的倫理。[74]但我認爲兩者對身體倫理、責任主體及他者的理解上，仍有對話及補足的可能。

第一，尼采與列維納斯的主體都是一種責任主體。雖則兩者都面對一些不斷重複的事實及人（尼采那「永恆回歸」中的「末人」及列維納斯那「責難循環」中的「他者」），亦恆常活在未完成的時態（the imperfect tense）[75]當中。但兩者都沒有否定主體在痛苦當中的責任及意義，儘管兩

71　Levinas, E. *Totality and Infinity: An Essay on Exteriority*, p.199.

72　例如：在電影《新德勒名單》（*Schindler's List*）中的尾段，人道企業家新德勒，因覺得自己未能變賣更多的產業去救更多的猶太人而自責，甚至被他者控訴（be persecuted）。

73　這分題來自朗力（Longneaux）的一篇文章，談及尼采與列維納斯的一種不可能的連繫，見Long-neaux, J.M. "Nietzsche and Levinas: The Impossible Relation", in: J. Stauffer & B. Bergo ed. *Nietzsche and Levinas*, pp.48-69。

74　Robbins, J. ed. *Is it Righteous to be?: Interviews with Emmanuel Levinas*, p.149.

75　史費沙（Stauffer）用「未能完成的時態」（the imperfect tense）形容尼采與列維納斯的主體，總是處於一種任務尚未完成的時間困局中，見Stauffer, J. "The Imperfect: Levinas, Nietzsche, and the Autonomous Subject", in: J. Stauffer & B. Bergo ed. *Nietzsche and Levinas*, pp. 44-46。

者對克服被動的生存狀態[76]的方式不同（尼采以主體的主動性克服；列維納斯則以主體的被動性克服）。此外，兩者都肯定由他者而生的痛苦，對構成主體責任的重要性。尼采看見「願意生活」的「過渡者」的痛苦，幫助他們成爲超人；列維納斯的主體則將他者之痛內化，代替他者受苦，從而構成一種責任主體。對兩人而言，痛苦的意義在於推動主體作出回應，或回應來自世界的痛苦，或回應來自他者的痛苦，而勇於回應（to respond）的主體才是眞正負責任（responsibility）的主體。因此，他們都批判一種自私、冷漠、虛僞及追求安舒的主體。[77]尼采批判末人甘於退化及安逸，亦批判逃離人群的聖徒及壓抑身體的祭師，認爲主體需要有自我犧牲的精神，忍受痛苦，完成自己的德性才能創造生命的價值。列維納斯亦批判一種只追求個人感官享樂及自給自足的自我中心主體，認爲主體只有透過回應他者的召喚，主體的倫理性才能體現。故此，兩人對痛苦其實都在進行一種價值的重估（a revaluation of suffering），重新視痛苦爲創造有意義生活的重要條件，肯定痛苦在建立主體性上的創造價值，令痛苦從過去一直被否定的地位，重新得到重視（尼采批評基督教一直想否棄痛苦，而列維納斯批評自我主義的西方哲學傳統只鼓勵迴避痛苦，追求個人生命的安舒）。

　　第二，尼采與列維納斯視主體的身體，而不是理性，爲構成責任主體的主要條件。兩者都反對任何賤視身體的宗教與哲學，甚至視身體感知比理性爲人認知外在世界更「眞實」的途徑。所謂「眞實」不是一種受科

---

[76] 尼采對永恆回歸作爲一種「被動性的形式」（form of passivity）的討論，可參Stauffer, J. "The Imperfect: Levinas, Nietzsche, and the Autonomous Subject", in: J. Stauffer & B. Bergo ed. *Nietzsche and Levinas*, p. 40。

[77] Stauffer, J. "The Imperfect: Levinas, Nietzsche, and the Autonomous Subject", p.35, in: J. Stauffer & B. Bergo ed. *Nietzsche and Levinas*, pp. 33-47.

學主義所主導的一種沒有偏見並能掌握世界全部圖景的所謂客觀眞實。反之，兩者都反對這種科學理性主義，及其衍生的系統架構。尼采甚至認爲一切對世界的看法在乎人置身的角度，沒有一個普遍性的形而上體系可理解整個世界（即使有，也是一種幻覺），因此他推崇一種帶有不確定性的「透視主義」（perspectivism）；而列維納斯則認爲大系統只會將他者的他異性勾消，並賦予他者一種虛構的普遍性本質，反而讓主體看不見每位他者的獨特面容。因此兩者都認爲人是要透過身體感知去感覺世界或他者，尤其當中的痛苦，才能眞正去掉主體對世界及他者的諸種幻覺。尼采肯定悲劇的價值正在於悲劇的感知性痛苦，更能觸動人的感知情緒，讓人更清楚世界的諸種荒謬，消滅人對生命的幻覺。列維納斯則認爲唯有他者面容所呈現給主體的痛苦感覺及召喚，主體才驚覺自己活在一個與他者苦苦相連的世界，並離開自我中心的世界，走進眞實的世界。

因此，尼采與列維納斯建構的都是一種「反基礎的身體倫理學」（anti-foundational bodily ethics）。他們都反對倫理實踐以一些帶有普遍性的道德及宗教規條／法則作基礎。反而，主體的責任及推動責任的能力，是要得力於一種從自身及他者而來的身體／情動力量（affective force），而這種身體／情動力量，或顛覆了主體的自我主義（列維納斯的主體），或加強了主體的權力意志（尼采的主體），最後都幫助主體構成一己的倫理生命。所以，兩者的身體倫理都是建基在一種「互爲主體的情動關係」（affective inter-subjective relation）或一種「肉身的自反性」（somatic reflexivity）[78]上，藉著克服他者或被他者克服，迫出主體的生命能量或力量，當中或加強主體面對痛苦生命的意志（尼采），或加強

---

[78] Diprose, R. "Nietzsche, Levinas, and the Meaning of Responsibility", p.118, in: J. Stauffer & B. Bergo ed. *Nietzsche and Levinas*, pp.116-133.

主體承擔他者痛苦的責任（列維納斯）。雖則列維納斯有猶太教的宗教背景，但他絕對不是尼采所厭惡的那些壓抑身體的「祭師」。正如班素（Silvia Benso）指出，列維納斯的主體，不是尼采所批判的那些壓抑身體感受的「苦行者」或「祭師」，因他高度肯定身體感受的價值，沒有逃避痛苦，反而承擔他者的痛苦，成就了主體的責任。[79]

第三，雖則尼采與列維納斯都強調一種互為主體的倫理關係，但兩者對主體與他者之間該處於一種怎樣的權力關係卻有不同的看法。尼采的主體對責任的承擔，不是由他者所決定，而是由主體本身所決定。雖則尼采會回應他者（過渡者）的要求而給予，但每次的給予都是主體意志的一種擴張；相反列維納斯的主體每一次對他者的回應，都是一次主體對自我主義的克服。正如朗力（Jean-Michel Longneaux）指出，兩者的分別是尼采不覺得自我主義有何問題，因他推許一種「貴族的自我主義」（aristocratic egoism），好願意為大地而犧牲，一切只在乎主體是否運用意志去克服生命的虛無；反之列維納斯則抗拒一切的自我主義[80]。對後者而言，主體不但控制不到他者，而且主體的意志反被超越的他者（the transcendent other）所控制及克制。相反，尼采的主體是沒有任何超越主體的外在他者所限制（例如：列維納斯的受苦他者），反之主體本身就是那位超越者，一位可自我克服（self-overcoming）的主體。[81]

所以，列維納斯在提及尼采時，確實表明對尼采的超越主體感到不

[79] Benso, S. "Levinas: Another Ascetic Priest?", p.227, in: J. Stauffer & B. Bergo ed. *Nietzsche and Levinas*, (New York: Columbia University Press, 2009), pp. 214-231.

[80] Longneaux, J. M. "Nietzsche and Levinas: The Impossible Relation", p. 59, in: J. Stauffer & B. Bergo ed. *Nietzsche and Levinas*, (New York: Columbia University Press, 2009), pp.48-69.

[81] 芬奇（Fink）指出，對尼采來說，主體的超越性是一種自我克服的能力。在上帝死後，取代了上帝，成為克服生命虛無的超人，就是這種超越主體的理想原型，見Fink, E. *Nietzsche's Philosophy*, (London: Continuum, 2003), p. 59-60。

安，認爲他的哲學孕育了希特勒的暴力思想。[82]其實，早在一九三四年，即希特勒在德國冒升之年，列維納斯早就看穿希特勒主義的暴力哲學基因，及其帶來的歐洲思想危機。當時，他在法國雜誌《精神》（*Esprit*）撰寫一篇名爲〈對希特勒主義哲學的反思〉（*Quelques reflexions sur la philosophie de Hitlérisme*）的短文。文中指出，希特勒主義（Hitlerism）以一種歷史命定的生物性人觀，取代西方以理性與靈魂塑造，並擺脫歷史桎梏的自由人觀。當中人的身體性、血緣性已壓倒性地構成自我核心處的精神基礎。希特勒主義這種身體哲學往往令人別無選擇，迫令自己接受身體之所屬，視種族、血緣，爲一種命定的身體性連結，而希特勒也因此以生物性，而非空泛的平等、尊嚴等觀念，作界定德國人的民族身分。列維納斯指出，希特勒主義提供的「理想德國」（the Germanic ideal），讓德國人從一己血緣、地域及種族裡得到一種本眞的感覺。最後，這種不能拒絕，儼如絕對眞理，讓人投入委身的血緣關係，賦予希特勒主義中的種族主義一種神祕的力量，推動著種族主義的擴張，令德國人深信要將這種神祕的力量擴張，就要將德國人的他者，即猶太人，消滅及征服，建立一個主人克服僕人的世界。列維納斯指出，希特勒主義的出現，與德國人重新發現尼采的權力意志哲學不無關係。尼采哲學所隱含有關戰爭與征服的思想，成爲當時德國人一種理想的普遍性思想[83]，希望藉此建立德國人的民族主體性。

確實，尼采不是如列維納斯般，無條件地肯定一切的他者。他事實上主張克服一些作爲末人、奴隸、聖徒及病態者的他者，並對戰爭賦予積

---

[82] Robbins, J., ed. *Is it Righteous to be?: Interviews with Emmanuel Levinas*, p.40.

[83] Levinas, E. "Quelques réflexions sur la philosophie de Hitlérisme", *Esprit*, (No publisher, 1934), 26: 199-208.

極的意義。因此，究竟怎樣可保證尼采所肯定的自然的（naturalistic）及本能的身體動力，如何在克服生命的痛苦時，不會構成一種向某類他不喜歡的他者施暴？正如傑其（Basak Keki）指出，尼采怎樣確定各種自然的身體力量必然是善的？[84]反之，列維納斯看見自我的及自然的無節制主體乃是暴力之源，因此要主體被受苦的他者所占有，主體的暴力傾向才得被限制（他者的面容向主體哀求著，「請不要殺我」）。列維納斯指出，要克服主體的暴力，先要主體被超越的他者占有及指責，但這種非自願的讓他者占有的生命是反自然（against nature）[85]，因它總是有違主體的意願（列維納斯而言，主體總是自我中心），這明顯跟肯定自然身體力量的尼采主體不同。這不是說，尼采的主體必然是暴力主體（當然尼采也不大抗拒暴力）。事實上，他的主體也會愛他者，愛那些接受自己是生命的「過渡者」，「總是贈予，而不願爲自己存留什麼。」[86]但對列維納斯而言，尼采沒有超越性的他者，足夠去限制尼采的主體意志作無限的擴張。事實上尼采也不覺得有必要讓他者限制主體的自我意志，因他只否定末人那甘於安逸的自我主義，卻肯定一種克服生命困苦的貴族式自我主義。所以尼采的理想主體，一種超人的貴族主體，是很難容得下一個高於其主體位置，且轉化及限制他／她的他者。強調主動性的尼采是不會接受一種被動性的列維納斯主體。我想這是兩者最大的分歧，也是一種難以克服的分歧。

當然，對於列維納斯而言，單一地肯定所有他者都有其優先性，是否會縱容了某類爲害世界的他者，令某類他者「成魔」，從而造成更多的暴

84　Keki, Basak. *Nietzsche and Levinas on the Ethics of Subjectivity*, p. 101.

85　Levinas, E. *Otherwise than Being or Beyond Essence*, p 207.

86　尼采，《查拉圖斯特拉如是說》，頁11。

力。事實上，列維納斯接受主體是一位不斷被他者受創的創傷主體（the traumatic subject）[87]的同時，已預設了暴力是構成主體的一部分，但這位永遠受他者指責的被指責者（be persecuted），卻又不能同時是指控者（persecutor）的創傷主體，是否可以真正保護受壓迫的他者？[88]列維納斯的主體可有足夠的意志對抗暴力及邪惡？甚至對抗「成魔」的他者？雖則列維納斯主體會因他者的受苦哀慟，並隨時為他者犧牲生命及受傷，但過於脆弱（vulnerable）的列維納斯主體，能否真正保護他者，特別是他者受到第三者的侵害時，主體是否仍無動於衷而不作主動性，甚至暴力性的抗爭（如公義之戰）？[89]事實上，列維納斯對他者作為受苦者的了解，跟二次大戰的大屠殺（the Holocaust）經驗有直接的關係，令他將猶太的受苦他者經驗，當作一種普世的他者經驗。這經驗令他對他者的理解變得單一化之餘，亦令到列維納斯的主體過於被動。

相反，尼采的責任主體，承擔起指控者的責任（the responsibility of persecutor），重估一切價值，批判末人及一切否定生命的人，使人避免退化為猿猴，走向超人的應許之路。跟列維勒斯的主體相比，尼采的責任主體更有一種「對抗意識」，更有可能為受壓迫的他者發聲。當然，列維納斯也承認他者也可以是敵人[90]，但他對此的討論不足。這不是說，列維納斯的主體可向敵人施暴，而是尼采可讓他明白，責任主體唯有同時成為

---

[87] Critchley, S. *Infinitely Demanding: Ethics of Commitment, Politics of Resistance*, (London: Verso, 2007), p.61.

[88] Bulter, J. "Ethical Ambivalence", pp 77-79, in: J. Stauffer & B. Bergo ed. *Nietzsche and Levinas*, (New York: Columbia University Press, 2009), pp.70-80.

[89] 當然列維納斯有所謂在主體與他者以外的「第三方」（the third party），即國家，作為捍衛公義的機制，對抗暴政。但列維納斯是借助國家作為抗敵的手段，卻沒有把主體構想為抗敵主體，見 Robbins, J. ed. *Is it Righteous to be?: Interviews with Emmanuel Levinas*, p.193-194。

[90] Hand, S. ed. *The Levinas Reader*, (Oxford: Blackwell, 2001), p.294.

被指控者及指控者，才能更懂得有智慧地愛（wisdom of love），在公義的基礎下愛敵人。這不正是列維納斯一直所說，哲學不是有關愛智（love of wisdom），而是有關有智慧地愛（wisdom of love）的實踐嗎？

肆、總結

綜觀上述對尼采與列維納斯的初步分析，我們可以見到強調主動性及強勢的尼采主體，與強調被動性及弱勢的列維納斯主體，在理解主體與他者的關係，特別在賦予他者的優先性（priority of the other）及超越性（the transcendence of the other）的理解上，有一定難以克服的鴻溝。但我們亦不得不承認兩人對身體、情動（affect）、感覺及痛苦在建構責任與倫理主體的過程上，卻呈現一定程度的相似性及可溝通性。正因為在這種同中有異、異中有同的辨證關係裡，兩者反而能相互觀照與對話，從中見到彼此的限制與可能，令我們在「上帝（或某類上帝）已死」之後的世界，重新評估一切的價值，特別是倫理以至宗教的價值。當然，兩者對宗教的理解與對話，特對「上帝」的理解，要暫待日後以另文再作討論。

參考文獻

尼采，《查拉圖斯特拉如是說》，孫周興譯，（上海：上海人民出版社，2010）。

尼采，《悲劇的誕生》，劉崎譯，（臺北：志文，2014）。

汪民安，《尼采與身體》，（北京：北京大學出版社，2008）。

倪梁康，《胡賽爾現象學概念通釋》，（北京：三聯書店，1999）。

黃國鉅，《尼采：從酒神到超人》，（香港：中華書局，2014）。

馮學勤，《從審美形而上學到美學譜系學》，（杭州：浙江大學出版社，2011）。

德勒茲，《尼采與哲學》，（北京：社會科學文獻出版社，2008）。

劉文瑾，《列維納斯與「書」的問題：他人的面容與「歌中之歌」》，（北京：
三聯書店，2012）。

賴俊雄，《回應他者：列維納斯再探》，（臺北：書林出版有限公司，2014）。

Ahern, D. R. *The Smile of Tragedy: Nietzsche and the Art of Virtue*, (Pennsylvania: The Pennsylvania State University Press, 2012).

Benso, S. "Levinas: Another Ascetic Priest?", in: J. Stauffer & B. Bergo ed. *Nietzsche and Levinas*, (New York: Columbia University Press, 2009), pp. 214-231.

Bulter, J. "Ethical Ambivalence", in: J. Stauffer & B. Bergo ed. *Nietzsche and Levinas*, pp. 70-80.

Critchley, S. "Introduction", in: S. Critchley & R. Bernasconi ed. *The Cambridge Companion to Levinas*, (Cambridge: Cambridge University Press, 2002), pp.1-32.

Critchley, S. *Infinitely Demanding: Ethics of Commitment, Politics of Resistance*, (London: Verso, 2007).

Deleuze, G. *Nietzsche & Philosophy*, (New York: Columbia University Press, 1983).

Diprose, R. *Corporeal Generosity: On Giving With Nietzsche, Merleau-Ponty, and Levinas*, (Albany: State University of New York Press, 2002).

Diprose, R. "Nietzsche, Levinas, and the Meaning of Responsibility", in: J. Stauffer & B. Bergo ed. *Nietzsche and Levinas*, pp. 116-133.

Fink, E. *Nietzsche's Philosophy*, (London: Continuum, 2003).

Hand, S. ed. *The Levinas Reader*, (Oxford: Blackwell, 2001).

Keki, Basak. *Nietzsche and Levinas on the Ethics of Subjectivity*, Unpublished doctoral dissertation, Department of Philosophy, (University of Sussex, 2014).

Lemm, V. *Nietzsche's Animal Philosophy: Culture, Politics, and the Animality of the Human Being*, (New York: Fordham University Press, 2009).

Levinas, E. "Quelques réflexions sur la philosophie de Hitlérisme", *Esprit*, 26, 1934, p.199-208.

Levinas, E. *Difficult Freedom*, (London: Athlone, 1990).

Levinas, E. "Nonintentional Consciousness", in: E. Levinas, *Entre Nous: On Thinking of the Other*, (London: The Athlone Press, 1998), p.123-132.

Levinas, E. *Alterity and Transcendence*, (London: The Athlone Press, 1999).

Levinas, E. *Totality and Infinity: An Essay on Exteriority*, (Pittsburgh, Pennsylvania: Duquesne University Press, 2001).

Levinas, E. *Otherwise than Being or Beyond Essence*, (Pittsburgh, Pennsylvania: Duquesne University Press, 2002).

Longneaux, J. M. "Nietzsche and Levinas: The Impossible Relation", in: J. Stauffer & B. Bergo ed. *Nietzsche and Levinas*, pp.48-69.

Löwith, K. *Nietzsche's Philosophy of the Eternal Recurrence*, (Berkeley: University of California Press, 1997).

Peperzak, A. *To the Other*, (West Lafayette, Ind.: Purdue University Press, 1993).

Robbins, J. ed. *Is it Righteous to be?: Interviews with Emmanuel Levinas*, (Stanford, California: Stanford University Press, 2001).

Stauffer, J. "The Imperfect: Levinas, Nietzsche, and the Autonomous Subject", in: J. Stauffer & B. Bergo ed. *Nietzsche and Levinas*, pp. 33-47.

尼采與德希達——
從對形上學跟語言的批判切入

孫雲平

哈伯瑪斯（J. Habermas）稱尼采為後現代主義之陶輪轉盤（Drehscheibe）。在什麼意義下，尼采跟後現代主義發生關聯？對於這兩種難解的哲學思想，有各式各樣的研究進路：許多研究者從對藝術（哲學）之觀點企圖找出尼采對後現代藝術的靈感；有學者會從尼采對傳統道德或宗教之批評去談論兩者之間可能的牽連；也有人從對政治（哲學）的主張去串連兩方的關係。本文則由語言與形上學切入，嘗試發掘尼采對後現代思想的可能影響。

為什麼由語言與形上學切入？因為尼采對於思想運作所依賴的語言進行了根本的反思與檢驗，對哲學論述所奠基的形上學採取了徹底的顛覆。在海德格爾之前，尼采的著作被當作文學作品，以一種非系統的方式來閱讀。儘管海德格爾對於尼采的詮釋在後來的學者看來，並不盡然符合尼采本身的觀點；然而海德格爾卻是首先將尼采的作品視為哲學思想來嚴肅處理的人。如果將尼采的思想作為哲學來探討，其最具哲學性的內涵不外乎其對於傳統形上學及語言觀的批判。本文將以德希達（J. Derrida）之解構哲學為例，嘗試論述德希達哲學主要所欲處理的問題，正是尼采哲學構想所設下的基調。

壹、前言

尼采是一個具有特立精神的思想家，其思想及文字十分激進與具有煽動性，曾被德國納粹黨人標舉爲其理論基礎。尼采受到叔本華的影響，強調人「非理性」層面抨擊西方文化過度重視「理性思維」的弊病。他的思想並非以系統的方式呈現，因此，不容易理解；或者該說是很容易遭到誤解或誤用。尼采的思想重視個人的具體生存，其影響及於：存在主義、現象學、後現代的哲學流派。尼采不僅在思想內容跟傳統哲學截然不同，在其表達及論證的方式也跟前人大異其趣。尼采的寫作是所謂「格言或警語」（Aphorismus），亦即：條列式、斷語式、彷彿僅是一些即興式的感性語言；此外，他運用大量譬喻及極端的說法。實際上，尼采的著作當然並非是任意隨性的寫作，其中有對傳統哲學極深入的反思及批判，徹底顛覆常識的觀點及傳統的價值判斷。然而研究尼采思想的困難在於：除了要克服表面之矛盾外，如何將其散布在各處的論點有系統地整理出來，而不致流於簡單地重述尼采的語句？尼采運用格言式的寫作顯然並非鬆散隨意的即興產物，而是精心構建的思想結晶。因此，對此種「高密度濃縮」的思想文句需要更仔細的反思與解析，因爲我們必須面對它們對慣有思維方式的直接挑戰以及倒轉既定價值觀的強烈要求。

哈伯瑪斯（J. Habermas）曾稱尼采爲後現代主義之陶輪轉盤（Drehscheibe）[1]，而梵諦摩（G. Vattimo）也主張哲學的後現代主義主要出自尼采的作品。[2]在什麼意義下，尼采跟後現代主義發生關聯？對於這

---

[1] 比較：Habermas, J. *Der philosophische Diskurs der Moderne: Zwölf Vorlesungen*, (Frankfurt am Main: Suhrkamp, 1985)。

[2] Vattimo, G. *Nihilismus und Postmoderne in der Philosophie*, tr. Wolfgang Welsch und Bettina Hesse, in: Vattimo, G. *Das Ende der Moderne*, ed. Rafael Caputo, (Stuttgart, Philipp Reclam jun., 1990), pp. 178-179.

兩種難解的哲學思想，有各式各樣的研究進路：許多研究者從對藝術（哲學）之觀點企圖找出尼采對後現代藝術的靈感；有學者會從尼采對傳統道德或宗教之批評去談論兩者之間可能的牽連；也有人從對政治（哲學）的主張去串連兩方的關係。本文則由語言與形上學切入，嘗試發掘尼采對後現代思想的可能影響。為什麼由語言與形上學切入？因為尼采對於思維運作所依賴的語言進行了根本的反思與檢驗、對哲學論述所奠基的形上學採取了徹底的顛覆。在海德格爾之前，尼采的著作被當作文學作品，以一種非系統的方式來閱讀。儘管海德格爾對於尼采的詮釋在後來的學者看來，並不盡然符合尼采本身的觀點，然而海德格爾卻是首先將尼采的作品視為哲學思想來嚴肅處理的人。如果將尼采的思想作為哲學來探討，其最具哲學性的內涵不外乎其對於傳統形上學及語言觀的批判。本文將以德希達（J. Derrida）之解構哲學為例，嘗試論述德希達之哲學主要所欲處理的問題，正是尼采哲學構想所設下的基調。

貳、對形上學的批判

西方哲學史上曾經有許多哲學家對於形上學做出各式各樣的批評，而尼采跟德希達兩人也都對傳統形上學進行嚴厲的批評。特別的是，這兩者批評形上學的論點幾乎可說是如出一轍；從對形上學的思維模式、形上學可能形成之偶然性，以及形上學的對象，甚至作為〔上學〕思維之同一性預設的語言，都是兩者質疑以及顛覆的焦點。本文在此不擬從哲學史的角度來探究德希達如何繼受發展尼采的思想，而將以對照的方式論述兩者思想特徵的相似性與親緣性。

一、形上學的思維模式：二分法

(一) 尼采的批判

在尼采在其第一本著作《悲劇的誕生》（1872）之短暫的藝術形上學階段之後，很快地，自《人性的，太人性的》（上卷）（1878）以後，他就開始嚴厲地批判傳統形上學，並終其一生貫徹否定形上學的思維。《人性的，太人性的》第一章的第一節，尼采即指出哲學問題幾乎在所有的部分自兩千來一直採取相同的形式，不曾更改：

> 事物如何由其反面產生例如：理性從非理性、感覺者從無生命者、邏輯從非邏輯、無利害關係的注視從貪婪的意欲、利他從自私、真理從謬誤（產生）？[3]

尼采指出哲學以至於形上學問題即由此展開：事物如何可能由其反面產生？以此問題開始，尼采在此區分出兩種哲學，分別是：形上的哲學以及歷史的哲學。形上學否認前者由後者產生的可能性，並假定被視為具有較高價值的前者是從一種神奇的起源（Wunder-Ursprung）、從所謂「物自身」（Ding an sich）的核心或本質直接生成的。[4]根據尼采的說法，形上哲學否認上述二者間任何關聯的可能性，亦即兩者間具有不可逾越或化約之性質上的歧異。而歷史的哲學（即自然科學）則不接受兩者在性質上的截然劃分，尼采主張「所有我們所需要的，即是道德、宗教、美學之想法與感受的化學。」[5]換句話說，正如今天自然科學家的主張，尼采認為

---

[3]　MA 1, §1, KSA 2: 23.

[4]　MA 1, §1, KSA 2: 23.

[5]　MA 1, §1, KSA 2: 23.

傳統的價值觀與感受都能以化學解釋之。傳統形上學以及常識都會主張上述兩類事物之間並不存在著性質上的連續性，而尼采引用並轉化達爾文主義的主張，卻認為一般視為對立事物之間僅存在著程度上的差異，而非性質上的不同。對此問題不同的看法及基本態度，即是決定形上學跟自然科學的分野。尼采在此處理的，並非僅所謂對立或矛盾事物之間的問題，而是形上學本質的根本問題。

　　根據其分析，形上學的思考方式即建立於上述二元論及兩分法（Dichotomie）的基礎之上。換句話說，形上學的本質即是截然對立的二元思維。驗之於西方自柏拉圖以來的傳統，尼采此一對形上學特徵的判斷可說是十分精準的。正如眾所周知，柏拉圖哲學即是一個「二分」的理論。亦即在宇宙中作出兩個不同世界的劃分：一個是所謂「感官經驗」的世界，即看得見、摸得著，可用感覺器官認識的世界；另一個則是看不見、摸不著，無法以感官來知覺，所謂「理型」的世界。柏拉圖據此將世界兩分，建立其形上哲學的體系。而康德對於形上學在知識論層次之可能性條件的批判也導致他作出「理知界／感官界」、「物自身／表象」、「客體世界／主體世界」的兩範疇區分。

　　自此形上學即是將世界作二分的思維模式：其中一個世界在先，而另一個在後；一個是根源，另一個是衍生的（abgeleitet）；一個重要，另一個不重要；一個看不見，另一個看得見。形上學通常是以彼「看不見的世界」（das Unsichtbare）來嘗試解釋此「看得見的世界」（das Sichtbare）。[6]類似的區分諸如：先驗／經驗、形式／質料、精神／物質、實體／屬性、內在意向／語言表達⋯⋯等「概念對組」（Begriff-

---

6　Heidegger, M. "Nietzsches Wort 'Gott ist tot' ", p. 200, in: Heidegger, *Holzwege*, (Frankfurt a.M.: Vittorio Klostermann), pp.193-247.

spaare）。尼采主張一切形上學思維都建立在二分的基礎上；因此，若要消滅形上學，不僅只是否定或摧毀過去形上學所提供的世界觀及價值體系，更重要的是顛覆及破除此種二分的思維模式。對尼采而言，沒有所謂「物自身」與「表象」（Ding an sich und Erscheinung）、「眞實」與「假象」（Wirklichkeit und Schein）、「此世」與「彼岸」（Diesseits und Jenseits）等的分別。尼采在此所標定的，亦即他要破除的，正是這類二分的區別，也就是典型形上學的思維方式。整個二分法的思維方式，正是批判形上學的焦點所在。

(二) 德希達的批判

德希達對於包括索緒爾（F. De Saussure）及高達美（H.G.Gadamer）在內之思想體系的批評，即是基於其對形上學的批判。德希達認爲兩人仍耽溺於傳統形上學，因爲他們都依舊使用形上學的思維模式及語彙。德希達指出形上學最主要的特徵即是嚴格的「二分法」（Dichotomie）[7]，區分諸如：感官知覺vs.理知的理型、質料vs.形式、客體vs.主體、物質vs.精神、語言表達vs.內在意向、可見的vs.不可見的……概念。[8]德希達認爲形上學所賴以維生的，即是此種截然的「兩分」。[9]此種二元對立的區分不僅可以追溯至柏拉圖，它甚至貫穿整個西方哲學史。

對德希達而言，此批評涉及的是「源頭跟衍生者之二元、階層式的對立」（die binär-hierarchische Opposition von Ursprung und Derivat）。[10]

---

[7] Derrida, J. "Semiologie und Grammatologie", in: Peter Engelmann ed. *Positionen*, (Wien: Passagen Verlag, 1986)。亦見於：p.142, in: *Postmoderne und Dekonstruktion*, ed. Peter Engelmann (Stuttgart: Reclam, 1997), pp.140-164。

[8] Derrida, J. "Semiologie und Grammatologie", p.142.

[9] Derrida, J. "Semiologie und Grammatologie", p.154.

[10] Dreisholtkamp, U. *Jacques Derrida*, (München, 1999), p.156.

亦即：傳統形上學之「二分法」預設存在兩個對立的世界，且其中一個先於另一個；後者必須以不同的方式模仿、表徵、呈顯或具現前者。先行或源初的存在或世界無論是「理型」、「物自身」、「理性」、「精神」，還是「純粹的意向」，德希達稱之爲「先驗的所指」（transzendentales Signifikat）[11]。「先驗的所指」不屬於感官知覺的範疇，且獨立地「存在」。它們在某些情況跟可感知的「指符」（den wahrnehmbaren Signifikanten）結合，藉此進入感官世界；它們當然也可以持續停留在「彼岸」（Jenseits）的理知界、不爲人所感知。[12]德希達對傳統形上學的反對，即是建立在對此「先驗所指」之預設的批判之上。

　　具體而言，德希達對索緒爾落於傳統形上學的批評，即在於後者理論隱涵此形上學二分對立的預設。此一對立的二分首先即表現在索緒爾對語言作爲形式、聲音及意念作爲材料的區分，語言是一種將兩者綜合及表達的形式或結構。此種語言的形式或結構超越了具體個別的言說（Sprache vs. Sprechen）[13]，以至於前者先於後者、且後者必須按照前者的模式來呈現。超越的語言結構本身不改變，相對地，必須配合的是具體實際的言說。就這個意義而言，此一超越的結構是靜態的、同時的，亦即「非歷史性的」（statisch, synchronisch, also ahistorisch）。此外，除了本身內部的相互關係之外（Binnenbeziehungen），語言結構不受其他任何因素的影響決定。無必然的指涉對象即語言的自足性，使得語言成爲一個封閉的系統。對德希達而言，二分、封閉而無變化，都是傳統存有形上學典型的特徵。此外，索緒爾符號學的二分還表現在對「能指」跟「所指」的嚴格區

---

[11]　Derrida, J. "Semiologie und Grammatologie", p. 143, 154.

[12]　Derrida, J. "Semiologie und Grammatologie", p.156.

[13]　Derrida, J. "Semiologie und Grammatologie", p.154.

分，德希達認爲這個區分的假設跟索緒爾語言自主論是不相容的。[14]因爲根據此一預設，「指符」只能依賴於其「指涉對象」，並從其衍生出來。然而如此一來，語言的自主性將隨之喪失。由於此形上學預設，德希達認爲索緒爾跟許多其他的哲學理論一樣都陷入矛盾之中。

二、形上學主張的偶然性

(一) 尼采：系譜學

在《人性的，太人性的》第一章的第二節中，尼采指出欠缺歷史感是所有哲學家天生的缺陷。哲學的論述以現在人類爲推論及判斷的依據，這顯然僅是在有限時間範圍內所做觀察的結果，並不具有哲學家常宣稱擁有的或追求的普遍性。[15]形上學將在此有限時間範圍內所獲致的結論諸如：人性具有本質（das Wesentliche）及其目的論（Teleologie）是恆常的視爲絕對眞理，其實是過度推論。將過去四千年之人類當作永恆的人類來看待，顯然是歸納跳躍的思想。由休姆對歸納法的批評我們可以得知：根據過去事件歸納的結果並不能獲得必然的知識。[16]此種對人類有限的知識，不僅不能說明較早以前的人類，當然更無法預測未來。尼采以「將人類當成永恆的眞理、視在一切漩渦中之保持相同者、作爲事物之確定的標準」來表明此種將「變動者」視爲「恆定者」的形上學態度[17]；事實上對尼采而言並沒有恆常不變的事物。因爲如果一切都是演化與發展出來的，

14　Derrida, J. "Semiologie und Grammatologie", p.150.

15　MA 1, §2, KSA 2: 24-25.

16　Hume, D. *Concerning Human Understanding and Concerning the Principles of Morals*, reprinted from the 1777 edition with introduction and analytical index, by L. A. Selby-Bigge, 3rd edition with text revised and notes by P. H. Nidditch, (Oxford: Clarendon Press, 1995) pp.23-40.

17　MA 1, §2, KSA 2: 24-25.

形上學自然也不可能例外。既然一切都是變化形成的，就沒有所謂「絕對的眞理」。[18]傳統形上學的主張都是靜態的，亦即不會改變的、永恆的宣稱。但根據尼采的主張，形上學是出於人類需求、在人類歷史發展歷程所產生的。所以形上學並非是先驗的，而僅是經驗的信念系統。如果只是經驗的而非先驗的，那麼形上學所獲得的知識內容也僅爲偶然的。如此一來，傳統形上學的主張就喪失其必然有效性。

在對形上學體系從形成之歷史過程作整體的批判後，尼采舉出形上學具體的可能成因。尼采將形上學的起源訴諸人類的夢境：大腦功能──記憶──當我們睡眠時會受到最大的影響，它會被帶回到猶如原始人之不完全的狀態。[19]固然自然科學可以從身體內在或外在的狀態來解釋作夢之神經系統反應及感受，但是我們可能會認爲夢境代表著某些意涵。作夢的解釋是對上述刺激所作之原因的尋找及設想，而尼采認爲這些歸因其實都是事後想像連結的。[20]不同於早期對於藝術的推崇態度，尼采在此批評藝術是基於過多之情緒與任意之連結而產生的。詩人及藝術家將某些解釋或說法加諸其情緒之上，正如初民對於自然現象所作的反應一樣。尼采斷言所有的形上學都源自於作夢，因爲只有在夢境，人類才可能將世界區分爲二。[21]作夢跟神話都是建立在獨斷與混亂的基礎上，同樣地，形上學必須依賴譬喻及神祕的詮釋。尼采以個人的夢境、原始人類出於集體的幻覺與恐懼而發展之各部落的神話及傳說等現象推論：形上學及宗教跟作夢與神話息息相關，亦即都是任意及模糊的產物。[22]

---

[18] MA 1, §2, KSA 2: 24-25.

[19] MA 1, §12, KSA 2: 31.

[20] MA 1, §13, KSA 2: 32-35.

[21] MA 1, §5, KSA 2: 27.

[22] MA 1, §12, KSA 2: 31-32.

在《人性的，太人性的》第一章的第十八節中，如同效益主義，尼采將理性之判斷回溯至快樂跟痛苦之感受的基礎。以感性的趨避來說明理性的內涵，此將形上學之主張轉化爲感受的產物。任何事物對我們這些有機體而言，除了在它們引發我們苦樂層面跟我們的關係之外，我們原初根本是不關心的；〔……〕無感覺（Nichtempfinden）即不會有對事物變化的任何興趣跟知覺。由於植物無感覺，因此對植物而言一切都是恆常不變的。若無疼痛或愉悅之感受，亦即無利害之趨向，則一切對於植物都是相同的。儘管這點顯然違反現在科學對於植物的了解，但尼采藉此要表達的是：傳統形上學所相信之同一不變的「實體」，即是從此低等有機體所繼承來的信念[23]，或者可以說是演化的遺跡。儘管尼采對於形上學實際產生原因之斷言未必正確，但他卻點出形上學基於人類生活之需要而在時間歷程形成的事實。形上學由於生成的歷史性，顯示其主張的必然性無從保證，甚至更可能的情況：形上學只是想像之錯謬的結果。

正如傅柯對尼采系譜學之分析所言的，尼采藉此方法的追溯卻非認同事物有其起源或根本（Ursprung; Grund），否則此源頭或根本似乎反而將證成傳統形上學的立場。傅柯認爲尼采之系譜學對於「源起」（Ursprung）嚴格的用法是反對傳統形上學之溯源的態度。[24]在《人性的，太人性的》下卷之〈流浪者及其影子〉（Der Wanderer und sein Schatten）尼采描述傳統形上學之溯源的心態及動機：

> 「起初是」崇拜起源者——此即爲形上學之背後的動機，在觀察歷史

---

[23] MA 1, §18, KSA 2: 39.

[24] Foucault, M. "Nietzsche, Genealogy, and History", p.142-152, in: *Foucault, Language, Counter-Memory, Practice,* ed. Donald E. Bouchard, (Ithaca: Cornell University Press, 1977), pp. 139-164.

時再次泛出，而完全變成我的（動機），在一切事物的起頭存在著最有價值的及最本質者。[25]

根據尼采的說法，傳統形上學可說是有對「根源」的（偶像）崇拜傾向：事物之起源顯然是神祕或神聖的。一旦我們追溯事物到達其源頭，將面臨無法解釋、難以認識，甚至無從言說的處境。形上學預設之根源即是事物同一的、永恆不變、最真實的本質。而尼采之系譜學的歷史分析大異於傳統形上學溯源的態度及預設：不尋找根源，也不認為源頭如何有別於當下可見事物具有任何的特殊性與神聖性。尼采系譜學的進路，是要打破此種對於根源之膜拜：在存有論之層次區分事物的表象與本質、在知識論層面將後者視為真理、在價值層面將後者視為前者價值的基礎或來源。傅柯如此說明尼采挑戰傳統形上學此種對於根源的追尋：

……如果系譜學者拒絕延伸其對形上學的信仰、如果他傾聽歷史，他會發現在事物背後並沒有「截然不同的某事物」存在：沒有一個永恆且根本的祕密，而是事物沒有本質或其本質是以一種由異樣形式拼湊而成之方式所編造出來的祕密。[26]

對抗傳統形上學之單一的、同質的、線性的傾向與態度，尼采的系譜學採取多元的、異質的、斷裂的立場。其系譜學跟視角主義（Perspektivismus）、多樣之詮釋、語文學息息相關。[27]尼采徹底否定事物背後還有更

---

[25] MA 2, "Der Wanderer und sein Schatten", §3, KSA 2: 540.

[26] Foucault, M. "Nietzsche, Genealogy, and History", p.142.

[27] 比較Schrift, 1998: 360-380; MA 1, Vorrede 6, KSA 2: 20。

深刻、更眞實、更純粹、更崇高的本質存在。事物即是如同我們感官經驗所知覺到的現象，在此現象背後沒有任何可進一步讓人再發現或發掘的、恆常不變的東西或性質。我們所經驗到之事物本身也絕非純粹的東西，而是由各種因素或力量所形成的。因此，傅柯分析傳統之歷史寫作預設歷史先後事件線性之連續發展的關係，尼采的系譜學卻強調先後事件間不連續的斷裂情形。[28]換言之，尼采否認前後事件間的因果關聯，以免在事件之間造成「源頭——衍生、根基——枝節」等形上學二分的模式。而此方法論層次所預設之歷史事件的不連續性，跟前述在對立事物之間的連續性預設，形成明顯的衝突。

對於尼采的系譜學此種不作深層的追究、否認事物本質性的根源、強調歷史事件之不連續性，有學者認爲此說法顯然存在著困難；因爲我們仍然可以追問：事物到底有無於實在論意義的根源？尼采或傅柯固然可於論述中忽略之，但事實上卻難以清楚交代。[29]系譜學作爲論述之策略而成爲詮釋，卻仍然必須預設所詮釋之對象（例如：身體或事物）跟詮釋。在嘗試作出一元論的論述同時，系譜學者如何可能不成爲二元論者（Dualist）？[30]如果我們暫且不追究這些矛盾、而僅強調分析尼采此處論述的意圖，則尼采顯然在此要表達的是：如何通過系譜學解構形上學的體系。

---

[28] Foucault, M. "Nietzsche, Genealogy, and History", p. 152-154.

[29] Dews, P. "Nietzsche and the Critique of Ursprungsphilosophie", in: David Farrell Krell and David Wood ed. *Exceedingly Nietzsche. Aspects of Contemporary Nietzsche Interpretation*, (London/New York: Routledge, 1988), p. 164-176.

[30] Blondel, E. "The Question of Genealogy", p.40, in: Daniel W. Conway with Peter S. Groff ed. *Nietzsche. Critical Assessments*, vol. 4, (London/New York: Routledge, 1988), p. 32-43.

(二) 德希達：邏各斯中心主義

德希達對於傳統哲學的批評，除了指出其形上學預設之外，還指控形上學跟所謂的「邏各斯中心主義」或「聲音中心主義」（Logo- und Phonozentrismus）息息相關。基於這個論點，德希達批判包括高達美在內的西方傳統哲學及其他理論。在他跟高達美的論戰中，語言到底是作為「文字」還是「言說」，自然是一個爭論的焦點。正如同德希達對於索緒爾的批評所論述一般，高達美始終堅持「言說」優先於「文字」，而「文字」只不過是在反映「言說」。高達美主張語言的存在是為了溝通，因此是優先的。[31]「文字」寫成也是為了「閱讀」、「讀出來」以至於可被理解；換言之，仍然是為了「言說」而存在的。高達美在後來的回應仍然堅持「發聲」（Artikulation）的重要性，他認為當對於「文字」以「語音」讀出來時即已涉及詮釋的問題。因為對文本要以何種方式來發出「聲音」——音調和語氣——即已經是在進行理解及詮釋了。[32]儘管高達美言之成理，但此一基本的立場，卻正是德希達所欲批判的「邏各斯中心主義」。

根據德希達的說法，「邏各斯中心主義」是指：相對於「文字」（Schrift）而言，「言說」（logos）或「聲音」在形上學傳統受到特殊的待遇（privilegiert），而「文字」則遭受忽略及壓抑（Zurückdrängen）[33]。對這個從柏拉圖，經過黑格爾、盧梭，以至於胡賽爾的形上學傳統而言，「聲音」或「言說」似乎是比「文字」作為對應「理知界」（die intelligible Sphäre）更理想的候選角色。至於「邏各斯

---

[31] Gadamer, H.-G. *Wahrheit und Methode, Ergänzungen Register*. GW 2, (Tübingen: J. C. B. Mohr, 1993), p.364.

[32] Gadamer, H.-G. *Frühromantik, Hermeneutik, Dekonstruktivismus*, p. 254, in: Ernst Behler & Jochen Hörisch ed. *Die Aktualität der Frühromantik*, (Paderborn: Ferdinand Schöningh, 1987), p.251-260.

[33] Derrida, J. "Semiologie und Grammatologie", p. 144, 148.

中心主義」具體的批評，德希達認為索緒爾將傳統語言表徵論類化至「言說」跟「書寫」語言的關係。（auf das Verhältnis zwischen dem gesprochenen und geschriebenen Wort übertragen）前者占據「指涉對象」的位置，被視為「先驗所指」；而後者則被分配至「指符」的位置。「文字」被索緒爾視為「聲音」的表徵或補遺；對「語言」而言，「言說」有其內在的必然性（innerliche Notwendigkeit），而「文字」則是外在且偶然的。（äußerlich und akzidentell）索緒爾為什麼會理所當然地對「聲音」跟「文字」採取此種觀點？德希達認為因為他跟西方傳統的形上學者一樣，都是「邏各斯中心主義」或「聲音中心主義」。

「邏各斯中心主義」最大的謬誤就在於：未檢視自身，無意識地或有意識地為自身的意識形態辯護。拉丁語系本身是拼音的（alphabetisch）語言，許多西方的理論者經常視其拼音文字為唯一的可能性或最高等級的語言發展。明顯地，此種觀點絕非必然的。德希達認為「語音優位」的主張——視「文字」僅為「聲音」或「言說」的反應或模仿（Niederschlag bzw. Nachbild）——，其實可以回溯至此種「種族中心主義」的偏見（das ethnozentrische Vorurteil）。事實上，形上學將「文字語音化」（Phonetisierung der Schrift）只不過是基於歐洲拼音文字既存而歷史偶然的狀態，沒有任何的必然性。按照德希達的說法，正是此偏頗的心態將「文字」跟「言說」的原始關係本末倒置。因此，德希達哲學的關切之一就在於：將他認為此一誤置的關係扭轉回來，重新賦予「文字」該有的地位。

三、形上學對象的虛幻性

(一) 尼采：解消形上學的實體

在《人性的，太人性的》第九節中尼采指出此種形上學世界的成因：理性的虛構造假。無論是作夢、感覺，還是想像所造成的，尼采歸結一切都是大腦產生的作用。尼采稱：「我們通過人腦觀察所有的事物，且不能將此人頭砍掉。然而此問題依然存在：如果我們真的將之斬斷，世界到底還存在著什麼？」[34]在第十六節中尼采也表示世界之道德、美感、宗教的色彩是我們自己塗上去的，人類之理性賦予事物表象以作出「物自身」與表象的區分。[35]儘管似乎如同觀念論的說法，但尼采藉此要說的是形上學世界是出於人類大腦「理性」扭曲作用的結果。大腦理性基於語言及邏輯謬誤的作用，以塑造虛幻的形上學之對象。在《人性的，太人性的》以及後來的作品，尼采極力攻擊傳統形上學所宣稱的對象。以下將整理及論述尼采於該書中主要的批判。

在第十五節中尼采首先強調「在世界並無內外之分（Kein Innen und Aussen in der Welt）」：「如同德謨克利特（Demokrit）將上下之概念套用於無限空間之無意義一樣，哲學家也將『內外』之概念套在世界的本質與表象之上。」（MA 1, §15, KSA 2: 35）延續對於形上學二分批判的論點，尼采主張世界不是二分的。世界僅為我們所熟悉、感官經驗的世界；在這個經驗世界之外並不存在任何更深層或更本質的形上世界。沒有柏拉圖的「理型」世界、也沒有康德所謂的「物自身」世界。尼采批評康德主張「物自身」（Ding an sich）作為世界及事物的本質，而經驗僅為「表

---

[34] MA 1, §9, KSA 2: 29-30.
[35] MA 1, §16, KSA 2: 36-37.

象」，在此「物自身」作爲「表象」的充足理由與基礎。「物自身」作爲形上學的世界，感官經驗世界則僅爲「表象」。而尼采則認爲嚴格的邏輯學者否定兩者之間任何的關聯，任何將前者作爲後者之基礎的結論必須被拒斥。事實上，在「物自身」之內的所有事物無任何意義。[36]

在第十八節「形上學的基本問題」（Grundfragen der Metaphysik）中尼采否認兩個一般人常識所相信的形上學「對象」：實體與自由意志。針對前者尼采引用了一位傑出邏輯學者的一句話：「認識主體之源初普遍的法則即在於內在的必然性：每個對象自身，於其本身的本質作爲一個跟自身同一，亦即自我存在，根本地持續保持相同且不變化的，簡言之作爲一個實體來認知。」[37]何謂實體？有關實體在西方哲學史上有多種說法，基本上實體相對於會變化的偶然性質（Akzidenzien）。[38]實體在傳統形上學中具有特殊的地位，因爲只有實體才被視爲是真正應該被認識的對象。因爲實體即是事物的本質（Wesen; οὐσία），是承載事物表象的根基。傳統形上學主張實體本身不會改變，變化的只是實體的偶然性質。這個實體被預設作爲各種現象變化的基托（Substratum; ὑποκείμενον）：所有的現象中，總有某種恆常不變的東西存在[39]；而這恆常不變的東西就是康德所謂

---

[36] MA 1, §16, KSA 2: 37-38.

[37] "Das ursprüngliche allgemeine Gesetz des erkennenden Subjekts besteht in der inneren Notwendigkeit, jeden Gegenstand an sich, in seinem eigenen Wesen als einen mit sich selbst identischen, also selbstexistierenden und im Grunde stets gleichbleibenden und unwandelbaren, kurz als eine Substanz zu erkennen." MA 1, §18, KSA 2: 38-39. （英文譯者於註腳指出該引文是出於：Afrikan Spir, *Denken und Wirklichkeit*, Leipzig, 1873。）請參閱：Nietzsche, F. *Human, All Too Human. A Book for Free Spirit.*, tr. Marion Faber & Stephen Lehmann, (Lincoln and London: University of Nebraska Press, 1986), p.25, §18, footnote 21。

[38] Brugger, W. "Substanz", in: Hermann Krings, Hans Michael Baumgartener & Christoph Wild ed. *Handbuch philosophischer Grundbegriffe*, Bd, 5, (München: Klösel-Verlag, 1974), p.1449-1457.

[39] 康德，《純理性批判》，A 184, B 227。

的「物自身」。實體作爲事物不變化的本質，必須預設同一性。當尼采否定有相同事物的存在，同時也就否認了有實體存在的可能性。儘管相同地否認實體之存在，然而不同於休姆從知識論的角度批判[40]，尼采採取的是從存有論的層面根本地否定實體之存在。

「實體」自先於蘇格拉底之哲人、柏拉圖、亞里斯多德、笛卡兒、史賓諾莎、康德，至胡賽爾被視爲是或必須被假定是可辨識爲同一的、持續存在的事物。在哲學史上有哪些可能被視爲「實體」的事物呢？理型、靈魂、物質、上帝、世界整體、主體、精神或意識等都曾經或可能被視爲「實體」。這些可能的「實體」都被尼采徹底地拒絕，因爲尼采視這些所謂的「實體」爲一些對世界僵死而不變的解釋法則；而世界卻是不斷地在變化的。在形上學的最根本立場上，相對於巴門尼德斯[41]所主張的「存有」，尼采繼承赫拉克利特（Heraklit），認定一切都僅是變化及運動，而沒有恆定同一的實體。[42]

此外，尼采也否認傳統形上學主張的自由意志。人類之自由意志作爲負責任行爲及倫理學的基本條件，通常是不言而喻的。然而尼采指出「形上學主張人有自由意志」其實只是一個錯謬的信念，主張自由意志的信念是出於將行爲之動機孤立化，視之爲無前後脈絡、無理由及無目的之任意而爲。換言之，自由意志是一般人未經反省之錯誤的因果關聯以及不當歸因的結果。實際上，自由意志只能稱之爲人類想當然的假象。[43]除了從形上學之理論層次否定自由意志之外，在第三十九節中，尼采也從道德之實

40　Hume, *A Treatise of Human Nature*, p.15-16.

41　Parmenides, Fragment, 6, 8, in: Geoffrey S. Kirk, John E. Raven und Malcolm Schofield ed. *Die Vorsokratischen Philosophen. Einführung, Texte und Kommentare*, tr. Karlheinz Hülser, (Stuttgart/Weimar: Verlag J. B. Metzler, 1994), p. 272-279.

42　MA 1, §19, KSA 2: 40-41.

43　MA 1, §18, KSA 2: 39.

踐層面來論證自由意志的不成立。[44]但是由於並非直接關聯於形上學的討論，故不在此列舉其否定自由意志的道德理由。

　　在第二十八節「聲名狼藉的字眼」（Verrufene Worte）中，尼采則明白地否認上帝的存在。如果神根本不存在，那麼就不存在所謂的樂觀主義或悲觀主義；尼采認為繼續使用這類字眼是不適當的。[45]因為如果上帝並不是宇宙的創造者及管理者，則就無須為上帝辯護或責難上帝。至於誰是上帝或上帝是什麼？尼采於第二三八節「尚待演變中的上帝」（Gerechtigkeit gegen den werdenden Gott）中指出，上帝其實即是人類（歷史）變化及命運（Verwandlungen und Schiksalen der Menschheit）之慰藉的想法，人類因為心理合理化之需求而將之神化（Vergottung des Werdens）的結果。[46]如果「上帝」只不過是人類自我設想出來作為理解自身的概念，那麼即不存在宗教宣稱於實在論意義的上帝。既然一切都操之在自我的手裡，那就沒有理由或悲或喜。而有關世界之惡與苦難，以及全能又慈善之上帝如何允許惡的存在等神義論之神學哲學的辯論——例如：萊布尼茲（Leibniz, 1646-1716）提出「我們既有之世界是上帝所創造可能世界中最好的一個」（die beste aller möglichen Welten）[47]——，自然都成為多餘的。如果從根本取消傳統形上學主張存在的上帝，那麼相對應之宗教的世界觀（Weltbetrachtung）都將隨之改變。[48]

　　尼采對於形上學對象之解消，猶如釜底抽薪般的徹底。如果物自身、實體、自由意志、上帝以及超越的世界這些傳統形上學及宗教所主張的內

---

[44]　MA 1, §39, KSA 2: 62-64.

[45]　MA 1, §28, KSA 2: 48.

[46]　MA 1, §238, KSA 2: 200.

[47]　Leibniz, G. W. *Die Theodizee*, 1710, (Hamburg: Felix Meiner Verlag, 1968), Teil I, 8, p.101.

[48]　MA 1, §28, KSA 2: 49.

容都不存在，那麼形上學自然將因缺乏思維的對象而無以爲繼。[49]總結而言，尼采對傳統形上學從其形成的偶然性、所預設之同一性的不成立、所主張對象的不存在等幾方面加以批評，可說是達到堅壁清野，不留任何餘地的程度。

(二) 德希達：言說跟存有

德希達批評傳統西方哲學總是預設「存有」（das Sein bzw. die Anwesenheit），而此「存有的形上學」跟前述「聲音先於文字」的主張是緊密相關。因爲言說僅是「一次性」（einmalig）的，若無錄音的輔助，就無法重複。「聲音」置身且流逝於時間中（sie befindet sich zeitlich und verläuft）、倏忽消失且不留痕跡，以至於對形上學顯示如此地「具有精神性」（geistig）。談話或言說預設「現在」或「存在」，無論是說者或聽者。聲音的易逝性（flüchtig）使得我們必須在場，否則便不能捕捉之。「邏各斯中心主義」賦予「聲音」高於「文字」的地位，因此在這個意義上被德希達關聯於「存有的形上學」。

「存有」在此並非意指任意事物的具體存在，而是隱涵一個不會改變、恆常之「非感官經驗實體」的同一性（Identität einer nicht sinnlich wahrnehmbaren Entität, die sich nicht verändert und immer dieselbe bleibt）。德希達的哲學企圖是破除此種靜態的、不變的、超越的「存有」，因此，他引用海德格爾的語彙揭露此種形上學爲「存有論─神學」或「存有論─神論─目的論（Onto-Theologie bzw. Onto-Theo-Teleologie）。[50]此種形上學總是預設一個「始源」（Ursprung, ἀρχή）或「目的」（Ziel, τέλος），而「始源」或「目的」通常指向基督教的「上

49　MA 1, §31, KSA 2: 51.

50　Derrida, Jacques. *Grammatologie*, (Frankfurt a. M.: Suhrkamp 1967a, 1974), p.128.

帝」，與之暗合符節。

德希達宣稱所有形上學的陳述或思維方式除了前述的「二元對立」
之外──都可以回溯至此一他認爲不成立的預設。德希達主張「缺在」
對抗此種「存有」，宣稱「差異」取代「同一性」（Statt der Präsenz be-
hauptet Derrida die Abwesenheit, statt der Identität die Differenz）。相對於
「言說」指向的「現在」，「文字」指向將之做爲遺跡（Spur）的「缺
在」。例如：一封書信可以比其原作者及原受信人存留地更久，而繼續
爲人所閱讀，「文字」可以比「主體」更恆久。（Die Schrift kann das
Subjekt überdauern）「文字」甚至可以有別於原先所設想的方式，在沒有
「主體」的情況下，繼續存在。藉此，德希達顯示其超越胡賽爾之「意識
哲學」及「主體哲學」（Bewusstseins- und Subjektivitätsphilosophie）的
企圖。

針對言說與存有的問題，高達美在跟德希達之論爭中曾提出較爲具有
說服力的論點是強調「說出來的言語跟未說出來的意義」之間的落差。高
達美認爲無論是發言者或是聽話者都不僅只是專注於「聲音」，否則就無
法理解所欲表達的內容（das Gemeinte）。[51]因此，他認爲德希達將「聲
音」與「存有」做出連結，並指稱此爲「存有形上學」及「邏各斯中心主
義」，是一種扭曲的說法。然而高達美所做的反駁，其實只是澄清了「聲
音」並不必然跟「意向」或「意義」緊密連結，但高達美並未否認仍然堅
信存在德希達指控的「超越符號以外的先驗意涵」。這已經是根本立場的
歧異，而德希達採取的不接受包括詮釋學在內之傳統形上學對「存有」的
預設。

---

51 Gadamer, H.-G. "Frühromantik, Hermeneutik, Dekonstruktivismus", p. 254, in: Ernst Behler & Jochen
    Hörisch ed. *Die Aktualität der Frühromantik*, (Paderborn: Ferdinand Schöningh, 1987), p.251-260.

參、語言作為形上學的同一性預設

基於對傳統形上學之預設、思維模式、所關注的對象，以及本身之偶然性的批判，尼采跟德希達先後也都針對形上學思維所必須運用的媒介語言進行毫不容情的批判。就哲學理論立場的一致性而言，兩人對於語言的批判確實是跟其對形上學之批判不能分開。

一、尼采：語言作為社會生活的謊言

除了指出形上學可能之產生原因的不可靠，使其主張不具必然性之外，尼采也進一步批判認識論在形上學層次的預設：同一性（Identität）。形上學緊密關聯語言等符號之使用，因為人類創造出語言及概念，並視之為「永恆的真理」（aeternae veritates）。[52]尼采認為由於語言及指稱事物之名稱的固定不變，我們因此誤認存在著永恆不改變的事物。尼采將「使用語言」視為形上學思維的另一個來源，因為運用語言即是於經驗世界之外，再創造出另一個符號──亦即想像──的世界。語言即是將符號所預設之指稱的世界置諸感官對象世界之上。儘管每次以相同名稱或符號所指稱的對象都不相同，但是語言及概念卻必須預設事物之同一性。換言之，我們必須假設事物具有某種恆常不變的「實體性」（Substantialität），以便我們能以相同的符碼或概念來指涉之。實際上，此同一性之預設顯然是不成立的，因為一切都是變動的。

語言及概念誤解並指稱的對象不僅針對一般的事物，它們也包含我們的情緒及感受。尼采批評我們以為對於感受所標示的特定名稱代表著某種純粹的情感。類似休姆所說之「時間的鄰近性」，尼采指出我們所謂之單

52　MA 1, §11, KSA 2: 30.

純的感受，其實是多種在時間上相鄰近但卻不同情緒的組合。包括各種道德感受及宗教情感，事實上都是千百個不同情緒感受的匯聚，而非我們認定之單一整體。因爲言語的完整單元並不保證事態之整體。[53]尼采藉著分析語言及概念的本質，來說明它們的虛假及不符合事實。同樣地，於〈非道德意義之眞理與謊言〉（"Über Wahrheit und Lüge im aussermoralischen Sinne", 1873），尼采也強調概念之形成即是「去異存同」，忽略眞實事物彼此間之差異性與個別性。尼采因此主張語言不僅無法對任何「實在」（Realität）作出適切的表達，語言甚至有其獨立的世界。語言充滿類喻、借喻、擬人化、詩化、修辭之用法，是出於人之需要而產生。因此，尼采認爲語言僅爲一連串之幻覺，是爲了共同生活之需要而約定俗成的謊言。[54]尼采於此處接著對語言的批判，正是作爲其在《道德系譜學》及《善惡之彼岸》對語言進一步批判的預告。

同樣地，數（Zahlen）的法則也建立在同一性與實體（Substanz）預設的基礎上。自古希臘時期以來，「數」即被視爲是在變動現象中某種恆常的規律，跟圖形、比例、計算、時間、音樂韻律、天體運行……都有密切的關係。在第十九節對「數」之分析中，尼采指出「數」的概念只在人類的世界才有效。[55]因爲人類「理性」錯謬或虛幻的作用，使得人類產生「數」的觀念。尼采主張運用「數」必須有多重預設：第一，假設相同事物之「多數」；第二，至少得假設「事物」之存在。尼采認爲這些預設都不成立。尼采首先否認有「相同者」存在，其次則否認「事物」之存在。[56]雖然尼采對於「數」的分析十分犀利，然而其本身的主張卻也處

53　MA 1, §14, KSA 2: 35.

54　WL, KSA 1: 878-881.

55　MA 1, §19, KSA 2: 41.

56　MA 1, §19, KSA 2: 40-41.

於存有論之另一個極端。顯然在此層次之辯論將再次陷入形上學立場的爭議，涉及的是立場抉擇，而非論理所能解決的問題。本文在此僅指出：正如尼采所言，如果沒有事物同一性及實體的預設基礎，則數的法則將喪失作用。

至於邏輯、數學（幾何學）亦然，尼采認為它們建立在與真實世界毫無對應的預設基礎上。[57]邏輯預設在不同時間點所謂相同的事物，幾何學則預設理想的圖形。儘管自然界並不存在精確的直線、真正的圓形、絕對的大小標準[58]，我們卻必須假定它們的存在，以進行數理之計算及幾何的推演。因此邏輯、數學都是以不變的常數來描繪實際不同但卻被視為同一的對象，此即預設實體與同一性。而邏輯與數學跟語言類似，都是我們思考的規則與方式。如果我們思維及言語的形式與法則都預設實體性與同一性，那麼形上學的信念必然是根深柢固於我們的思想中。

在《人性的，太人性的》第十八節，尼采也以鼴鼠之眼（Mauswurf-saugen）為例，說明對「同一性」的錯誤知覺之情形。如前所述，類似植物之相對低等的有機體，鼴鼠幾近全盲之眼睛無法判別事物，所以認為一切事物都是相同的。只有在事物產生不同之感覺的情況下，鼴鼠才會逐漸區辨出不同的事物。[59]尼采以此暗喻形上學之同一性的預設類似鼴鼠無從分別不同事物之未分化的狀態。尼采藉此批評傳統形上學之同一性的預設是靜態、原始、錯謬的主張。

如前所言，尼采對語言之批判是關聯於他對形上學之批判。在《道德系譜學》中，他認為我們的欲望、意志及衝動都是在語言及理性之誤

57　MA 1, §11, KSA 2: 31.

58　MA 1, §11, KSA 2: 31.

59　MA 1, §18, KSA 2: 39.

導下產生的。其關鍵是語言中之「主詞」（Subjekt）所引申出來的「主體」，包括「自我」及「上帝」等實體。在《善惡之彼岸》中，尼采也指出從「思考」之活動，人們不加反省地推論出存在思考的主體。此種「主謂語」（Subjekt-Prädikat）的文法功能卻僅爲印歐語系之偶然的情況。海德格爾援引尼采對於印歐語系語句語法中之主語存在必要性的批判，甚至考慮取消「Es gibt」語句中之虛主詞「Es」，發展其「Ereignis」概念。[60]由於語言預設同一性之扭曲，不能表述「實在」。雖然尼采此一類似「唯名論」在對「普遍概念」之批判的論述，將在實踐層次發生矛盾。因爲如此一來，運用概念的「語言」及「思考」將成爲不可能。於《非道德意義之眞理與謊言》中，尼采主張語言不僅非任何「實在」適切的表達，語言甚至有其獨立之世界，眞理不在語言之外，僅在語言之內。語言充滿了類喻、擬人化、詩化、修辭之用法，是出於人之需要而產生。因此，語言或所謂眞理僅爲一連串之幻覺，尼采認爲是我們爲了生活之需要約定而成之謊言。

二、德希達：語言符號作爲論述的策略

德希達如何能批評形上學，而本身不涉入或使用形上學的語言及思維方式？其策略之一即在於：將在傳統形上學所預設不對稱之二分的關係倒轉或中性化（umstellen oder neutralisieren），然後再將之「去實體化」。德希達企圖以這種方式顛覆對立二元概念組（Begriffpaare）的傳統序列，同時又不落於傳統形上學的對立二分。就傳統被視爲在「聲音」之下的「文字」而言，德希達將後者置於前者之上，提升其地位至某一種不至於「超越化」的程度。

---

[60] 比較Martin Heidegger,"Zeit und Sein", in: *Zur Sache des Denkens*, (Tübingen 1969), pp.18-20。

(一) 文字作為「痕跡」

德希達除了引用李維·史陀（Lévi Strauss）之人類學實證研究，支持其「文字之遍在於各種族及其源初性」（Ubiquität und die Ursprünglich-keit der Schrift）的主張之外，他還企圖證明「文字」實際上及理論上都應該比「言說」更原始。「文字」絕非「言說」的表徵（Repräsentation der Rede），或僅為語言中非必然的部分（Akzidenz der Sprache），而是語言核心的成分──但德希達避免了「本質」（das Wort "Wesen"）這個詞彙。換言之，語言原初並非言說，而是文字。德希達引用法文的「字對」（Wortpaar）──即「差異」跟「延異」（difference vs. différance）──來支持其論點。這兩個字詞在語音上無法相互區別，它們只能作為文字來彼此區辨。儘管這個論點也僅是基於法國語文的歷史偶然性，但德希達認為在這種情況下，「言說」不可能比「文字」更原初。

相對於「聲音」的易逝性，「文字」的特徵是其「可重複性」（Iterabilität）。[61]因為「聲音」只能作用於當下，轉眼即逝，而「文字」卻可以不斷地被重複。[62]雖然「文字」總是可被重複，然而重複所帶來的並非「同一性」，而是「偏離」及「改變」。（Abweichung und Än-derung）每一次實際的言說，既是語言的具體化，同時是語言的顛覆。（Jedes Sprechen ist zugleich Inkarnation und Subversion der Sprache）同樣地，每一次遊戲既是重複，同時也是變異（Variation）。沒有任何兩次的遊戲會絕對相同地重複，遊戲即是發生於多重的「相同」與「不相同」之排列組合中。遊戲是以變異自身的方式，來具現其自身的。此種遊戲的特

---

[61] Krämer, S. *Sprache, Sprechakt, Kommunikation. Sprachtheoretische Positionen des 20. Jahrhunderts*, (Frankfurt a. M.: Suhrkamp, 2001), p. 226.

[62] Derrida, J. *Die Schrift und die Differenz*, (Frankfurt a. M.: Suhrkamp, 1976), p. 374.

性，在樂曲的演奏、棋賽或任何競賽的過程都是非常清楚展現的。由於
「言說」無法產生、感知，及表達此種差異，此差異僅能透過「文字」的
形式來表現。藉此德希達希望強調「文字次於聲音」之主張的荒謬性。

其實「聲音─文字」之間的關係，正如同德希達所標示之「語言─
具體言說」之間的關係。「文字」或「具體言說」在重複中所具現的，不
是永恆不變之同一，而總是展現變化差異。在此一意義下，顯示了語言
之表述能力的限制。[63]類似中世紀「唯名論」（Nominalismus）跟「實在
論」（Realismus）對於「共相」的爭論：到底具體眞實的指涉對象如何
能以「普遍的概念」表述？每一次「具體的言說」都不是「共相」，而僅
是其變異及偏離，「共相」其實是一個根本不存在之「虛擬」。雖然「唯
名論」在對「普遍概念」之批判的論述看似比「實在論」有理，然而若堅
持「唯名論」，將在實踐層次發生矛盾。因爲如此一來，運用概念的「語
言」及「思考」將成爲不可能。

「文字」呈現爲「遺跡」，即爲「於存在物中的缺在」（das Abwe-
sende im Anwesenden）。「文字」作爲「遺跡」並非僅侷限於符號系統，
而是超越之。按照德希達的說法，「文字」不僅超過語言及符號，甚至是
後者的條件。[64]此種超越「主體」及「符號系統」的「文字」，德希達稱
之爲「元書寫」或「元痕跡」（archi-écriture; Urschrift bzw. Urspur）。[65]

---

[63] Frank, M. "Die Grenzen der Beherrschbarkeit der Sprache. Das Gespräch als Ort der Differenz zwischen Neostrukturalismus und Hermeneutik", in: Philippe Forget ed. *Text und Interpretation*, (München: Wilhelm Fink Verlag, 1984), p.181-213.

[64] Derrida, J. "Die différance", in: Peter Engelmann ed. *Randgänge der Philosophie, Erste vollständige deutsche Ausgabe*, (Passagen Verlag, Wien, 1988). 亦見於：p. 109, Peter Engelmann ed. *Postmoderne und Dekonstruktion. Texte französischer Philosophen der Gegenwart*, (Stuttgart: Reclam, 1972, 1997), p. 76-113.

[65] Derrida, J. "Die différance", in: *Postmoderne und Dekonstruktion*, p. 109.

此一新的書寫或文字概念無須預設對立二分，它具有先驗形式。而這個先驗形式表達出一種邏輯或語法，即「元書寫」，既非言說、又非文字，而它同時既是言說又是文字。不但言說之外有書寫，說話之內也有書寫。德希達使用「元書寫」此一說法的目的，即是企圖將「言說」及「文字」同時涵蓋，而藉此避免將兩者如傳統形上學的二元對立。

(二) 文字作為「延異」

其次，有關「意義來源」的問題，德希達援引索緒爾之符號學的觀點──語言及符號系統即是建立在「差異」的基礎上──主張「意義是由於系統內部之符號彼此的差異所造成」。而德希達主張此種符號之間的差異，即是其所謂的「延異」（différance）。「延異」具有雙重意涵：時空之延宕（Verzeitlichung und Versäumlichung）與歧異。一般意義下的「歧異」不具延宕與間隔之義，因此須由「延異」來彌補之。「延異」同時包含時間之延宕與空間之間隔，既非主動，亦非被動。[66]「延異」本身不是概念，卻是使概念及具體差異成為可能的條件。「延異」無須「主體」或「實體」作為其原因，也不是這些「存在物」的效果。「延異」是使「存在」展現的條件，但其本身卻是不可呈現的，卻也非隱藏的。「延異」作為「遺跡」，使「存在」成為可能，而其本身卻非任何跟過去、現在、未來有關之時間或空間。「遺跡」無法以「過去」、「現在」或「未來」之概念加以設想；「延異」是不存在的，它並非當下的「存在物」。[67]德希達宣稱不僅沒有「延異」的領域，甚至「延異」之說即是為了要顛覆一切的領域。[68]藉此德希達希望表達的是：(1)「延異」並非表徵

---

[66] Derrida, J. "Die *différance*", in: *Postmoderne und Dekonstruktion*, p. 85.

[67] Derrida, J. "Die *différance*", in: *Postmoderne und Dekonstruktion*, p.103.

[68] Derrida, J. "Die *différance*", in: *Postmoderne und Dekonstruktion*, p. 103.

「存在」、(2)「延異」難以「存在／缺在」之傳統形上學語言來表達。

　　德希達相信「延異」使我們可以保持於超越「存在」與「缺在」間之狀態，他主張事實上所有事物亦無存在及任何本質。此論述既爲策略（Strategie），又爲冒險，因爲它是一種無終極目標之論述。德希達點出如此論述的目的旨在於：超越偶然與必然性之遊戲。德希達藉著「延異」這個詞彙同時涵蓋許多對立的概念，以消除傳統形上學的二分。在作爲「遊戲」之「延異」有限的場域上，可以有無限多的可能性。一如僅具備有限之符碼的語言，卻同時可以表達無限多的意義。但在另一方面，德希達的「延異」不僅侷限於語言，事物即可以理解爲一連串「在空間中」的「延異」。[69]因此，「能指」與「所指」的對立區分就不成立、也不再有意義。德希達可以將一切都歸因爲作爲「遊戲」之「延異」。如果一切都是「延異」所形成的，那麼所謂純粹的「實在」就不復可尋。[70]實在論者（Realist）所謂的「實在」，德希達藉著——作爲「遊戲」之「延異」建構自身的——符號系統即可以解釋，甚至將之解消。

　　「延異」使「語言」及「言說」成爲可能，而非說話者。換句話說，「意義」無須出於作者或特定主體；具體而言，既非作者、亦非詮釋者創造或定義文本的意義。德希達根據索緒爾的語言結構主義，強調在語言系統以外不存在任何先驗或超越之指涉的「對象」，一切意義都是自符號彼此間的「差異」所衍生。預設作者、讀者，或獨立於此二者的意義或眞理，對德希達都是不成立的。德希達指出此種預設即是「邏各斯中心主義」，它強調世界存在「超越的實體」，諸如：道、上帝、眞理、意義……等，而語言、哲學即在表述或追尋此種超越或實存的實體。德希達

---

[69] Derrida, Jacques. *Grammatologie*, p. 163.

[70] Derrida, Jacques. *Grammatologie*, p.165.

本身則主張：沒有任何「超越的實體」，甚至沒有任何「實體」的概念在「延異」之前[71]，其中包括：一般存有論所承認的事物、認識主體，甚至「語言」。因為一切在「延異」之前，聲稱作為「起源」的存在物都是他所要否定的對象。除去一切傳統存有學論述的對象，那麼存有論或哲學還剩下什麼？根據德希達的說法，自然只剩他所謂的「延異」。屆時問題將變成：那麼何謂「延異」？

　　儘管德希達訴諸諸索緒爾語言觀的「分別性」原則來說明意義的生成，但他不接受語言結構之封閉性及不變性的主張。（Geschlossenheit und Unbewegtheit der Struktur）德希達企圖將此靜態，封閉的結構擴展，破除原先假定的界限。因此他主張無論是在符號系統或是文本，「延異」不僅發生於系統內或結構中；「延異」可以無限延伸，無處不在。此種作為「延異」的「遊戲」（Spiel），可以超越語言作為符號系統而發生。正如同「文字」可以從原始的文脈割取下來，置於另一個文脈中，或是在原處，藉著加上引號（Anführungszeichen）或其他的標記（Kursive）而改變其義（umgedeutet）；「文字」可以是「脫離及變換其文脈」（kontextwechselbar）的。換言之，在文本中是無中心的。（es gibt kein Zentrum im Text）藉此，文本的邊界或限制就被突穿了。

　　德希達的論述策略即是：先將一切問題轉化為「延異」或所謂的「痕跡」，然後再無限抽象化「延異」及「痕跡」的概念，使之不成其為「概念」或實體化（Hypostasierung），據此來破除其他的形上學或任何思想體系。不僅「延異」不需要「主體」（Subjekt）或「實體」（Substanz）作為其原因，相反地，「延異」反倒是其他任何「意義」的可能性條件。德希達藉著其極端抽象的「延異」概念來解構傳統「形上學」的主張，亦

71　Derrida, Jacques. *Grammatologie*, p. 152-153.

即：使得一切具有超越之存有或任何先驗意義的哲學論述陷入困境。這又回到了前面的論點，如果德希達對詮釋學及傳統形上學預設「符號或文本表徵了特定的意義」的批評成立，則後者「對意義的尋求及對理解的努力」就顯得荒謬。按照「解構主義」的觀點，「意義」只能是通過「符號」彼此間的差異所形成的，事實上並沒有絕對固定的意義或指涉的實體存在。如此一來，傳統形上學及詮釋學在進行的就變成是一些虛幻的活動。

肆、結語——反形上學的形上學？

由以上論述可見，尼采跟德希達儘管於哲學史上有先後之分，然而兩者對於形上學的思維模式——二分法、形上學之預設——同一性、形上學之對象——實體，以及形上學思維的媒介——語言，都進行了極為相近的嚴酷批評。德希達主要所欲處理的問題，正是尼采哲學構想所設下的基調。包括德希達、傅柯（Michel Foucault, 1926-1984）、羅蘭‧巴特（Roland Barthes, 1915-1980）等後現代許多哲學家都延續尼采所提出的批判與構想：語言符號跟意義或實在之間的問題、對同一性之批判所導致的相異性與多元性、對實體與主體概念之批判取消傳統形上學論述之根本、對二分法之批判則解構形上學之思維方式。然而，包括尼采在內的反形上學家，可能共同都必須面對相同的問題：是否真正能跳出形上學的模式？

以德希達解構哲學為例說明，許多當代的學者如哈伯瑪斯批評德希達本身的立場很難站得住腳的，因為此種抗議式的哲學主張根本上僅做負面否定式的表述，而本身缺乏正面具體的主張。德希達企圖以其「遊戲」概

念——將之作爲「延異」的痕跡——改寫哲學。具體的「遊戲」概念被德希達抽象化到一個程度，「遊戲」幾乎滲入各種現象，並可以用來解釋所有的事物——成爲形上學的解釋法則。因此，哈伯瑪斯指責德希達的哲學受到猶太教的神祕思想的影響：其不爲人類所理解的（die sich dem menschlichen Ergreifen entzieht）「痕跡」說，仍然隱涵暗指猶太教——基督教的上帝。根據哈伯瑪斯觀點，德希達本身並未跳脫其所批評的傳統形上學。[72]

羅逖從另一條戰線攻擊德希達，他批判後者的解構策略是失敗的。羅逖認爲德希達爲了避免，甚至要解消形上學的二元對立，大量運用了文學的書寫方式於哲學文本中。換言之，德希達企圖將語言相對非強制的使用方式（die relativ unverbindliche Gebrauchweise der Wörter）亦即詞語間非推論之聯結（non-inferential associations between words）套用到尋找恰當論證傳統的領域亦即尋求在語句間推論關係（inferential connections between sentences）的哲學，並且混淆兩者。[73]羅逖認爲形上學者總是夢想著能夠「表述一個獨一的、涵蓋一切、封閉的詞彙」（The attempt to formulate a unique, total, closed vocabulary...）。[74]此一形上學的夢想及系統的要求使得哲學變爲封閉；德希達企圖藉著文學的開放性衝破哲學的封閉性，羅逖認爲這是不可能的。他主張德希達其實只有兩個選項：一個選擇是仍然留在哲學的傳統內，那麼他也不得不如同其他哲學家一樣論證式地使用語彙。另一個選擇則是以譬喻式或詩作式地書寫（metaphorisch

---

[72] Habermas, J. *Der Philosophische Diskurs der Moderne*, (Frankfurt a. M.: Suhrkamp, 1985), p.213-218.

[73] Rorty, R. "Deconstruction and Circumvention", p.97, in: Rorty, *Essays on Heidegger and Others*, (New York: Cambridge University Press, 1991), p.85-106；以及Rorty, Richard. "Dekonstruieren und Ausweichen", p.128ff, in *Rorty: Eine Kultur ohne Zentrum*, (Stuttgart: Reclam, 1993), p.104-146。

[74] Rorty, R. "Deconstruction and Circumvention", p.96；以及Rorty, Richard. "Dekonstruieren und Ausweichen", p.120 ff。

oder poetisch schreiben），然而如此他就必須退出哲學的領域；因爲這並非哲學的寫作方式。此外，羅逖也否定德希達所謂之「痕跡」或「延異」的中立性及純粹性。根據羅逖的觀點，一個沒有主體、無中心、無始源、無目的的文本，在哲學上是無關的或無趣的（Ein subjektloser Text ohne Zentrum, ohne ἀρχή sowie τέλος, soll philosophisch irrelevant oder uninteressant sein.）。[75]

而格隆登（Grondin）引述高達美的觀點，認爲德希達「解構主義」所謂的「差異」一方，面對於詮釋活動本質之描述確有幫助。因爲在「表達出來之語言或符號」跟「靈魂內在之呼聲」甚至「絕對意義」之間，確實存在著永難彌補之落差。亦即：在「言詞」與「意義」之間，恆存著差異。[76]然而對於「符號」是否終極仍僅指向其他「符號」，而無任何「實質意義」，顯然難以同意德希達之說法。格隆登稱德希達此種主張爲「符號的實證主義」（Positivismus der Zeichen），亦即：除了具體呈現的符號之外，別無他物；而此種「實證主義」則仍爲一種道道地地的「形上學」。[77]

德希達解構主義的最大問題即在於：雖然他宣稱「延異」之說爲一策略運用，企圖藉此擺脫傳統「存有」形上學的語言及思維模式；然而「延異」作爲一個幾乎可以涵蓋或解釋一切事物現象的說法（非概念的概念），是否再次落入形上學的範疇？因爲形上學即是企圖以一個單一的法則來對萬事萬物進行統一的解釋，而德希達的「延異」完全符合這種條件

---

[75] 請參閱：Rorty, R. "Deconstruction and Circumvention", p.96；以及Rorty, Richard. "Dekonstruieren und Ausweichen", p.122。

[76] Grondin, J. *Einführung in die philosophische Hermeneutik*, (Darmstadt: Wissenschaftliche Buchgesellschaft, 2001), p.188；以及Gadamer, H.-G. *Wahrheit und Methode. Ergänzungen Register*. GW 2, (Tübingen: J. C. B. Mohr, 1986, 1993), p. 359-361。

[77] Grondin, J. *Einführung in die philosophische Hermeneutik*, p.188-189.

（正如尼采的「權力意志」）；只不過德希達認為其「延異」不屬於任何
「存在物」或「存有」的範疇。至於它是否介於海德格爾所謂的「存在物
層次與存有層次的差異」（ontisch-ontologische Differenz）之間，德希達
則不願或不能詳細說明。[78]德希達批評傳統形上學，但卻極可能僅是基於
特定形上學的立場所做出對於其他形上學的批評。如果德希達的理論仍然
屬於形上學，差別僅在於他採取不同的形上學立場，那麼涉及的顯然已經
不是理論知識的問題，而是一種形上學立場的選擇。而此一論述處境，同
樣也是尼采的困難。

參考文獻

一、尼采及德希達部分（括號內為德文縮寫代碼）

Derrida, Jacques. *Grammatologie*, (Frankfurt a. M.: Suhrkamp, 1967a, 1974).*

Derrida, J. *Die Schrift und die Differenz*, (Frankfurt a. M.: Suhrkamp, 1967b, 1976).

Derrida, J. *Die Stimme und das Phänomen*, (Frankfurt a. M.: Suhrkamp, 1967c, 2003).

Derrida, J.. *Die Struktur, das Zeichen und das Spiel im Diskurs der Wissenschaften vom Menschen*. In: *Die Schrift und die Differenz*, Aus dem Französischen von Rodolphe Gasché, (Frankfurt a.M.: Suhrkamp, 1972). 亦見於：*Postmoderne und Dekonstruktion, ed. Peter Engelmann*, (Stuttgart: Reclam, 1967c, 1997b), p.114-139.

Derrida, J. Die *différance*, in: *Randgänge der Philosophie*, Erste vollständige deutsche Ausgabe, ed. Peter Engelmann, (Passagen Verlag, Wien, 1988). 亦見於：*Postmod-*

---

[78] Derrida, J. *différance,* in: *Randgänge der Philosophie*, Erste vollständige deutsche Ausgabe, ed. Peter Engelmann, (Passagen Verlag, Wien, 1988). 亦見於：*Postmoderne und Dekonstruktion. Texte französischer Philosophen der Gegenwart*, ed. Peter Engelmann, (Stuttgart: Reclam, 1972a, 1997a), p. 103. "Es gibt keine einfache Antwort auf eine solche Frage."

* 括號內前面的數字為該文或該書首次出版之年分，正文內註解的頁碼則是以晚近之年代的版本為準。

erne und Dekonstruktion. Texte französischer Philosophen der Gegenwart, ed. Peter Engelmann, (Stuttgart: Reclam, 1972a, 1997a), p. 76-113.

Derrida, J. *Semiologie und Grammatologie*, in: *Positionen*, ed. Peter Engelmann, (Wien: Passagen Verlag, 1986). 亦見於：*Postmoderne und Dekonstruktion*, ed. Peter Engelmann, (Stuttgart: Reclam, 1972b, 1997c), p.140-164.

Nietzsche, Friedrich. *Sämtliche Werke*, Kritische Studienausgabe (=KSA), ed. G. Colli & M. Montinari, (München/ Berlin/ New York: Deutscher Taschenbuch Verlag/Walter de Gruyter, 1980).

Nietzsche, F. *Unzeitgemäße Betrachtungen*, (1873-1876 KSA 1. (UB) 1980).

Nietzsche, F. "Über Wahrheit und Lüge im aussermoralischen Sinne", 1873; in: *Unzeitgemäße Betrachtungen*. KSA 1. 1980, p. 873-897. (WL)

Nietzsche, F. *Menschliches, Allzumenschliches I und II*. 1878 & 1880KSA 2. 1980. (MA 1; MA 2).

Nietzsche, F. *Human, All Too Human. A Book for Free Spirit*, tr. Marion Faber & Stephen Lehmann, (Lincoln and London: University of Nebraska Press, 1984).

二、其他文獻

Blondel, E. "The Question of Genealogy", in: *Nietzsche. Critical Assessments*, Daniel W. Conway & Peter S. Groff ed., vol. 4, (London/New York: Routledge, 1998), p. 32-43.

Brugger, W. "Substanz", in: *Handbuch philosophischer Grundbegriffe*, band 5, ed. Hermann Krings, Hans Michael Baumgartener & Christoph Wild, (München: Klösel-Verlag, 1974), p. 1449-1457.

Dews, P. "Nietzsche and the Critique of Ursprungsphilosophie", in: David Farrell Krell & David Wood ed. *Exceedingly Nietzsche. Aspects of Contemporary Nietzsche Interpretation*, (London/New York: Routledge, 1988), p. 164-176.

Dreisholtkamp, U. *Jacques Derrida*. (München: 1999).

Foucault, M. "Nietzsche, Genealogy, and History", in: Foucault, *Language, Counter-Memory, Practice*, ed. Donald E. Bouchard, (Ithaca: Cornell University Press, 1977), p. 139-164.

Frank, M. "Die Grenzen der Beherrschbarkeit der Sprache. Das Gespräch als Ort der Differenz zwischen Neostrukturalismus und Hermeneutik", in: Philippe Forget ed. *Text und Interpretation*, (München: Wilhelm Fink Verlag, 1984), p.181-213.

Gadamer, H.-G. "Grenzen der Sprache", in: *Ästhetik und Poetik I*, GW 8, (Tübingen: J. C. B. Mohr, 1985, 1993a), p. 350-361.

Gadamer, H.-G. *Wahrheit und Methode. Ergänzungen Register*. GW 2, (Tübingen: J. C. B. Mohr, 1986, 1993b).

Gadamer, H.-G. "Frühromantik, Hermeneutik, Dekonstruktivismus", in: Ernst Behler & Jochen Hörisch ed. *Die Aktualität der Frühromantik*, (Paderborn: Ferdinand Schöningh, 1987), p.251-260.

Grondin, J. *Einführung in die philosophische Hermeneutik*, (Darmstadt: Wissenschaftliche Buchgesellschaft, 2001).

Habermas, J. *Der Philosophische Diskurs der Moderne*, (Frankfurt a. M.: Suhrkamp. 1985).

Heidegger, M. "Nietzsches Wort 'Gott ist tot'", in: Heidegger, *Holzwege*, (Frankfurt a. M.: Vittorio Klostermann, 1943; 1963), p.193-247.

Heidegger, M. "Zeit und Sein", in: Heidegger, *Zur Sache des Denkens*, (Tübingen: 1969).

Heraklit, *Fragmenten*, in: *Die Vorsokratischen Philosophen. Einführung, Texte und Kommentare*, von Geoffrey S. Kirk, John E. Raven und Malcolm Schofield, ins Deutsche übersetzt von Karlheinz Hülser, (Stuttgart/Weimar: Verlag J. B. Metzler. 1994).

Hume, D. *A Treatise of Human Nature*. 1888, edited, with an analytical index, by L. A. Selby-Bigge, second edition with text revised and notes by P. H. Nidditch, (Oxford: Clarendon Press, 1978).

Hume, D. *Concerning Human Understanding and Concerning the Principles of Morals*, reprinted from the 1777 edition with introduction and analytical index, by L. A. Selby-Bigge, third edition with text revised and notes by P. H. Nidditch, (Oxford: Clarendon Press. 1995).

Kant, I. *Kritik der reinen Vernunft* (1781, 1783), ed. Wilhelm Weischedel, (Darmstadt: Wissenschaftliche Buchgesellschaft, 1998).

Krämer, S. *Sprache, Sprechakt, Kommunikation. Sprachtheoretische Positionen des 20. Jahrhunderts*, (Frankfurt a. M.: Suhrkamp, 2001).

Leibniz, G. W. *Die Theodizee*, (1710) (Hamburg: Felix Meiner Verlag. 1968).

Parmenides, *Fragmenten*, in: Geoffrey S. Kirk, John E. Raven und Malcolm Schofield ed. *Die Vorsokratischen Philosophen. Einführung, Texte und Kommentare*, von, ins Deutsche übersetzt von Karlheinz Hülser, (Stuttgart/ Weimar: Verlag J. B. Metzler, 1994).

Rorty, R. *Deconstruction and Circumvention,* in: R. Rorty, *Essays on Heidegger and Others*, (New York: Cambridge University Press, 1991), p.85-106.

Rorty, Richard. "Dekonstruieren und Ausweichen", in: Rorty. *Eine Kultur ohne Zentrum*, (Stuttgart: Reclam, 1993), p.104-146.

Saussure, F. De. *Grundfragen der Allgemeinen Sprachwissenschaft*, Charles Balley & Albert Sechhaye ed., 2. Auflage, (Berlin: 1967)

Vattimo, G. "Nihilismus und Postmoderne in der Philosophie", tr. Wolfgang Welsch & Bettina Hesse, in: Vattimo, G. *Das Ende der Moderne*, ed. Rafael Caputo, (Stuttgart, Philipp Reclam jun., 1990), p.178-179.

假名與戲論：從佛教中觀看尼采的語言觀和真理觀

張穎

　　本文透過佛教中觀哲學（Madhyāmika）中「假名」（*prajñapti*, provisional names）和「戲論」（*prapañca*, conceptual proliferation）的概念，對尼采批判哲學中的真理的試驗方法進行分析，闡述尼采有關真理事實與真理宣稱的區分。文章指出，無論是就其知識論還是價值論來講，尼采的哲學都不能等同於一種膚淺的虛無主義。尼采對真理宣稱和語言修辭的解構，是基於對神目觀（即上帝的視角）的絕對主義和唯我觀的相對主義之雙重否定，以此將人文關懷和實踐理性引入到對真理和語言的哲學反思中。文章認為，尼采對絕對和相對的雙重否定、對以言示道的懷疑以及對「形而上學—笛卡兒式—普世論」的解析與佛教中觀所體現的批判哲學具有相似的特徵。

壹

「假名」（prajñapti, provisional names）和「戲論」（prapañca, conceptual proliferation）是佛教，尤其是中觀學派（Madhyāmika），兩個至關重要的概念，與佛教的語言觀與眞理觀密切相關。佛教的「中觀學派」亦稱作「空宗」（the School of Emptiness），以龍樹（Nāgārjuna, 150-250 CE）的《中論》（*Mūlamadhyamakakārikā*）爲主要的理論基礎，強調緣起、二諦、中道之思想，認爲諸法（所有事物）皆以空性爲本體。中觀學講「空性」（ūnyatā），而所謂的空性即龍樹所說的「緣起性空」，亦或「性空緣起」。所謂「緣起」（*pratītyasamutpāda*）就是「依他起」，即因緣而起，其涵蓋所有事物之間的因果關係；「性空」是指諸法皆無自性（*svabhāva*），因爲世間一切的生與滅都是緣起的結果。在《雜阿含經》緣起的定義是「此有故彼有，此生故彼生。」[1]由於世間萬法皆爲因緣生、因緣滅，因此爲無自性，無自性亦被稱作「畢竟空」。中觀學派有關無常、無我、無相的教義皆建立在空性的基礎之上，由此「緣起性空」可以簡化爲：緣起→無自性→空。

與此同時，主觀學將「性空」與「唯假」結合起來，提出「假名」和「假說」的概念。《中》〈觀四諦品第24〉雲：「眾因緣生法，我說即是空，亦爲是假名，亦是中道義。」（T30，33b11-12）按照龍樹的說法，一切用言語來表現或透過感官的認識表現的皆爲「假說」。所謂「假名」（prajñapti, provisional names）原意爲「依靠」、「憑藉」、「假借」。

1　《雜阿含經》卷12曰：「何處有我為彼比丘說法？為彼比丘說賢聖出世空相應緣起隨順法，所謂有是故是事有，是事有故是事起。」《大智度論》卷22言：「有為法無常，念念生滅故，皆屬因緣，無有自在，無有自在故無我。無常、無我、無相故心不著，無相不著故，即是寂滅涅槃。以是故，摩訶衍法中，雖說一切法不生不滅，一相，所謂無相，無相即寂滅涅槃。」（T25, 223b8-10）。

中文裡的「假」字有兩層含義：(1)「假借」或「施設」；(2)「不眞」。
*Prajñapti*的字面意義包括指涉、指導、約定、慣性等等，說明認識活動中
所憑藉的東西（如概念、言語習慣、前認識、偏見）。

　　用佛教自身的語言來講，一切概念和名相都是「依他起」的產物，所
以其本質都是「性空」。換言之，任何的語言的陳述都是受主體的歷史性
和前設性的影響，而非純粹的直線透視。由此觀之，佛教中所謂「萬法假
唯」與「性空唯名」的說法不但涉及名與實的關係，而且涉及名與實二者
與「性空」的關係。所謂空假名、不空假名、假名空等論述都是對假名在
不同言說中如何具體應用的界說。從應用的層面看，假名是言說不可缺少
的，它具有交流（communicative）和指涉（referential）的功能。因此，
假名與假言是一種「方便」（*upaya*, a skillful means），具有工具性與實
用。

　　與假名一樣，戲論（*prapañca*）也是語言之言說，並帶有「行事」
（performative）的功能。佛教常常指出語言運用中策略性的（strategic）
修辭方法，意在強調語言的「行動的內涵」（actual content），而不單是
「義理的內涵」（doctrinal content）。

　　在龍樹的空性哲學中，所謂「戲論」是指「語言在混雜的世界裡，
作爲有情創造迷望的根據」。就其字源來講，*prapañca*與「言說」和「世
俗」之意有關。譬如在《淨明句論》中，《中論》著名的註釋者月稱
（Candrakirti, 600 CE）把*prapañca*看作一種類似現代語言哲學家奧斯丁
（J. L. Austin）所說的「言說行爲」（speech-act），同時把它與「世俗世
界」（*samvrti*）的所謂的「習俗」（convention）放在一起，稱之爲「緣
起的」和「言說的」。[2]中觀學將戲論的特徵總結爲透過言說活動而對空

2　相關論述可參見釋見弘「關於Candrakīrti的二諦說中的幾個問題」一文。《中華佛學學報》第19
　　期，2006年，頁293-324。

性的、實相世界的遮蔽。也就是說,「言說行為」是交流,但同時也存在著遮蔽。

龍樹在《中論》有關「八不中道」之說,即不生、不滅、不斷、不常、不一、不異、不去、不來,亦針對語言的偏執與戲論而言。有意思的是,當印度中觀學派傳到中國時,鳩摩羅什(Kumārajīva, 344-413 CE)和他的中國弟子們將prapañca譯為「戲論」,其中「戲」字帶有戲耍、虛構、創造之意。在《中觀論疏》中,三論宗的代表人物吉藏(549-623 CE)又把戲論分為「愛戲論」與「見戲論」兩類。前者指對一切事物存有欲望的見地和看法;後者則指對一切事物存有分別的見地和看法。[3]

同時,「愛戲論」有三:(1)欲愛;(2)有愛;(3)無有愛。「見戲論」則強調認識論中所不可避免的「主謂判斷」,而此等判斷本身已有愛欲的涉入。吉藏認為,戲論代表了日常語言和概念所構成的世界,故只有「入空」方能「戲論滅」,即進入「畢竟空」的層面。

另外,「戲論」也包含「源源不絕」與「繁雜多樣」之意。日本學者梶山雄一(Kajiyama Yuichi)將戲論譯作「概念、措辭的多樣性」,或「語言的多樣性」,並用龍樹的「分別從戲論中生起」來說明概念的多元性以及妄分別(vikalpa)之判斷心的起源。[4]中觀哲學認為,戲論是創造我們語言世界的根據,其特徵是偏執的、矛盾的和相對的。具體而言,戲

---

[3]　《中觀論疏》說:「就觀法品明戲論有二:一者愛論,謂於一切法有取著心;二者見論,於一切法作決定解。……今說此八不滅二種戲論也。……言忘慮絕則非戲論……無戲論者即是慧眼故名為中也。」(T42. 1824:12b25-c17)。

　　早期佛教亦有「六戲論」之說。如玄奘譯《瑜伽師地論》卷95言:「邪戲論者,復有六種。謂顛倒戲論,唐捐戲論,諍競戲論,於他分別勝劣戲論,分別工巧養命戲論,耽染世間財食戲論。如是一切,總名放逸。」近來西方學者在翻譯prapañca時,也譯作proliferation或manifold,即具有擴大、發展、表明、多樣性等意思。

[4]　參見梶山雄一,《空の論理「中」》,(京都:角川文庫),1997。

論的核心是人的主體意識，它構成人對外在世界的認識。換言之，世界（包括眞理）都是從語言的虛構，即語言（如概念、修辭、符號、象徵、意義等）的戲論；語言既是妄執的對象，也是消除妄執的手段，因爲沒有語言之言說，亦無所謂去語言的「默然」。中觀著名學者莫迪（T. R. V. Murti）指出，言與不言是中觀辦證的思維的一個部分，二者都不能脫離對方孤立地來論證。[5]

在假名與戲論的基礎上，中觀哲學提出「二諦」的思想。所謂二諦即「世俗諦」（*samvrti-satya*, conventional truth）和「勝義諦」（*paramārtha*-satya, ultimate truth），或譯作「俗諦」和「眞諦」，或「世諦」和「第一義諦」。世俗諦屬於「有」的世界（即佛教所說的「因緣生法」），包括語言、概念、符號以及由此建構的意義和判斷；勝義諦超越包括語言、概念、符號以及由此建構的意義和判斷，屬於「無」的世界（即佛教所說的「我說即是空」的實相境界）。[6]然而，「無」的世界又依賴於「有」的世界，因爲「二諦」的分別本身就是「有」的世界。因此，二諦是教，是假名；假名而有即非有，假名而空即非空；依假名的空有即是中道。

二諦觀代表中觀佛教是對於眞理的一種看法。《中論‧觀四諦品》說：「諸佛依二諦，爲眾生說法：一以世俗諦，二第一義諦。若人不能知，分別於二諦，則於深佛法，不知眞實義。若不依俗諦，不得第一義，則不得涅槃。……眾因緣生法，我說即是空，亦爲是假名，亦是中道義。未曾有一法，不從因緣生。是故一切法，無不是空者。」（T30，32c16-

---

5　參見 T. R. V. Murti. *The Central Philosophy of Buddhism: A Study of the Madhyāmika System*, (New York: Macmillan, 1955), pp. 36-55。

6　「世俗諦」的「世俗」涵蓋思維的「慣性」，類似現代詮釋學中所說的偏見。

33a3）也就是說，緣起法即空性，顯第一義；緣起即假名，明世俗諦。這裡，龍樹以二諦說明一切法空（即無自性，緣起性空）與「中道」的關係。二諦既互為分別又互為依存：空⟷假名⟷中道。吉藏將二諦的轉化為中國的有與無的概念，以單四句與複四句的方式說明二者的相互關係。所謂「四句」即龍樹的四層論證法（*catuskoika*），其表現形式通常為：(1)X亦Y；(2) X非Y；(3) X亦Y亦–Y；(4) X非Y非–Y。按照此方式，吉藏的思想可以在下述四句體現出來：

單四句

有	非有
無	非無
即有即無	非有非無
非有非無	非非有非非無

複四句

(1)有無→有（存在）
(2)有無→無（非存在）
(3)有無→即有（存在）即無（非存在）
(4)有無→非有（存在）非無（非存在）

根據中觀的思想，一切法空的勝義諦是不可思議、不可言詮的。故需要言說時，只能弔詭地思議言詮，以便顯示假名與戲言的侷限。因此，上面的複四句表明，從一切法空來看，無所謂有與無，存在與非存在的二元對立分別，亦不是「非有非無」的中道，因「中道」亦無自性，故無所謂「中道不中道」。這裡，中觀哲學方便善巧地建立二諦中道理念（立），於此同時又弔詭地進行自我否定（破），指出所謂的「二諦中道」於此勝

義諦的層次原本不立不存。中觀哲學堅持，任何基於語言和概念真理都屬於自性空的假名有，它們具有工具性和實用性，但同時亦具有虛幻和遊戲的特性。中觀的語言觀涵蓋從「不說」、「不可說」、「無所說」到「說」、「假名說」、「戲論說」、「方便說」等等言說的方式與策略。

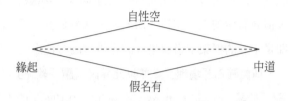

所以《般若經》說：一切法是假名，通達自性空寂，這就是二諦說。緣起法不落二邊，即「一與異，斷與常，有與無」的分別。所謂的中道不是折中，不是模稜兩可，不是兩極端的調和，而是超離種種執見和偏見，不受戲論的羈絆。吉藏借用假說提出四重二諦的思想，通過單收（單肯定）、單破（單否定）、雙亦（雙肯定）、雙非（雙方的）的方法一層層消解概念與思維的分別，以此說明「立」和「破」的互依關係：

1.一重二諦	俗諦：有	真諦：無
2.二重二諦	俗諦：亦有亦無	真諦：非有非無
3.三重二諦	俗諦：亦有亦無；非有非無	真諦：非（亦有亦無）；非（非有非無）
4.四重二諦	俗諦：上述所有言說／戲論	真諦：言忘慮絕

在上述戲論中，A（有）與-A（非有／無）的表達，皆屬「依他起／緣起」的假名，所以認識到-A（非有／無），即對A（有）的否定依賴於對A（自性之有）的某種執著。作爲言說的四重二諦都無法徹底擺脫A與-A的二元分別。畢竟空的最高境界是「理超四句」，因此只能是言忘慮絕，即「聖默言」，亦所謂不說的境界。由此可見，中觀的二諦眞理觀雖摧破一切，但亦有所安立，如對「假名」、「戲論」、「二諦」等概念的運用，即是空義的框架下引導世人認識眞理的方便之門。吉藏稱俗諦爲「教門」，稱眞諦爲「境理」，並以此界說所謂「教諦」（truth-as-instruction）與「於諦」（and truth-as-viewpoint）在功能上的不同。也就是說，二諦是教，不二是理。[7]

貳

佛教中觀哲學有關「假名」和「戲論」的論述可以讓我們從另一個角度審視尼采批判哲學中有關語言、論述、眞理宣稱等思想以及這些思想在認識論與價值論上的意義。尼采哲學在認識論上的「空性」出自他對形而上學（即超越的本質）的夢幻的解構。尼采認爲，通過言說的事物之本性是如幻如化；哲學上所謂的「思想系統」或「事物的絕對本質」只不過是語言的遊戲而已。尼采以夢境的幻相特徵描述形而上學的思考方式，包括夢的隱喻性、放大性、模糊性及多樣性。尼采的眞理觀雖然沒有像佛教中觀論那樣把眞理分爲俗諦與眞諦，但他哲學體系中所蘊含的有關眞理宣稱

7　吉藏指出，空性即「破邪顯正」：「破邪者，破斥執有實我之外道；破執諸法實有之昆曇；破執空見爲正理之成實；破墮有所得之大乘。顯正者，諸法實相，無所得理爲體正；強說眞俗，由之而悟爲之用正。破邪即顯正，非一非二。」（《二諦義》）。

與眞理自身。本文從四個方面論述尼采的語言觀和眞理觀：(1)視角主義的認識論與價值說；(2)眞理宣稱的虛構性；(3)假說的多樣性；(4)欲望、感官與戲論。

一、視角主義的認識論與價值說

「視角主義」（perspectivalism）往往被看作相對主義（relativism）的一種形式，其中包括認識論上的相對主義和價值論上的相對主義。尼采將「視角」看作認識世界的基本條件，構成尼采眞理觀的重要部分。具體地說，視角主義來自尼采對神目觀的絕對主義和唯我觀的主體主義之雙重否定，因爲二者皆體現爲「形而上學—實體論—普世論」的思維模式。尼采認爲，以柏拉圖—基督宗教爲主流的西方神目觀，用形而上學的「全視角」對世界的解釋（如「自在的善」的「自在之物」），但它最終只是一種夢幻之說，因爲這個「全視角」完全是抽象的，沒有肉身的激情，沒有情境的脈絡，亦沒有生命的衝動。而笛卡兒的「我思」（cogito）之唯我觀也無法脫離主謂語結構的邏輯（predicate logic），所謂的眞理只是簡化爲一個純粹的理性，思考主體如何在客體那裡獲得知識，客觀眞理如何自我顯現。尼采認爲，無論是神目觀還是唯我觀，二者皆執著於本質，執著於同一，執著於普遍的、永恆不變的實在論。尼采指出，「上帝—理性—物自身」三位一體的實體論，構成西方傳統的眞理觀，製造了形而上絕對存有的夢幻。

尼采視角主義的價值說在於突出眞理的創造性，強調個性之主體和流變之世界：「眞理並不是某個或許在此存在，可以找到和發展的東西——而是某個必須創造出來的東西，是爲一個過程，尤其爲一個本身沒有盡頭的征服意志給出名稱的東西：把眞理放進去，這是一個通往無限的過程，一種積極的規定，而不是一種對某個或許『自在地』固定的和確定的

東西的意識。」[8]這裡，創造的模式（the creative model）取代了發現的模式（the recovering model）。因爲突出創造的層面，尼采將眞理與權力意志結合起來，從另一角度說明眞理不是抽象的，而是一種帶有生命的、肉體的、選擇性的視角主義。人的認識是流變的，因爲生命是流變的。尼采指出，任何詞語、律法、信仰和教義一旦成爲固定不變的教條，便失去生命和眞理的意義。尼采認爲這個世界永遠地變化著，是個生成流變的世界、強力意志的世界：萬事萬物變化不居，這本是世界原有的面貌，是與道德毫無關聯的。同時由於爲萬物皆流，因而並不存在任何所謂的「確定性」。與叔本華（Arthur Schopenhauer）不同的立場，（不是把意志僅僅歸結爲生存意志，將之變成一種消極的掙扎），尼采認爲應肯定人生的痛苦，且積極地同痛苦抗爭，從而超越痛苦，並從創造的歡欣中獲得生命的快樂。[9]

二、眞理宣稱的虛構性

尼采認爲，概念和邏輯以及言說由於自身的侷限均不能達到（希臘意義上的）「眞理的顯現」（epiphany of truth），反而常常是眞理的遮蔽。在尼采看來，對理性的頂禮膜拜是哲學家的一種道德偏見。[10]尼采

8　參見尼采，《權力意志》，孫週興譯，（北京：商務印書館，2007年），頁442。在《權力意志》中，尼采將宇宙看作一個充滿能量的怪物，它無始無終，是一場毀滅與創力量相互新交替的遊戲。這是尼采所說的「酒神精神」的世界（Dionysian world），亦是尼采所說的權力意志的世界。

9　尼采與叔本華的接觸影響到他對印度教與佛教文本的興趣。但尼采在人生之苦的問題上既不同意叔本華，也不同意佛教，這一點在他的「酒神精神」中有所體現。尼采認爲佛教的「涅槃」過於虛無主義，這主要是他對「涅槃」的認識基本限於叔本華的詮釋。

10　尼采認爲，一切理性的事物追根溯源都來自非理性，尼采稱這個非理性的起源為「理性的最大原罪」。參見周國平，〈理性的原罪〉一章，《尼采——在世紀的轉折點上》，（香港：香港中和出版公司，2014年），頁258。

指出，認識不過是使用最稱心的隱喻，但語言（尤其是知性語言）事實上不可能觸及任何實在性的問題。「就其意義而論，一切詞語本身從來就都是比喻。……語言決不會完整地表示某物，只是顯現某類它認為突出的特徵。」[11]尼采進一步指出：「邏輯過分依賴於與真實世界毫無關係的預設，如事物的同一性，在不同時間中相同的事物，正如數學公式一樣……。」[12]尼采認為，語言是形象、直觀、感性的意志產物，因而應該保持其特有語言是形象、直觀和感性，而非類似亞里斯多德邏輯化語言和笛卡兒的主謂語法思維模式。套用佛教的術語，尼采所說的真理宣稱實際上是妄心妄識，而非真理。

同時，尼采試圖打破真理與幻想的區分。在尼采看來，重要的不是真理本身，而是人們需要信仰真理這一事實，即人們需要一種「真理感」，因此真理是一種滿足欲望的方式來把握世界的途徑。[13]真理感建立在信仰的基礎上，人們對世界和事物的真理信念來自一種自我強化的幻想，幻想即被當作真理，成為真理宣稱的基礎，並使真理和幻想具有同樣的功能。由此推論，尋求真理的意志實際上是尋求一切存在可以思議、可以為人的精神所把握的意志。知識給人所帶來的滿足感並不是因為它們是真理，而是因為它們使人相信自己發現了真理。所謂擁有真理只不過是以為擁有真理，這種對真理的信念預先假定了個人具有絕對的知識力量，並認定表達真理是一切認識存在的責任。

---

[11] Brown, Kirsten. *Nietzsche and Embodiment Discerning Bodies and Nondualism*, (Albany: SUNY, 2006), pp. 95-120.

[12] Nietzsche, F. *Human, All Too Human: A Book for Free Spirits*, tr. marion Faber and Stephen Lehmann, (Lincoln: University of Nebraska Press, 1984), p.96.

[13] 參見尼采，《哲學與真理──尼采1872－1876年筆記選》，田立年譯，（上海社會科學院出版社，1993年），頁52。

三、假說的多樣性

同佛教中觀的認識論相似，尼采對認知性語言（cognitive language）和概念性語言（conceptual language）的執著抱有懷疑的態度。他認為西方傳統自柏拉圖以來將認識論和價值論陷於邏輯化的知性統治之中，執著於諸如實在、本體、真理、存在等概念（即假名）的論證。就消極方面而言，這是一種對哲學語言的限制和化界。儘管如此，尼采認為真理宣稱離不開語言的使用，特別是進行修辭轉化的語言。尼采甚至宣稱哲學實際上是一種透過隱喻而展開構建與解構的活動。首先，語言的本質既可以自我侷限又可以自我創新。傳統哲學實體化的陳述試圖對真理作出某種獨斷性的宣稱，反而含混了對真理和自我認識的陳述與言說。其次，語言的侷限與創新導致對真理的遮蔽與解蔽，因此哲學語言需要一種新的言說方式，憑藉修辭轉化的假說。在尼采看來，語言就真理而言既是能指（signifier）亦是所指（signified），或用佛教中觀術語來講，語言就真理而言既是能詮（*abhidhāna*）亦是所詮（*abhidheya*），是能知與所知的結合體。

尼采指出，認識方法上的基本要素，如推理、抽象、抽象概念、綜合判斷等等，其實都只是換喻的不同運用方式而已。儘管尼采並不只是從語言論的角度批判西方近代認識論，但他堅持認為哲學認識論體系中的構成和組合都可化約為各種語言修辭的關係，如隱喻、舉喻、換喻、較喻、進喻、飾喻、諷喻、反喻、曲喻、旁插喻、易稱、誇張等多樣的比喻修辭的關係，以此抵抗生硬的理性主義。尼采指出，隱喻（metaphor）是語言最重要的特徵，亦是真理的重要的特徵，正如希臘語中的meta表示「轉移」，表示Phora「傳送」一樣。語言是意義傳輸的工具，是遮蔽與解蔽的手段；真理則是比喻修辭，是神人共創的「機動大軍」。沒有隱喻就沒

有認識、沒有眞理。[14]

　　作爲假說的方法，比喻修辭的特徵之一是創造性的解構（creative destruction）。通過語言的創新，查拉圖斯特拉（Zarathustra）試圖用「眞名」呼喚事物，以生命本身肯定生命的「正午哲學」：「偉大的正午即是：當人站在由獸走向超人之路的中央的時候，也是當人慶祝以步向黃昏的旅程作爲他最高希望的時候，因爲這一旅程朝向新的晨曦之路……那時，向下走的人將祝福他自己；因爲他正在走向超人；而他知識之太陽將站立在正午。」[15]正是根據上述分析，尼采認爲，對於人類而言，語言的重要性不只是因爲其在認識論上的功用性，而在於其存在的修辭性質。語言的修辭性質本身直接關乎人類的生存狀態和本質。因此，尼采認爲，生命活動的意義遠遠大於人類認知活動的意義，因爲它們才是人之存在的眞正源泉和目的。

四、欲望、感官與戲論

　　如前所述，中觀所說的「愛戲論」與「見戲論」可以看成是對人的感性認識和理性認識的描述。由於佛教注重人的心理活動以及意識的轉化，因此特別注重欲望和感官快樂在認識活動中的作用。無論是感性認識還是理性認識，都會受「愛欲」、「我執」與「分別心」等因素的困擾。龍樹指出：「能說是因緣，善滅諸戲論。」如是緣起實相即戲論之止息。月稱疏雲：「於諸聖者，當具所詮等相之戲論止息，見緣起實相時，戲論止息

14　劉滄龍，頁3。隱喻是尼采思想，特別是早期思想中至關重要的概念，關乎尼采對語言、認識和眞理的看法。在〈從「隱喻」到「權力意志」：尼采前後期思想中的語言、認識與眞理〉一文中，劉滄龍提出尼采的隱喻是權力意志理論的前身。文章刊載於《國立政治大學哲學學報》，第二十九期。2013年1月，頁1-32。

15　尼采，《查拉圖斯特拉如是說》，錢春綺譯，（臺北：大家出版，2014），頁34。

於此。」（《淨明句論》）[16]「戲論」實際上是一種心理上的自我滿足，是一種作分別的自我滿足，諸如能知／所知、能詮／所詮、能依／所依、行動者／行動、色／受、女／男、得／不得、樂／苦、美／醜等等。然而這種滿足在佛教看來轉瞬即逝，隨之而來的是新的貪愛、欲望與煩惱的伴隨。所以吉藏指出，戲論的基本特徵是表現為人們在世俗世界受制於愛欲於〔分別／判斷〕命題；世俗世界由各種「主謂判斷」的命題所組成，故「見論」的意思為「於一切法作決定解」。與此同時，任何「見戲論」又受到「愛戲論」的影響，因為判斷本身亦已有愛欲的涉入。[17]

就尼采而言，真理宣稱其實就是一種戲論，是一組遊離不定的隱喻、轉喻、擬人等修辭技巧而已，是人類欲望的具體表達方式。尼采堅持認為，真理是一種偽造的體系在生物學上的利用，是人類的一種有利於自我保護的機制。在尼采看來，我們所獲得的任何有關外在世界的觀念和見解都是某種生理或欲望的投射，而不是所謂純粹的「自在之物」。這裡，尼采將自己的真理觀與傳統認識論的主客體模式對立起來，由此真理不再以純粹中性的、客觀的現實出現，而是一種自我創造的遊戲。在這個論點的基礎上，尼采進一步推論，真理的焦點不是其客觀性本身，而是發明真理的主體原動力（即權力意志）以及發明真理的實踐活動。

另外，人為了生存就必須行動，而為了行動又必須有認識，所以認識是為意志服務的輔助工具，人就是生存意志的工具。但與佛教不同的是，尼采否定的更多是「見戲論」，即理性主義之戲論，而不是「愛戲論」，即非理性主義之戲論。如果說哲學家否定人的感官世界的話，尼采恰恰是

---

[16] Sprung, Mervyn. *Lucid Exposition of the Middle Way*, (Boulder: Prajna Press, 1979)，p.35.

[17] 有關這個話題，可參考林鎮國的文章〈龍樹中觀學與比較宗教哲學——以象徵詮釋學為比較模型的考察〉。收入《中印佛學泛論——傅偉勳教授六十大壽祝壽論文集》，1993年。頁25-43。

要回到人的感官世界。因此尼采試圖擺脫理性的束縛而回到一種更為「原初」的生命之狀態，以獲得從心靈的free play，一種孩童般最真摯的「遊戲」，這種思想尤其表現在尼采早期的哲學中。在尼采那裡，酒神精神就是一種非理性的激情，是對生命的一種讚禮，也是與命運抗爭的悲劇，因為個體的生命在嬉戲、搏鬥、消耗戰會因此消滅。然而個體生命的解體並不意味著結束，而是融入永恆的宇宙生命本體之中，猶如酒神被肢解、火煮又復活、永生一樣。在尼采筆下，酒神性格體現為遊玩、幻想和自發性；他活在感覺與感官中，沉迷於本能和情欲；他的創作性使他喜歡衝破邊界而不斷地去探索歧異性。由此推理，尼采不會認可佛教對肉身與欲望的解釋，也不會對佛教不可說的「默然」或「實相世界」（即一個超越於「有情世界」的世界）有太大的興趣。然而佛教的「實相世界」顯然不只是人類偏見的自我迴圈之戲論，而是具有逾越有限的進入無限的可能，這種可能的無限性也是通向真如（Tathata），即世界本來的樣子的通道。

站在存在主義的角度看，尼采的認識論和真理觀亦帶有實用主義的特質，這種特質導致尼采對絕對真理的否定，其主要的方式是對消解真理與謊言、真理與謬誤的二元分別，以此真實地面向人生。尼采認為，真理就是一種如果離開它某種生物便無法生存的錯誤。實在是生成的流變，而非固定的存在。因此，所謂真理與謬誤的區分只是我們的虛構，真理的虛構性：語言使我們誤以為我們言說世界的方式就是實在世界的體現（representation），但語言及其表達不過是人的虛構，它們正當性不在於其（真理的）客觀性而在於其（交流的）實用性。

　　然而，我們不得不承認，尼采的語言觀較佛教中觀更爲積極與大膽，在某種程度上更接近中國禪宗對語言的看法和運用。臺灣學者陳榮灼在論述龍樹的中觀思想時指出：「如果龍樹之『哲學進路』主要是『如其所如地作直覺式之描述』，則『語言』之地位應該加以提高！可惜，即使龍樹像上田義文所說，亦有將『語言』了解爲『教』之方法，無奈其『語言觀』仍然沒有擺脫將『語言』之地位視作『次要』、『工具義』（instrumental）的立場。」（陳榮灼，1989：123）但另一方面來講，龍樹亦指出語言之「方便」的功能。那麼龍樹是否在「騎著馬又說沒有馬」（使用語言又否定語言）呢？當《中論》堅持「以有空義故，一切法得成」時，是否徹底否認了語言自身的意義？至少佛教的二諦說指向語言與般若（眞理／智慧）的兩面。其實，莊子的「得魚忘筌」、「得月忘指」也面臨同樣的問題。中觀強調語言的雙重性格或雙刃劍之特質：一是作爲「方便」的工具身分／特質，二是作爲「戲論」的幻化身分／特質。有意思的是，中觀哲學並沒有對二者作出絕對的疏離。更確切地講，中觀哲學所提倡的是「依言待言」（就俗諦而言）和「離言絕言」（就眞諦而言），前者多爲「立」而後者多爲「破」。另外，「依言待言」講的是假名／假說之「方便」，「離言絕言」則強調（般若）之眞超語言、超思維之特徵。顯然，後者屬於宗教經驗之範疇，而不是純粹的哲學議題。由此觀之，就俗諦而言，佛教並不否定所有的思考和理論，其反對的是違背中道，把理論變成一種純粹的戲論，或者純粹的教條，從而使語言變成對眞理的遮蔽。

　　反之，尼采主張對傳統哲學知性語言的解脫，但與此同時又沉迷於另一種語言（詩性的、寓言的、隱喻的等等），使語言的修辭變成存在的修辭。但從中觀的角度來看，任何語言都是假名戲論，都是相互依存而起的，故自身無永恆不變的本性。換言之，如同世間其他事物，語言亦是透過他者而存在，這就是中觀所說的「空性」。然而，這並不是說中

觀相信「文本之外無一物」（Jacques Derrida, "There is nothing outside the text."），因爲文本之外有眞諦、有宗教經驗。反過來講，中觀哲學雖然時時刻刻在提醒我們世間的言語有可能遮蔽眞是東西，但其「方面」的理論又爲我們開啓語言的種種靈活妙用，使語言可以傳遞感情、傳遞思想，亦可以教化世人、轉識爲智。佛教反對的是我們對語言的執著，以防被囚禁於語言的牢獄中。這也是爲什麼深受中觀哲學影響的禪宗要反對的「死句」而不是「活句」（如禪宗公案的「無義語」、「格外言」）。

在這一點上，尼采的語言觀有相似的思想。尼采認爲傳統哲學的語言已經成爲了「死句」，因此希望用「另一種方式說話」以讓「死句」重新復活。所以，隱喻、舉喻、換喻、較喻、進喻、飾喻、諷喻、反喻等等修辭方式就是爲了打破語言和文本的邊際，利用「意義」的無限延伸，創造一種不確定性的（indeterminate）文字遊戲（literal interplay），以此消解神目觀的絕對主義和教條主義，亦即中觀所言的「決定解」和「決定見」。對尼采而言，文字是彰顯中的隱藏，隱藏中的彰顯。同時，尼采希望通過詩性的語言，直接衝擊和碰撞讀者的靈魂，讓文字、感覺、思考成爲一個流變的複合體，不斷地創新、解構、再創新。尼采堅持認爲，語言具有強大的救贖力量，人們通過語言可以盡力地脫開繁瑣的認知世界和道德世界對心靈的束縛。換言之，在語言的行動中，人們可以重新認知生命、認知世界。由此而言，無論是中觀還是尼采的哲學思想都不是把語言僅僅看成「洞穴裡的」毫無意義的符號遊戲，而是在意識到語言的侷限性的同時，看到語言特有的自我突破的現實功能。

在〈海德格與西谷啓治論虛無主義〉一文中，賴賢宗提到海德格爾對於尼采所說的虛無主義的解釋：尼采「否定性的虛無主義」固然重要，而更爲重要的是超越尼采那樣的虛無主義，發展出「積極性的虛無主義」。海德格爾接著說：「虛無主義最內在的本質及其支配地位的強大，是否恰

恰不在於人們把虛無主義僅僅看作某種空無所有的東西，把虛無主義看作一種對單純空虛的膜拜，看作一種通過有的肯定即能夠得到補償的否定……尼采關於虛無主義的概本身就是一種虛無主義的概。……他〔尼采〕自始就只是從價值思想出發，把虛無主義把握爲最高價值之貶黜的過程。」[18]按照海德格爾的定義，「虛無主義」是將「存在」縮減至純粹價值。

尼采提出「虛無主義」（nihilism）是針對他所處的歷史時代。尼采說：「虛無主義乃是一種常態……沒有目標；沒有對『爲何之故』的回答。虛無主義意味著什麼呢？──最高價值的自行貶黜。」[19]。這裡的關鍵詞是「最高價值」。在尼采看來，最高價值就是「眞實的生命」，因此虛無主義就是對「眞實的生命」的自行貶黜。顯然，尼采的最高價值不是來自於基督教完美的上帝，亦非（經叔本華詮釋的）佛教的涅槃。對尼采來講，即便有涅槃的存在，它也不會是作爲實體存在的生命的終點，因爲生命是永恆的循環。在尼采那裡，虛無主義具有兩層「破」的含義：(1)破以基督教上帝爲象徵的形而上學的最高價值之存在；(2)破以基督教上帝爲象徵的形而上學的最高價值之缺失，而導致新的價值觀上的虛無主義。第一層「破」是對價值的否定，而第二層「破」是對否定價值的否定。這種否定之否定（negation of negation）類似德希達（Jacques Derrida）對「實體存在」（being）的否定（dénégation），這種否定同時又意涵某種的肯定。[20]這也就是海德格爾所說的「積極性的虛無主義」，它是

---

18 參見賴賢宗，〈海德格與西谷啓治論虛無主義〉。《鵝湖月刊》，398期，2008年8月，頁16-32。「虛無主義」有多種形態，如形而上的虛無主義、知識論的虛無主義、價值觀的虛無主義、存在主義的虛無主義、政治上的虛無主義等等。

19 尼采，《權力意志》，孫週興譯，（北京：商務印書館，2007），頁400。

20 Coward, Harold and Foshay, Toby. eds. *Derrida and Negative Theology*, (Albany: State University Press 1992).

對「消極性的虛無主義」的一種否定。在尼采看來，無論是以基督教上帝
爲象徵的形而上學的存有，還是以基督教上帝爲象徵的最高價值之缺失所
帶來的空虛，都是對最高價值的自行貶黜。因爲這兩種世界觀都同樣消解
生命的激情和意志。用尼采自己的話來說就是，「要麼廢除你們的崇拜，
要麼廢除你們自己！後者是虛無主義，前者難道就不是虛無主義嗎？」[21]
由此我們可以說，尼采的空性不僅是對於實體存有論的全盤否定，也是對
西方「上帝已死」後的價值虛無主義（或相對主義）的評判。

　　尼采這種雙否定的方式類似佛教中觀之「空空」法則。[22]也就是說，
既破實體化的「有」，亦破實體化的「無」，即中觀所說的「非有非
無」，亦或眞諦妙無，涅槃妙有。由於中觀講「空」性，重「破」法，因
而也被常常看作是一種虛無主義的哲學觀。這種對佛教的看法在西方世界
尤其顯著，特別十九世紀，幾乎成爲西方主流的觀點。佛教常常與虛無主
義或「消極哲學」（philosophy of negativity）相提並論。[23]類似的觀點今
天也會常常出現在對德希達「解構主義」的評論中。然而，從中觀到尼采
到德希達，解構不是被封閉於虛無（nothingness），而是向另一種可能性
開放。正如臺灣佛教學者楊惠南所指出的那樣，中觀的「絕對的眞理是中
（道）諦；它是眞實存在的。而眞、俗二諦不過是爲了把這中道宣說出來
的一種方便罷了。因此，吉藏強調中道獨立存在於眞、俗二諦之外，成爲
第三諦。」[24]

---

[21]　Nietzsche, Friedrich. *The Gay Science*, tr. Josefine Nauckhoff, (Cambridge: Cambridge University Press, 2001), p.204.

[22]　雖然尼采認爲佛教過於消極，但他稱讚佛教具有眞正的「哲學清晰」和「高明的智識」。有關這個議題，可參考Benjamin A. Elman的文章「Nietzsche and Buddhism」（*Journal of the History of Ideas*, Vol. 44, No. 4, 1983），pp. 671-686。

[23]　參見Tuck, Andrew P. *Comparative Philosophy and the Philosophy of Scholarship*. (NewYork/Oxford: Oxford University Press, 1990), p. 35。

[24]　楊惠南，頁189-190。楊惠南同時認爲，「吉藏肯定地承認最高之絕對眞理——（正）理的存

在當今的數碼網絡時代，新的媒體將文字形式轉變爲各種符號和圖像，隨之改變的是傳統的敘述意義、情感意義、社會功用意義、哲學形上意義等等，到處可見後現代所說的「意義的危機」。在虛擬的空間，一切意象和符號可以隨即出現而又隨即消失。每個人都是匆匆的過客，似有非有，並成爲遊蕩在虛擬世界的「意象追求者」（imagologist），所有的文字和意義都會轉瞬即逝、灰飛湮滅。[25]所謂的「眞實」（reality）只不過是布希亞（Jean Baudrillard）所說的一次次被拷貝的「眞」，是「虛擬眞」（simulacra），而神聖的「至善」、「至美」、「至眞」更是被不斷地消解，剩下的只有離散的現代性的「碎片」。[26]「無意義的形式」（或「沒有主義」）成爲事物具有「重要意義的形式」（significant form）。因此，如何應付數碼網絡時代的虛無主義和碎片主義成爲我們今天無法避免的新課題。或許，重讀尼采，我們會找到答案。

在性。並說這一真理原本無法用語言文字——『名相』描述，因此也是無所謂（唯）『一』或『二』的。參見楊惠南，〈吉藏的真理觀與方法論〉。《臺大哲學論評》，第14期，1991年，頁189-213。按照這一邏輯，尼采的「阿波羅（理性）精神」與回歸生命原動力的「酒神精神」之間的張力並沒有在「權力意志」中徹底消解，從而達到中觀佛教「輪迴即涅槃，涅槃即輪迴」的非二元思維。

[25] Imagologies是當代美國著名宗教哲學家泰勒（Mark Taylor）自創的詞彙，作爲書名。作者在書中以電子郵件的形式探討數碼時代對傳統哲學，特別是形上學的衝擊，此書無頁碼。*Imagologies: Media Philosophy*,（New Jersey: Routledge, 1994）。

[26] 法國哲學家南茜（Jean-luc Nancy）在他的著作《世界的感性》（*The Sense of the World*, tran. by Jeffrey S. Librett, Minnesota: University of Minnesota Press, 1997）指出，現代藝術像流星的碎片一樣從整體性的架構（如宗教）中解放出來，從而獲得了獨立的價值。現代藝術可以表現感性與偶然，而不必呈現一種絕對的精神和價值。可參考Jean-Luc Nancy, "On Writing: Which Reveals Nothing"、"On Blanchot"、"The Necessity of Sense"，及*Multiple Arts: the Muses* II (Stanford University Press, 2006), pp.70-77, 82-88, 109-117。

參考文獻

陳榮灼，〈龍樹的邏輯〉。《鵝湖學誌》，第三期，1989年。

賴賢宗，〈海德格與西谷啓治論虛無主義〉。《鵝湖月刊》，398期，2008年8月。

林鎮國，〈龍樹中觀學與比較宗教哲學——以象徵詮釋學為比較模型的考察〉。收入《中印佛學泛論——傅偉勳教授六十大壽祝壽論文集》，1993年。

劉滄龍，〈從「隱喻」到「權力意志」：尼采前後期思想中的語言、認識與眞理〉。《國立政治大學哲學學報》，第二十九期，2013年。

尼采，《權力意志》，孫週興譯，（北京：商務印書館，2007）。

——《哲學與眞理——尼采1872－1876年筆記選》，田立年譯，（上海社會科學院出版社，1993）。

——《查拉圖斯特拉如是說》，錢春綺譯，（臺北：大家出版，2014）。

釋見弘，「關於Candrakīrti的二諦說中的幾個問題」。《中華佛學學報》，第19期，2006。

楊惠南，〈吉藏的眞理觀與方法論〉。《臺大哲學論評》，第14期，2006年。

周國平，〈理性的原罪〉，《尼采——在世紀的轉折點上》，（香港：香港中和出版公司，2014）。

Brown, Kristen. *Nietzsche and Embodiment: Discerning Bodies and Nondualism*, (Albany: SUNY, 2006).

Coward, Harold and Foshay, Toby. eds. *Derrida and Negative Theology*, (Albany: State University Press, 1992).

Elman, Benjamin A. "Nietzsche and Buddhism", *Journal of the History of Ideas*, 1983, Vol. 44, No. 4.

Murti, T. R. V. *The Central Philosophy of Buddhism: A Study of the Madhyāmika System* (New York: Macmillan, 1995).

Nietzsche, Friedrich W. *Human, All Too Human: A Book for Free Spirits*. tr. Marion Faber and Stephen Lehmann, (Lincoln: University of Nebraska Press, 1984).

—— *The Gay Science*. tr. Josefine Nauckhoff, (Cambridge: Cambridge University, 2001).

Sprung, Mervyn. *Lucid Exposition of the Middle Way*, (Boulder: Prajna Press, 1979).

Tuck, Andrew P. *Comparative Philosophy and the Philosophy of Scholarship*, (New York/Oxford: Oxford University Press, 1990).

跨文化思考中的「內在他者性」──系譜學與氣的思維

劉滄龍

本文藉由尼采的系譜學及王夫之氣的思想探討跨文化思考中的「內在他者性」。作為批判的歷史書寫，尼采的系譜學包含主體的批判理論，其目的在於探究文化──被語言與體制所建構的「生活方式」（Lebensform/ form of livings）──自我轉化的可能性。系譜學所展開的主體的新的自我理解，使我們得以正視文化的「內在他者性」（The Internal Otherness），它肯定文化的差異性力量，不同的生活方式得以在文化的內在交錯中自我轉化，它將被看成是包含著內在差異的「纏結」（Ineinander/ entanglement）關係。因此，唯有正視文化內部的跨文化性（即其「內在他者性」），文化批判才有開放的動能。尼采系譜學的思考也提供我們以新的角度來理解王夫之氣的思想，我們將藉由此一對照探究跨文化思考中足以引發生活方式轉化的「內在他者性」。

壹、「文化」與「跨文化」

　　「文化」作為一個複合詞是現代中文的產物，在古代中文「文」「化」連用的狀況也有，但不是作為一個詞來使用，如漢劉向的《說苑指武》：「聖人之治天下也，先文德而後武力。凡武之興為不服也，文化不改，然後加誅。夫下愚不移，純德之所不能化，而後武力加焉。」[1] 在此處，「文」是相對於「武」來說的，「文化」是指「以文治來教化」。[2] 在類似的表達方式中，「文」是以華夏為主體，四夷則野，有待教化，不服者則以武力征伐。「文」是能「化成天下」的主體，古典中文的「文化」是文／野（質）、雅／俗的禮教等級秩序，有高下之別，而唯一的文化主體是中原的諸夏。然而在現代中文的語意脈絡中，作為對應於西文 culture/Kultur 的「文化」，其意涵有了根本的改變。華夏已然不是唯一的文化主體，天下不再是以華夏為中心來定義是「文」是「野」。是否有某種尺度可以鑑別不同地區的生活方式、文明型態的差異性品評「文化」高下優劣之別，已經受到很大的質疑。始於十九世紀末華夏文化所遭遇的「現代化」挑戰，不論是被迫或主動地將「現代化」視為具有規範意涵的語詞，它是以西方文化為尺度，「歐美」成了「化成天下」的主體（主語），本是天下之中的「中國」，成為武力加諸其上不得不「服」、「改」的化外之國。莫非自古以來中西皆然的是，文武之道本就相倚而生，沒有政經硬實力，文化軟實力便無著附之處。主體的「文」要「化」

---

[1]　盧元駿註釋，《說苑今註今譯》，（臺北：臺灣商務印書館，1979），頁517。

[2]　「文」在古典中較多是指文采、文章、文獻、文飾等，跟現代中文的「文化」較有關的是文治、文事等相對於武功、武職等用法。在古典中最可深究的「文」當屬《易賁彖》中的「剛柔交錯，天文也：文明以止，人文也。觀乎天文，以察時變：觀乎人文，以化成天下。」其中的「人文」是相對於「天文」來說的。「天文」是自然世界的紋理、條理、原則、秩序。「人文」則是人間世界的倫理、秩序。「觀乎人文，以化成天下」便是以「人之文」來「教化育成」天下萬物。

陌異的他者，使其成為屬己的，「文化」就在此一「化他為我」的交錯融匯過程中愈來愈有活力；反之，則「我化為他」而消失滅亡。「文化」的交錯，何嘗不是生死的鬥爭？

　　作為對應於西文的現代中文的「文化」此一詞語從文字本身來考量，即已隱涵了「跨文化」的意涵。《說文》：「文，錯畫也，象交文。」[3]「文」便是交錯的紋理。「化」則有生成、變化、教化、治理之意。「文化」既是內在於具有支配性地位的文化主體，在其統轄統域中自身不斷交錯變化的人文教化，也是與域外的異文化交錯流衍、相互轉化的施化之道。考察古代中國如戰國時期不同地域（齊魯秦楚等）文化互動的過程，或古希臘時代哲學發展的人文地理（如西亞與希臘、義大利），或許可以印證，不同區域宗教文化的交錯混融與文化的創新推進彼此息息相關。從語言、地域、歷史仍然可以劃分出不同的文化系統並據以界定特定文化的某些特徵，然而不容否認的是，各個文化系統內部，屬己的與陌異的文化之間，保有一定程度的內外交錯互動，當是文化發展的重要動力。從中國儒道釋文化與歐洲基督教文明兩千多年的歷史來看，「文化」或許一直以來就是在「跨文化」的交錯中畫出自身的形貌、自他的界限。

貳、文化中「同化」與「分化」的雙重作用

　　在較早期的著作《不合時宜的考察》一書，尼采主張：「文化首先是一個民族所有生活表現中藝術風格的統一。擁有許多知識既不是文化的必要手段，也不是它的表徵，甚且會在必要時恰好就是文化的對立者──

---

[3] 漢許慎撰，清段玉裁注，《說文解字注》，（臺北：洪葉文化，2005），頁429。

野蠻，換言之就是毫無風格，或者所有風格雜亂地拼湊。」[4]「文」和「野」的分別判準，在早期尼采的眼中是「藝術風格的統一性」（Einheit des künstlerischen Stiles），是否有文化，端視其是否有能力將不同的知識與生活表現形塑統整成一有風格的總體。毫無風格或雜亂無章，都是沒有文化水準的表現。有活力的「統一性」是尼采早期文化批判的標準，尼采在寫作此書時，普魯士才戰勝了法國，德國剛剛取得政治軍事上的統一，彷彿生機勃勃。然而，尼采卻認為，此時的德國即使軍事上打敗了法國，文化上的創造力仍遠不及法國，甚至可說是處於毫無特點，只知拙劣地模仿法國的野蠻狀態。

「統一性」當是成熟文化的表徵，因為富有創造力，於是能夠賦予多樣性以統整的風格，而不會在零碎雜多的堆疊拼湊中失去風格。「統一性」表現了文化「同化」的力量，能將多的、新的、外來的統合為屬己的整體，並且打上屬於自己文化的特殊印記。剛誕生的德國，在文化上尚欠自信，不能在模仿外來文化時鎔鑄出屬於自己的特有風格，所以尼采說：「德國人把所有時代和不同地區的形式、顏色、產品及稀奇古怪的東西都堆放在自己周圍，並且打造了那種現代年貨市集的繽紛多彩，學者們觀察此一現象還稱之為『現代性自身』。德國人便靜靜端坐在此一所有風格的嘈亂騷動之中。」[5]尼采對新生的德國有恨鐵不成鋼之慨，觸目所及，皆是散亂虛華地以模仿、拼湊與堆疊的方式吸收外來文化，欠缺形塑統整的創造力。法國作為較高尚的外來文化，是文化德國想要內化的他者，但仍

4　KSA 1: 163。本文所引用的尼采著作均出自Giorgio Colli和Mazzino Montinari所編的《尼采全集：15冊考訂版》（Friedrich Nietzsche: *Sämliche Werke. Kritische Studienausgabe in 15 Bänden*, ed. G. Colli/M. Montinari, München/Berlin/New York: Walter de Gruyter & Co, 1980），並縮寫為KSA。KSA後的數字分別代表卷數及頁碼。

5　KSA 1: 163.

然只能生硬地嫁接，尚未能圓熟地吸收消化。

　　然而，只要文化尚有活力，就不會停滯在單調呆板的同一性中固守貧乏的「統一性」，相反地，「為了生命的目的，人必須擁有力量，並且運用力量去打碎和分解過去。」[6]古典語文學家尼采並不是文化的守舊主義者，對古典文化的回溯本身並非就是目的，同時代的歷史學家與古典研究已淹沒在專業分工與細微零散的知識搜羅中，並以客觀性的研究自命為正統。一味沉湎在所謂歷史客觀性的研究中，文化將喪失指向未來的力量。尼采認為，正確理解歷史的客觀性不在於消極模仿經驗性的實證歷史，而是以藝術家積極塑造的才能在一個「深意、力量和美感世界之中」[7]，發現所有事件的聯繫方式，一切看似個別分散的事物都獲得了正確理解的位置。因此，批判的歷史的真正的目的在於服務生命，引發足以提升生命的行動，而不是作為旁觀者，佇立在客觀研究的對象前，反覆咀嚼早已過量的知識，並且因而失去行動力。古典語文學家的任務跟中國的經學家一樣，是經世致用之學，不是導向不孕育行動力與創造力，雜亂堆砌的知識負擔；知識的作用在於推動現實，而不是抑制行動。

　　若「統一性」是此一時期的尼采最為在意的文化特性，有著「同化」他者的形塑能力，但他同時也清楚地認識，不能單靠「同化」的作用，還必須擁有「打碎和分解過去」的「分化」作用，這是激進地「遺忘」自身的力量，也就是讓自己陌生化成為他者，在「分化」、裂解自身中，超越自己。以古典希臘為榜樣的尼采，之所以自認為不合時宜，不是因為眷戀於過去的榮光，沉溺在歷史的塑像來等待過去的救贖，而是以曾經可能的偉大事物，服務於當代的批判，使未來的創造成為與過去相呼應的典型。

6　　KSA 1: 269.

7　　KSA 1: 292.

不合時宜，是因爲返回得太古遠，或超前得太未來，偉大得不切實際，而當代的流行價值卻是謹小愼微與務實確切。

「同化」他者，使文化具有整合力量來創造屬於自己的風格；「分化」自身，則使累積的歷史文化能夠在「遺忘」的否定性的批判力量中自我超越。「同化」與「分化」的雙重作用使文化在內外與自他的交錯中保有既創造又毀滅的生命力。然而，此時的尼采仍未看到雙重作用協作的必要，要到下一部著作《人性的，太人性的》，我們才能看到「跨文化」對於文化的必要性，並逐漸形成系譜學的思考。

參、在系譜學的思考中承認虛構的「統一性」與跨文化的必要性

完成於1876-1878年間的《人性的，太人性的》，是標誌尼采思想逐步趨於成熟獨立的重要著作。該書揮別了形上學，更加確信地以生成的角度來考察描繪人如何以自我欺騙的方式發展出道德、宗教的歷史。形上學、道德、宗教既是人類自我理解的謬誤所構成的歷史，然而卻是基於自我保存的需要所創造的產物。如今，人類是否能夠從生成的、歷史的方法來思考人的未來，發現另一種人類生活的方式，成了尼采系譜學的重要任務。《人性的，太人性的》是系譜學方法的初次習練，十年後（1887年）出版的《論道德的系譜學》則以更激進的方式操演系譜學。

早期尼采雖然已經能夠歷史地思考文化的問題，但是仍未意識到「統一性」是被虛構出來的，還未徹底擺脫形上學的同一性。《人性的，太人性的》的書名已對人的自我理解無情地嘲弄，「人」與「人性」只有語詞自身的同一性，其「統一性」是基於自我保存的需要而在歷史中被虛構出來的。人及其文化，已經在歷史的推移中達到了這關鍵的一步，發現了

形而上的善與惡自身是不存在的,凝結個人之間、民族之間的紐帶可能未必要繼續採用道德與宗教的手段。承認一切都是生成的,認識到自我內部的多樣性是在生存鬥爭中自我異化的結果,「內在他者性」(Die Andersheit im Selbst)被揭示,人與文化的自我超越便成為可能。主體自身的虛化,意謂著所謂的「自我」便是擁有力量的一種感覺意識,沒有力量背後的實體性主體與同一性自我,沒有施展力量的主體,主體就是複數的力量彼此運作的叢集格式與交互關係。「文化的主體性」像「人性」問題一樣,擺脫了形而上固定不變的本質的思考方式,從生成的角度來思考「文化的主體性」,就承認了「跨文化的必要性」。「跨文化」的規範性事實便是承認「文化的主體性」及其「統一性」是基於自我保存的需要被虛構出來的,而生成既是事實,也是唯一的規範性尺度,於是文化的「內在他者性」與「跨文化性」便是必要的,也是一定會出現的。明白形上學的本質與統一性的虛構是如何歷史地產生,便能理解我們真正需要的是什麼,並以不同的方式存活與創造。

　　與形上的、宗教的人不同,尼采認為「我們今天的人正好相反:人如今愈是感到自己內在的豐富,愈是一多音複調(polyphoner)的主體,那麼他就愈能感受到自然的和諧。」[8]尼采呼籲人類克服自己的道德性,勇於認識自己的「不負責任」與「無罪」,克服自由意志的幻想與負疚的罪惡意識,成為「非道德主義者」。他說:「所有道德領域中的事物都是生成的、會變的、搖擺的,確實可說一切皆流,然而同時也可說一切皆有定向:朝著同一目的流去。」[9]因為人是歷史生成的產物,必然是多音複調的主體,此一複數的主體是無法不在生成變動中成為他所是,生成的主體

---

[8]　KSA 2: 113.

[9]　KSA 2: 105.

是無辜的、不可譴責的，人無法不成爲這樣的主體，也不能爲此負責，因爲這不是人所能選擇的。但是未來的人該成爲什麼？能成爲什麼？有能力決定自己的存在嗎？

如同蝴蝶即將破繭，「陌生的光線與自由的王國」會令它迷亂，「最明燦的陽光和最陰翳的晦暗」在此相互交疊，尼采寄望人類能夠嘗試突破，「克服自己的道德性，轉化成明智的人」。[10]過去，缺乏歷史性思考的人想要排除變化生成，以形上學、道德、宗教纏縛住人，並且虛構了「本質」與「統一性」來界定「人性」，因此把四千多年的人類說成是永恆不變的人性。[11]一旦帶著歷史的眼光來思考，那麼「一切都是生成的，沒有永恆的事實：也沒有絕對的眞理。因而從今以後，以歷史的方式進行哲學思考便是必要的，而且要伴以謙虛的美德。」[12]謬誤與誤導在過去培育了人類，因此道德、宗教、形上學即使是建立在虛構之上也有其必要，但是日漸明智的人類現在已到破繭而出之際，新的知識告訴人類，一切的生成均是無辜與必然的，沒有神靈在操縱偶然性，善惡不是形上學的二分，而是明智與愚昧的等級之分。人類新的自我理解將導向一種新的生活習性，帶來自身的轉化。

肆、從語文學到系譜學：肯定文化的「內在他者性」

在尼采的語文學研究中，他對希臘文化、藝術方法的重新定位與對當代文化的批判息息相關。尼采認爲當時語文學界對古典主義欠缺眞正的

---

[10]　KSA 2: 105.

[11]　KSA 2: 25.

[12]　KSA 2: 25.

理解，此一理解的缺失也暴露了當代歐洲的文化病癥。尼采一反當時主流的觀點，提出了他心目中眞正希臘文化的精神內涵，即肯定文化的「內在他者性」是構成創造性衝突的條件，並從此一界定批判當代歐洲的文化衰退。不論是尼采早期從語文學的進路對古典文化的重新理解，乃至到系譜學思考中出現的「權力意志」學說，都重視文化創造性的來源是對其內在多元性、差異性力量的肯定。這可證諸於早期戴奧尼索斯、阿波羅精神的二元性，以及中後期的「權力意志」思想。

系譜學進行批判的歷史考察，對同一性形上學的批判導向了價值重估與人類自我理解的轉化。系譜學對歷史的反省，對「從何而來」（woher）的歷史性的思索，其實是延續著早期語文學的工作。從《悲劇的誕生》書名可見，「誕生」（或「起源」；Geburt）一詞即已透露出尼采意圖考掘事物的起源與生成脈絡。把《悲劇的誕生》看成系譜學的首部曲未嘗不可，只是它還帶有藝術形上學的理想與構架。希臘美學的歷史關乎兩種神話類型（戴奧尼索斯、阿波羅）的戰鬥，也就是兩種美學力量的形式及原理的衡定，說明他們力量運作的形式與交互關係。尼采的處女作，如同他的多數其他作品，也是在歷史的陳述中，以回視過去的形式，對當代的問題提出批判。例如，在《悲劇的誕生》中，尼采主張兩種神話力量的平衡與矛盾，對於希臘美學文化的引發與構成具有重要的意義。此一看似客觀的歷史陳述也包含了對撕裂的現代性的診斷，尼采認爲這是個「去除二分」（Ent-zweiung）的時代，[13]也就是不能正視主體的「內在他者性」。

Ulfers和Cohen認爲，尼采是一個充分完成的古典主義者，他走出歌

---

[13] Saar, Martin. *Genealogie als Kritik. Geschichte und Theorie des Subjekts nach Nietzsche und Foucault*, (Frankfurt/New York: Campus Verlag, 2007), pp. 23-4.

德思想的困局，消化了歌德未能消化的康德。尼采既拒絕簡單的主體可以再現世界，也反對主體只是對客體的被動反應。主體和客體、心靈和世界、思考和被思考者的對立，以更巧妙的方式疊加在一起，然而不同於黑格爾以「揚棄」（Aufhebung）的方式達到的綜合——意謂著以消除矛盾帶來提升，而是肯定差異性、矛盾性，肯定主體在生成的歷史中定然具有的「內在他者性」。在《悲劇的誕生》中，尼采肯定了戴奧尼索斯和阿波羅原理兩者間的矛盾有不可取消性，也就是肯定矛盾所達至的「纏結」（Ineinander）。在尼采看來，談論一種真正的古典概念，意謂著重新整合被排除的、毀滅性的戴奧尼索斯因素與建構性的阿波羅因素，創造出一種動力機制，使得不可消除的矛盾、互不相容的力量、互相反對的價值，綜合成一新的「纏結」。此一「纏結」是希臘文化悲劇世界觀的核心。[14]

　　尼采對希臘文化的理解，不同於溫克爾曼（Johann J. Winckelmann）所描述的古典概念，只強調愉悅，或者所謂「高貴的簡單和靜穆的偉大」（Edle Einfalt und stille Grösse）。也不片面強調浪漫主義者所描述的不安、折磨、痛苦。同時，尼采不甘於停留在古典主義與浪漫主義的簡單對立，他以新的方式界定古代文化，想要調停古典主義作為「素樸的詩歌」、浪漫主義作為「感傷的詩歌」之間的對立。尼采認為和解並不表示對立的一種充分和穩定的調停，是比任何調解更高的狀態類比。「纏結」

---

14 Friedrich Ulfers and Mark Daniel Cohen, "Nietzsche's Ontological Roots in Goethe's Classicism", in: Paul Bishop ed. *Nietzsche and Antiquity. His Reaction and Response to the Classical Tradition*, (Rochester, NY: Camden House, 2004), pp. 425-440. 在1870-1871年未出版的手稿中，尼采表示：「我們所生活的世界，其本質纏結著痛苦與快樂。」（"Das Ineinander von Leid und Lust im Wesen der Welt ist es, von dem wir leben."）KSA 7, 7[196]: 213。本文所用的「纏結」（Ineinander）即出自此，並引申其義，意指那些被我們視為相對立的分別，如苦樂、好壞、善惡、生死、自我與他人、個體與整全，從肯定生命的立場來看，是彼此交纏、無可切分的。能肯定「纏結」，即承認自我的「內在他者性」，自我在生成中，即不斷在自我異化中追尋自我整合，同化與分化雙重作用，共同構成生命的自我超越與力量提升。個體生命如此，語言文化的發展亦然。

便是把對立的力量理解為動態的交織，並非矛盾的任何一方獲得勝利，而是具有形塑力量的強化作用，將內在衝突導向有機體的升高發展，這遠遠超過被動的、反應的適應外在衝突的方式。在《論道德系譜學》第二篇第十三節關於「權力意志」所描述的，倘若只注意到外在的條件，將忽略了「自發性的、進擊性的、擴張性的和賦予形式的諸力量的基本優先性，正是這些力量提供我們新的詮釋和引導。」[15]尼采運用了具有差異性力量的戴奧尼索斯與阿波羅這一對概念，想要超越當時對希臘文化的通行詮釋，其語文學方法不僅與同時代的古典研究相扞格，內蘊的哲學意涵更是意有所指地針對當代歐洲文化的疲困而發。當時仍很年輕，後來成為古典語文學大家的Wilamowitz-Möllendorff寫了一篇題為〈未來的語文學〉的文章，大肆批評尼采的語文學方法，他認為尼采是以語文學的歷史批判來包裝實質上是詩性直觀的美學作品。Gentili表示，把尼采《悲劇的誕生》看成是單純的告別語文學走向哲學的著作，這樣的論斷即使並非全盤錯誤，也大有偏差。他認為，自《不合時宜的考察》以迄《反基督》，尼采的思考始終關聯著語文學研究的狀況及任務。[16]

「對矛盾的否定」是抽象的理性主義者最主要的病態與缺失，這是哈曼（Johann G. Hamann）與尼采的共通評斷，他們都從這個角度攻擊當時的理性主義語文學家和歷史學家。在《蘇格拉底回憶錄》和《悲劇的誕生》中，兩人都使用了大量的隱喻性與詩性的文字來表達矛盾的不可取消性。在知識與性欲的問題上，他們都批評抽象的理性思考必然成為一個去勢者，換句話說，沒有什麼真實的知識是不包含富涵矛盾、充滿激情的性

---

[15] Friedrich Ulfers and Mark Daniel Cohen, "Nietzsche's Ontological Roots in Goethe's Classicism", pp. 428-432.

[16] Gentili, Carlo. *Nietzsches Kulturkritik. Zwischen Philologie und Philosophie, aus dem Italienischen übersetzt von Leonie Schröder*, (Basel: Schwabe, 2001), pp. 9-10.

欲。對尼采來說，蘇格拉底以其魅惑般的魔力將智性主義傳染給歐里庇得斯，並通過歐里庇得斯之手清除了希臘悲劇中的神話和奇蹟，真正的悲劇從此被趕下了希臘的舞臺。蘇格拉底的理性主義不只是偏離了戴奧尼索斯的最高認識形式，而且是一種審美上不充分和不幸的知識，尼采稱蘇格拉底主義是décadence（退化、墮落、頹癈）。被閹割的理性知識所導致的病態此一課題後來在尼采的《論道德系譜學》中得到進一步的闡發，只是主角由蘇格拉底換成了基督教。啓蒙的反省者哈曼認為，去勢的抽象知識是一種殘缺的知識，他強調感受和信念而反對以思辨的方式來推演命題。因此，對哈曼來說，蘇格拉底是個典型的信仰者，他要藉由助產術來輔助對話者意識到潛存於靈魂深處直覺性（而非理性的）智慧。這點構成了哈曼作為熱烈的基督教捍衛者和尼采的根本差異。哈曼認為，蘇格拉底的神靈（daemon）是神聖的靈感，是藝術創造的源泉、聖經的原型、宗教靈感的來源，因此，蘇格拉底的神靈是正面的。然而尼采認為，蘇格拉底的神靈是過度發達的邏輯和批評本能，其作用主要是負面的。[17]

尼采所批評的蘇格拉底主義，是自我欺瞞的理性，抽離了情欲的生命、排除了矛盾與差異，其實是否定了生命自身，理性本為生命服務，現在卻自身成了目的，乃至不惜毀棄生命來成就理性，生命成了理性的對立物。不論是早期的語文學與後期的系譜學，尼采指出歐洲文化的衰敗有其歷史的根源，即此一蘇格拉底式的片面理性主義，敗壞了希臘悲劇中最為關鍵的戴奧尼索斯的創造性能量。酒神精神是幽黯的美學力量，具有吞噬生命、撕裂自我的毀滅性能量，然而也正是這種毀滅性的力量足以創發、

---

[17] James C. O'Flahert,"Socrates in Hamann's Socratic Memorabilia and Nietzsche's Birth of Tragedy", in James C. O'Flaherty, Timothy F. Sellner, and Robert M. Helm, eds. *Studies in Nietzsche and the Classical Tradition,* (Chapel Hill: University of North Carolina, 1979), pp.114-143.

提升生命。沒有衝突就沒有生命。生命內部既可遠引向死亡又成全自身的
幽黯之力，是尼采最為看重的藝術原理，同時也是生命的技藝。尼采以生
命的視角看待文化，主張文化的創造性就如生命一樣，在內在的衝突性中
挑戰與超越自己，在力量的交錯變化中自我生成。蘇格拉底式的理性文
化，企圖否定文化生命的「內在他者性」，拒絕情欲的擾動，排斥對立性
的力量，文化成了單調的統一，而不是內含差異的綜和。

伍、「內在他者性」與氣的思維

　　氣的思維即是思考自然現象與人文世界交錯變化的思維。《易繫辭
上》謂：「通其變，遂成天下之文」，《易傳》的陰陽之道就是闡釋天下
變化之道，人文之理則是天道變化的參贊呼應。將氣與陰陽相連的早期文
本另如《老子》當中有謂：「萬物負陰而抱陽，沖氣以為和」（《老子》
四十二章），向陽與背陰之氣的沖和化成萬物，這不是《老子》獨特之
見，而是戰國時期漸趨成熟的氣的思想的映現。與《易傳》、《老子》大
約同時期的其他戰國時期的思想家（或學派）在其著作中如《韓非子》、
《管子》、《莊子》、《荀子》等，又各自在不同的向度上闡發了自然與
人文在交錯變化的力量中運行發展之道，或據以言君王南面、治國治身
之術，或敞開一生命逍遙自得之場、以遊人世以應帝王。戰國時期的理
論家，創造出許多不同型態的氣的思想，但是氣作為陰陽變化之理，對立
性的力量運作是構成此一變化之理的內在原則，承認氣的「內在他者性」
方能言陰陽變化之理，這是氣的思維的共同原理，後世不論漢以降至唐宋
明清，或暢言元氣，或劃分理氣，「氣的內在二元性」至少不會偏離。氣
的思維發展成氣的文化，既是個人養性修命之道術、醫術，也是政治社會

歷史乃至天文地理運行變化的原理。氣的思想與氣的文化範圍太廣，變化無端不可一概而論。就哲學思想的高明圓熟，吸收融合儒道氣的思想，既精微又廣大的首推明末清初的王夫之。船山氣的思維傳承了張載的易學，也吸納了老莊，言氣既可論個人修養工夫，且能充分開出政治與歷史的面向，上通造化之源，下開經世之用，作爲氣的思維的高峰，可當之無愧。下文論氣的思維，將特別著重王船山對易學的消化開發，其中不乏與尼采系譜學互有呼應、彼此啓發之處。

船山發揮易學中「氣」的陰陽動靜之理，在《張子正蒙注》中他指出，陰陽各有其體，[18]是二氣之實，兩者雖分爲兩體，既「兼體」而又能在感通中「合絪縕一氣和合之體」：

> 聖人成天下之盛德大業於感通之後，而以合絪縕一氣和合之體，修人事即以肖天德，知生即以知死，存神即以養氣，惟於二氣之實，兼體而以時用之爾。[19]
>
> 陰陽各有其體，而動靜者乃陰陽之動靜也。[20]
>
> 無有陰而無陽，無有陽而無陰，兩相倚而不離也。隨其隱見，一彼一此之互相往來，雖多寡之不齊，必交待以成也。[21]

「氣」既可二分爲陰陽兩體，又可兼體而和合成一氣，天地的運行與聖人的德業均是在感通中變化不測，生死的二分性被貫通，但並非取消生

---

[18] 船山說：「陰陽剛柔互言之，在體曰陰陽，在用曰剛柔。」明·王夫之，《周易內傳》卷六下，《船山全書》，第一冊，頁621。

[19] 明·王夫之，《張子正蒙注》卷一，《船山全書》，第十二冊，（長沙：岳麓書社，2010），頁37。

[20] 明·王夫之，《張子正蒙注》卷七，頁275。

[21] 明·王夫之，《周易內傳》卷五上，頁525。

死的界別，而是知其分而不分，不分而分。生趨向於死，因此生存的每個片刻均通向死亡，雖未死但將死而含著死亡的可能性。生若是明，則死即是幽，生死幽明互相包含，雖生而在，其實必將死而往。船山說：

> 盡心思以窮神知化，則方其可見而知其必有所歸往，則明之中具幽之理，方其不可見而知其必且相感以聚，則幽之中具明之理。此聖人所以知幽明之故而不言有無也。[22]

有／無是互斥性、彼此背馳的分別，生命的存在並非常有，死亡並非永無。明／幽則是內在地互相函攝，可見有形之生必通向死，不可見無形之死必含相感以聚之生。船山秉承「易言往來，不言生滅」的要旨，認為張載之學「無非易也」，此一絕學可「貞生而安死」，明言生命無非陰陽屈伸往來之必然，知生命之始原與歸結，均是陰陽變化之理，則知生非創有，死非消滅。

由此可知，陰陽二氣之理是以變化來說明存在，即每個存在的片刻無不在變化之流中，此一變化之流不是受單一之理所支配，而是陰陽二氣同時作用的結果，而且二氣既各有其理則而互相分別，又必須同時作用，陰陽互是對方的「內在他者」。陰陽相互滲透，並非背馳之理，而是「方分而方合、方合而方分」。[23]氣之聚合與陽氣之發動總是永遠處於雙重作用中，只是隱顯消長的變化依時不同，各隨其宜。陰陽的互動變化說明了生命的生成轉化，在氣的思維中，自然世界也是有機的生命現象，同樣可

22　明・王夫之，《張子正蒙注》卷一，頁29。

23　船山說：「夫乾坤之大用，洵乎其必分，以為清寧之極，知能之量也。然方分而方合，方合而方分，背馳焉則不可得而合矣。」明・王夫之，《周易外傳》卷五，《船山全書》，第一冊，頁990。

用陰陽之理來闡釋，人文世界也當如此。前引《易繫辭上》所言：「通其變，遂成天下之文」，便可見氣的思維是通及於自然現象與人類文化。

生命有生死的始終變化，文化生命亦然。在絕望的時代也有一陽來復之機，天道與人事無一時刻不是乾坤健順之體的發用。在解釋〈復〉卦時，船山說：

> 還歸其故曰復。一陽初生於積陰之下，而謂之復者，陰陽之撰各六，其位亦十有二，半隱半現。見者爲明，而非忽有，隱者爲幽，而非竟無。天道人事，無不皆然，體之充實，所謂誠也。[24]

陰陽的本性是陽處明、陰處幽，任何一卦都有六陰六陽共十二位，陰陽二體隨時都承體起用，但是因爲向背的關係，只能見到陰陽構成的六位。[25]如〈乾〉卦雖然是純陽，但並非無陰，陰只是處於幽，隱而未現；〈坤〉卦雖是純陰，但並非無陽，陽只是處於幽，隱而未現。船山說：「六十四卦，六陰六陽具足，屈伸幽明各以其時而已。」[26]主張《易》乾坤並建，陰陽六位各至，只是隨時不同而相爲隱顯以成錯綜，乾坤函六十四卦之德，這兩卦化而爲其他六十二卦。陽變陰化，皆自然必有之功效。隱顯、向背、幽明之相異，都是純而不雜易簡之德的全體大用，可歷天下險阻之變而無不感通成化。

乾坤有向背，六十四卦有錯綜，但眾殊變化均不捨離於乾坤之宗統，

24　明・王夫之，《周易內傳》卷二下，頁225。

25　汪學群，《王夫之易學——以清初學術為視角》，（北京：社會科學文獻出版社，2002），頁136。

26　明・王夫之，《張子正蒙注》卷七，頁276。

所以船山說：「知其異乃可以統其同，用其半即可以會其全。」[27]坤是陰陽至純之德，乾至健、坤至順，兩者體用各異，但均是易之體。乾坤是易體的門戶，「神無方而易無體」，無體之易是以乾坤相異之體展開不測之神用。至純之乾與坤函至足之易德，所以能演變爲陰陽相間之雜卦。船山說：「故非天下之至純者，不能行乎天下之至雜。不足以純而欲試以雜，則不賢人之知能而已矣。」[28]至純不雜爲易簡之德，是說易的體性以純一至專爲易簡之道，但此純一不雜卻通於天下之至雜，能歷天下險阻，因何之故？因陰陽雖爲相異之體，卻交感爲用，這是異而能通，雖雜而純。雖至陰之坤，其中相異之陽體藏而不露，但又可隨時發用；至陽之乾，其中之陰體亦隨時潛隱順承，不顯其用但妙用無時不在。這即是船山所謂「用其半即可以會其全」，天道變化不是一時俱現其全，而是總在半隱半現中起全體大用。乾坤並建的義理船山也以動靜相函來申明，天運之所以不息，以其剛柔相濟、動靜相函，所以晝夜交替、四時推移，以易簡之道應繁難。船山認爲，賢人希天希聖之道，以其性具乾坤之德，動而可靜、靜而可動，二氣皆可清通所以能行乎險阻，德業貞定於易簡之一。

陸、華夏文化的「內在他者性」

《易繫辭上》：「通其變，遂成天下之文」，此中的「天下」與「文」雖是古典中國的世界觀與文化觀，如今看來適足以成爲跨文化的天下觀與文化觀。跨文化的天下文化，其任務是超越十八、十九世紀迄今以民族文化爲本位的文化觀。正視文化的「內在他者性」是跨文化素養的關

---

27 明・王夫之，《周易內傳》卷六下，頁639。
28 明・王夫之，《周易外傳》卷五，頁987。

鍵。如尼采系譜學與王船山氣的思維所顯示，文化生成的邏輯是其內在交纏與錯綜，唯有承認「內在他者性」才能讓形塑文化的「統一性」不落入排他背馳的「同一性」，超越本質主義式的文化認同。跨文化天下中的主體是多音複調的複數主體，天下不再有中心，或中心是「方分而方合，方合而方分」的「虛體」與「兼體」。能「虛」所以「至純無雜」，而以誠體感通遍歷文化的差異性。然而，此一「至純無雜」之體又是交纏錯綜的「兼體」，其「至純如一」不是真有一內在同一不變的核心實體，而是能分能異能變化能錯雜的「二氣」，唯其「清通」所以「至純」，所以能「通天下之至雜」，這是「知其異，乃可以統其同」。跨文化的施行運作必須兼具文化形塑的同化與分化的雙重作用，在同化中保有屬己的整合性，在分化中表現開放的創造性，如此才能統合混雜而不散亂，遍歷差異而不僵固排他。跨文化的創造性與轉化力來自於主體一直迴避，但實應正視的「內在他者性」。

「同一性」思想傾向主張所有美好事物都是相容的，不論是大一統的氣的思想或西方理性主義形上學家，將所有謎團與矛盾都化解於某種最後和諧的觀念之中。非同一的氣的思維則立足於經驗，所以力圖接納悖論，讓不可共量的善的觀念、異己理想、具有衝突的生活方式來激活思想，促進我們儘量公正地對待不可取消的複雜性，堅持有耐心的對話與理解共同生活的異見者。自由主義政治哲學家柏林（Isaiah Berlin）對「同一性」思想的批判，相當能表達此一經驗的價值多元論立場：

……如果我們無法先驗地獲得這樣的保證，即真實價值的整體和諧在某個地方是可以發現的（也許在某個理想的領域，但這個領域的基本特徵，是我們在有限的狀態下無法理解的），那麼我們便只有返回到經驗觀察與日常人類知識這兩種日常根源之中。但這些根源肯定不能保證讓我們

做出這樣的假定（甚或不能保證理解這麼說的意思）：所有好事（所有的壞事也一樣）是可以相互調和的。我們在日常經驗中所遭遇的世界，是一個我們要在同等終極的目的、同等絕對的要求之間做出選擇，且某些目的之實現必然無可避免地導致其他目的之犧牲的世界。[29]

　　在共同生活中，我們必須做出自主的選擇，而這必然會造成其他目的、價值被放棄，只要這些自由的選擇是在公平的機制中出線，我們都得接受這些不同目的之間的競爭與得失。柏林認為，人的目的是多樣的，而且從原則上說來它們並不完全相容，甚至有激烈的衝突，那麼發生悲劇的可能性便一直存在。此一斷言內容已經成為每日活生生殘酷搬演的當代社會悲劇。跨文化時代的絕望狀態不是來自於此一不可調和的衝突，而是選擇走回同一性形上學的老路，想要抹除文化的「內在他者性」，如此勢將注定未來毫無希望可言。跨文化思考的任務之一，便是理解此一否定文化的「內在他者性」、追求同化的「同一性」的自我證成的欲望。

　　當代中國從反傳統主義的思潮中翻轉過來，重新提倡儒家思想以重塑民族文化認同，用中華民族融合論來化解少數民族的自決權利，並且以批判西方現代性的侷限來拒斥民主、人權的普遍性。「中國夢」的提出無疑滿足了百年來受挫的民族自尊，而「中華民族的偉大復興」和二十世紀初中國的民族主義思潮共享著封閉排他的同一性思維。當前馬列主義官方意識形態已不能有效建立中國的中國性以對抗西方，於是回到古典儒學就成了理所當然的出路。弔詭的是，毛澤東在共產黨還未取得中國的統治權之前，曾經明白主張少數民族有自決的權利，表現出社會主義追求平等、反

29　Berlin, Isaiah. *Liberty: Incorporating Four Essays on Liberty,* ed. Henry Hardy, (Oxford: Oxford University Press, 2002), pp. 212-213.

對壓迫的理想性，後來變調，種族民族主義與文化認同愈來愈固化成同一性的暴力。重新探討社會主義和古典儒家的理想性與開放性，才能打開被封限在僵固的同一性思維中的政治與文化處境。

返回古典文化，強調春秋大一統或追求一脈相承的中國性，是有意忽略諸夏文化傳統的開放性和歷史性。「華夏」的「華」有繁盛之意，替用的詞「諸夏」，此一「諸」是複數多元的、混雜的，重新肯定此一內在多元的歷史文化，對於反思當代中國的文化認同有其必要性。諸夏文化是開放多元的史觀、非本質主義式的文化認同，血統、文化、歷史與政治生活之間的關係從來就不是膠固的。諸夏文化和公民國家相容，共同生活的意願與生活方式的抉擇應訴諸於每個個體的自主，而不是任何外加的同一性暴力，文化生活與政治共同體的關係應是彈性多元與自主。種族與文化的多元性與混雜性不應成為國家認同的障礙，反而是開放社會的表徵，諸夏文化與當代民主社會若能有機結合，可望建立具有前瞻性的公民與文化認同，亦即跨文化的認同主體可以是內在多元的複數主體。承認諸夏文化的內在多元性，有利於平情地接納東西文化資源，讓公民身分與文化認同成為自主開放的連結關係。

照理說民主化的臺灣最能展現諸夏文化的多元性與開放性，然而臺灣的民主化卻與本土化運動相連，國民黨及其黨國體制被本土派視為外來政權而主張住民自決與去殖民，反壓迫、追求自主性的背後，潛伏著排他式的、憤懣的種族民族主義，無法在交互主體的互相承認中獲致共感的情理鏈結。臺灣主體性的形塑，必須正視不能否定的「內在他者性」，亦即被視為外來的他者，不論是種族的、政治的、文化的，在歷史過程中早已混融成內在雜處難分的我們自己的內在他者，想要排除我們內在的他者根本就不可能。臺灣的主體性正是由於獨特的殖民歷史而具有內在多元性，唯有正視此一文化的內在他者性，一方面落實轉型正義，另一方面也要避免

陷入難以彌合的內部社會分裂，對外則得走出封閉排他的困局，務實謹慎地面對在政治與文化上敵我難分的中國。

北京政府的「中國夢」為何難以收攏臺灣，乃至也快盡失香港的民心？關鍵在於「一國兩制」的背後是「以一化異」的同一性思維，只是在口頭上表示要尊重差異，實際上則持續用政治經濟的手段試圖抹平歷史文化的差異性。於是，中國官方與知識分子雖然揭櫫古典儒家的王道理想，宣示要和平崛起，但卻從未放棄武力威嚇，屢屢強調大一統的神聖領土完整性。兩制之「兩」在決定性的「一」的原則之下，只成了虛的哄騙話術，「一中」原則才是實，北京政府才有權力決定「兩」的形式、範圍與界限。尚未民主化的中國，絕對不會是臺灣民心走向一中的時刻，在國際強權政治的夾縫中，臺灣能做的選擇已然不多，再看到香港普選爭議的例子，臺灣只會更加珍惜並捍衛自己的主權地位，怎麼會願意把手中僅有的自主權拱手讓人？

所謂「中國夢」中的「中國」，恐怕不僅違背諸夏文化內在的多元性與開放性，反而步上西方從民族國家走向帝國主義的後塵，援引古典中國在表面上要反對西方現代性，然而不論是思維與實踐上都與西方現代性所衍生的同一性暴力同調。未來的中國應當開發諸夏文化自古便已涵蘊的內在多元性，商源自東夷，周起於西戎，中國不只在魏晉南北朝、元、清是為少數民族所統治，即便是大唐盛世，皇族亦有鮮卑血統，宰相十分之一是胡人，北有強胡、南有大漢，胡漢難分自古已然。今天所謂的中華民族、漢族乃至境內其他少數民族，要在血統上證明為純種，幾乎是難以想像的一件事。到了二十世紀，中華民族作為一個自覺的民族，實際上則是百年來和西方列強對抗中出現的。此一情景也彷彿現下反中的臺灣和香港，是在有明顯的外來壓迫中形成的民族意識。只有放棄具有壓迫性的同化暴力，承認「中國」並非單一民族與文化，而是成色極為複雜的文

化聚合體或混合物，也就如《左傳》定公十年孔穎達疏所謂：「中國有禮儀之大，故稱夏；有章服之美，謂之華。」華夏文化自古之大之美，實則無本質上的絕對中心，而是如同荀子曾說：「居楚而楚、居越而越、居夏而夏」。中原諸夏與南方楚越的中心性可以多元置換、異地皆然，這是以承認異質性為前提而開展的華夏文化既大又美的多樣性。有實質的多元差異，才有自然混雜，開放交融的統合與同化。渴望漢唐盛世再臨的當代中國，先不談是否有足夠胸襟能展現大唐多元文化的開放性，能不以「境外勢力的滲透」為藉口來打壓本地住民的民主訴求，便是具體落實「尊重差異」的基本態度。更何況，中國官方的馬克思主義意識型態是支配二十世紀中國的外來思想，復興中華文化的目的難道有意一併掃除此一滲透百年的境外思想？

若肯承認古典中國文化自身的內在多元性，那麼再進一步，當代中國為何不能是複數多元的政治共同體？共同體的形成是自主選擇下的共存共榮，而不是北京政府強加在港、澳、西藏、新疆的大一統政經軍事的同一性暴力。除了臺灣，其他東亞儒家文化圈的國家在諸夏文化活性多元關係中成為或近或遠的複數主體，不同政治制度的差異性並不構成文化認同的障礙，反而是有著彈性活力的自主連結。中國若肯超越民族國家的限制，走向肯定差異的新型態亞洲主義乃至王道的天下政治，藏天下於天下而非藏諸一黨一國，自然各邦來服。文化的內外交錯、混雜是文化創新的內在動力，政治生活的共同體當以促進文化的多元創發為目的，同一化是差異化自然而然的結果，反之，若同一化是以暴力為後盾的「以一化異」的思維，不只不是古典中國的王道文化，也限縮了華夏文化多元創發的可能性。

華夏文化不是單一民族文化，而是天下的文化觀；不是膠固於同一性形上學或大一統氣的思想的普世文化，而是多元開放、承認「內在

他者性」、複數主體的「諸」夏文化觀。從這個角度來說，諸夏文化之「華」，便是跨文化內在交錯流演的華麗文化多樣性，只有承認跨文化的必要性才能演化出複數多元的文化型態，這是強盛文化生命力的表徵，而在自我防衛機制中出現的「同一性」追求，則是病態的文化徵兆。跨文化的批判不會過時，因為文化病態會一再重演，當代社會不論亞洲或歐美正在狂熱地搬演此一文化悲劇。諸夏文化的內在多元性及其批判力度仍被政治掩蓋，或在理論上被低估。

尼采全集表

此書不少文章都引用Colli和Montinari編的KSA全集，爲方便讀者，此表列出全集每卷包含的一些重要著作：

Nietzsche, Friedrich. Sämtliche Werke, Kritische Studien Ausgabe (KSA), ed. G. Colli & M. Montinari (Berlin: De Gruyter, 1967-1977), 15 Bände.

1. KSA 1: Die Geburt der Tragödie （《悲劇的誕生》），Unzeitgemäße Betrachtungen I-IV（《不合事宜的思想》），Nachgelassene Schriften 1870-1873。

2. KSA 2: Menschliches, Allzumenschliches I und II（《人性的，太人性的》）。

3. KSA 3: Morgenröte （《日出》），Idyllen aus Messina, Die fröhliche Wissenschaft （《愉快的科學》）。

4. KSA 4: Also sprach Zarathustra （《查拉圖斯特拉如是說》）。

5. KSA 5: Jenseits von Gut und Böse （《超越善與惡》），Zur Genealogie der Moral （《道德系譜學》）。

6. KSA 6: Der Fall Wagner （《華格納個案》），Götzen-Dämmerung （《偶像的黃昏》），De r Ant i c hri st （《反基督》），Ecce homo （《瞧！這人》），Dionysos-Dithyramben （《戴奧尼索斯頌歌》），Nietzsche contra Wagner （《尼采反華格納》）。

7. KSA 7: Nachgelassene Fragmente（《遺稿殘章》）1869-1874。

8. KSA 8: Nachgelassene Fragmente（《遺稿殘章》）1875-1879。

9. KSA 9: Nachgelassene Fragmente（《遺稿殘章》）1880-1882。

10. KSA 10: Nachgelassene Fragmente（《遺稿殘章》）1882-1884。

11. KSA 11: Nachgelassene Fragmente（《遺稿殘章》）1884-1885。

12. KSA 12: Nachgelassene Fragmente（《遺稿殘章》）1885-1887。

13. KSA 13: Nachgelassene Fragmente（《遺稿殘章》）1887-1889。

14. KSA 14: Einführung in die KSA, Werk- und Siglenverzeichnis, Kommentar zu den Bänden 1-13.

15. KSA 15: Chronik zu Nietzsches Leben, Konkordanz, Verzeichnis sämtlicher Gedichte, Gesamtregister.

國家圖書館出版品預行編目資料

尼采透視／黃國鉅編. －－初版.－－臺
北市：五南, 2017.08
　面；　公分.
ISBN 978-957-11-9317-5（平裝）

1.尼采(Nietzsche, Friedrich Wilhelm,
1844-1900) 2.學術思想 3.哲學

147.66　　　　　　　　106013100

4B13

尼采透視

編　　者 ― 黃國鉅

發 行 人 ― 楊榮川

總 經 理 ― 楊士清

主　　編 ― 陳姿穎

責任編輯 ― 許馨尹

封面設計 ― 姚孝慈

出 版 者 ― 五南圖書出版股份有限公司

地　　址：106台北市大安區和平東路二段339號4樓

電　　話：(02)2705-5066　　傳　真：(02)2706-610◖

網　　址：http://www.wunan.com.tw

電子郵件：wunan@wunan.com.tw

劃撥帳號：01068953

戶　　名：五南圖書出版股份有限公司

法律顧問　林勝安律師事務所　林勝安律師

出版日期　2017年8月初版一刷

定　　價　新臺幣380元